人淡如菊：漫话吕进先生

熊辉／主编

西南师范大学出版社
国家一级出版社　全国百佳图书出版单位

图书在版编目(CIP)数据

人淡如菊：漫话吕进先生 / 熊辉主编. — 重庆：西南师范大学出版社, 2018.9
ISBN 978-7-5621-9549-8

Ⅰ.①人… Ⅱ.①熊… Ⅲ.①吕进－生平事迹 Ⅳ.①K825.6

中国版本图书馆CIP数据核字(2018)第185765号

人淡如菊：漫话吕进先生

REN DAN RU JU:MAN HUA LÜJIN XIANSHENG

熊辉　主编

责任编辑：吕　杭　唐　倩
装帧设计：闰江文化
排　　版：重庆大雅数码印刷有限公司·夏洁
出版发行：西南师范大学出版社
网址：www.xscbs.com
地址：重庆市北碚区天生路2号
邮编：400715
电话：023-68254353
印　　刷：重庆荟文印务有限公司
幅面尺寸：170mm×240mm
印　　张：20.5
字　　数：357千字
版　　次：2018年9月第1版
印　　次：2018年9月第1次印刷
书　　号：ISBN 978-7-5621-9549-8
定　　价：68.00元

目录

·序　言·

·第一辑·

·第三辑·

·第四辑·

·第五辑·

序言

我与吕进先生

新诗评论界素有“吕家军”一称，这支“队伍”有彼此认同的诗学观念和可供传承的诗学精神，我这个在中国新诗研究所有求学和工作经历的人当属其成员；但从师门的角度来讲，我和吕进先生算不上直接的师生关系，严格说来他应该是“师爷”。不过在日常生活中，我又习惯尊称吕进先生为“老师”，不仅因为整个中国新诗研究所的学生都这么称呼他，更因为我和他超乎寻常却又淡若水的特别情缘。

一

在写作此文之初，我不得不费心思量两个问题：如何刻画我心目中的吕进先生？如何概括众人眼中的吕进形象？由此我想到了唐人司空图，同为诗评家和诗人，吕进先生与他在秉性上有诸多相似之处。

从作品上讲，司空图的诗具有浓郁的道家色彩，主要抒发“归园田居”般的隐逸之情，折射出闲情淡泊之志。而吕进先生的创作表面上似乎与之相悖，香港银河出版社推出的《吕进短诗选》开篇就是《守住梦想》，这无疑是一首励志之作：“不为一朵乌云放弃蓝天/不为一次沉船放弃海洋”。可从潜文本意义上讲，吕进先生要守住的并非常人所谓的“梦想”，它与功名利禄无关，与个人得失无关，而是对一种精神品格的坚守——无论外在世界如何变迁，内心始终澄净明澈。此番超然之志,绝非吾辈能及。因此,以司空图的仙风道骨比拟吕进先生不为外界所动的精神坚守,并非无凭妄议。

从诗论上讲,文学史中的司空图主要以诗论著称。《二十四诗品》在今人看来称得上是唐诗艺术理论的大成之作,司空图在该书中把诗歌的艺术表现手法分为雄浑、含蓄、清奇、自然、洗练等二十四种风格。尤为可贵的是,他把每种风格用十二句四言韵语来比喻说明,形象生动,既有理论的深度,又有创作的文采。吕进先生在当代诗坛也主要以诗论闻名,在其等身的著作中,《中国现代诗学》是迄今少有的专论新诗语言形式的体系化之作,而且语言也十分洗练生动,其“诗家语”风范令读者耳目一新,是诗歌观念和文采并重的典范。

在诗歌创作和诗歌理论上,因为司空图和吕进先生为人称道之处略同,所以我不免想到了《二十四诗品》之六的《典雅》:“玉壶买春,赏雨茅屋。坐中佳士,左右修竹。白云初晴,幽鸟相逐。眠琴绿荫,上有飞瀑。落花无言,人淡如菊。书之岁华,其曰可读。”其中“人淡如菊”描述的是平实而不忘初心、坚毅而拒绝傲气的平淡心境,个人荣辱和名利淡然处之,内在精神和骨气却执着坚守,如此方能达到“落花无言,人淡如菊”的典雅境界。人事纷繁,岁月消逝无痕,花开花落之间,个人得失无足轻重,满世的浮华和声名可能导致人生的失意,也可能铸就强大而从容的内心。人生失意之时,不忘初心;人生得意之后,不居功自傲。抱得平实朴素,淡泊如菊,方显智者人生。

于是,欲编一本世界各地友人、学者和学生谈论吕进先生的选集,我就从《二十四诗品》中找到了“人淡如菊”这个题名,它可以很好地概括世人对吕进先生的评价:内敛朴实而又有淡雅之气。这部文集涉及吕进先生的学术、生活趣事以及为人、为学、为师的诸多可贵品格,通过这些优美的文字,展现吕进先生平凡而又与众不同的日常生活和精神世界。

二

按照中国“男过虚女过实”的习俗,今年9月28日将是1939年出生的吕进先生八十华诞。作为海内外华文诗学界最具影响力的批评家之一,先生一直致力于中国现代诗学研究,取得了公认的学术成就。今年也是吕进先生从教五十八周年,他不但培养了许多外语人才,还创立了新文学史上第一家专门研究新诗的机构，为中国新诗研究事业培养了许多优秀人才。

吕进先生已获得无数研究成果和学术荣誉。快到八十岁的他现在还是西南大学二级教授、重庆市文联荣誉主席、重庆市现当代文学研究会会长、重庆市名人事业促进会副会长，被市长聘为重庆市文史馆馆员、被校长聘为西南大学中国新诗研究所终生荣誉所长。他担任学校的校务委员会委员、学术委员会副主任和学位评定委员会副主席多年，有几年还是学术委员会主任。时任西南大学校长王小佳在为《吕进文存》写的序言里说道："这样的学术带头人在学校是不多的。"他兼任过的学术职务很多，诸如教育部中文学科教学指导委员会委员、重庆市政府决策咨询专家委员会委员、全国文学奖（鲁迅文学奖前身）和鲁迅文学奖评委，重庆市文联主席、重庆市重点文科研究基地中国诗学研究中心主任，西南大学中国新诗研究所所长、《西南大学学报（哲学社会版）》编委会主任兼主编，等等。他是莫斯科大学高级访问学者，曾在美国俄勒冈大学、俄罗斯莫斯科大学、韩国延世大学、日本九州大学讲学，出访法国等二十多个国家。吕先生主持两项国家社科基金项目，多项省级项目，先后获"四川省劳动模范""重庆市优秀共产党员""国家级有突出贡献的专家"和"四川省十大优秀园丁"等称号，也是享受国务院政府特殊津贴的专家。他获得过世界诗歌研究会授予的第七届世界诗歌黄金王冠、香港曾宪梓教育基金会授予的"高等师范院校教师奖二等奖"。在研究上，他在《文学评论》《文艺研究》及外国报刊发表论文百余篇，撰写和主编诗学著作、诗集、随笔集40部，共77卷，多部获奖，代表性著作有《新诗的创作与鉴赏》《中国现代诗学》《吕进文存》等。

吕进先生专门研究新诗文体，是典型的"形式论"者，其代表作《中国现代诗学》的精要部分，就是谈新诗的语言和形式，这是一部系统化研究新诗文体的专著，此外还出版了《新诗文体学》《现代诗歌文体论》《中国现代诗体论》以及四卷本的《吕进文存》等。吕先生是那辈学人中将"新诗之所以为新诗"阐述得最清楚的学者，也就是说他充分把握了新诗的文体特征，研究成果的系统性和思辨性很强，有深刻的西方美学思想和中国传统美学思想作支撑，相较于那个时代的其他新诗研究者而言，具有突出的新诗研究气质。吕进先生提出的新诗文体学、"上园派"的转换理论、"新诗二次革命论"、"新时期诗歌的'新来者'"、"新诗的'变'与'常'"等诗学主张，已经成为中国和海外华文诗学界的重要话题，并产生了广泛而深远的影响。

诗歌界用“北谢南吕”来指称当代诗歌批评界的两个标志性人物:北京大学的谢冕和西南大学的吕进。真正的诗评家不只写作品评论和诗人评传,而应该对诗歌文体做出学理性的探讨。我一直认为,能够将新诗研究本质化和对象化的人不多,而吕进先生算是最突出的一位。从专业的角度来看,吕进先生回答了为什么新诗会取代古体诗,成为时下盛行的情感表达载体。胡适“一时代有一时代之文学”的说法,固然带有进化论的局限,却也道出了文学发展的普遍常理,要不我们就会一直生活在古人的阴影里,“自我”永远进入不了民族诗歌的谱系。正如布鲁姆在《影响的焦虑》中谈到,“后来者”必须通过一系列的“修正比”,才能打败强者诗人进入历史。著名学者赵毅衡先生是中国形式主义文论的开拓者,他在《断无不可解之理》一书中说,中国诗歌表达的所有情感自《诗经》就已有之,历代诗人之所以还要不厌其烦地重复表达,并佳作不断,主要原因便是表达的方式不同。我们常常见到很多人拿古诗平仄押韵之类的优长,来批驳新诗不押韵不整齐的“不足”,这实在有违比较的原则。实际上,新诗文体也有自身的优势,吕进先生在《中国现代诗学》中认为所有的抒情诗,包括新诗中的抒情诗都是“内视点”文学,我们不必拘泥于外在形式一端,而忽视了其内在的形式特征。同时,根据黑格尔《美学》中的艺术观念,吕进先生将新诗语言视为“媒介”,即诗歌是最高的艺术形式,也是高度精神化的艺术,其媒介已从日常的物质中抽离出来而化为精神性的存在,故而诗歌是向散文借用文字媒介。

吕进先生是最早有意识地对新诗作为“内视点”文学进行学术探讨的学者。郭沫若在《三叶集》中写道:“我想我们的好诗只要是我们心中的诗意诗境纯真表现,命泉中流出的strain,心琴上弹出的melody,生底颤动,灵底喊叫;那便是真诗,好诗,便是我们人类底欢乐底源泉,陶醉的美酿,慰安的天国。”这虽有华兹华斯“诗是强烈感情的自然流露”的影子,却开辟了新诗内在节奏或内在音乐性的传统。何其芳认为,诗歌情感的跌宕起伏仍然可以造成很强的音乐性效果,大可不必像古诗那样仅凭借外在形式来造成朗朗上口的音韵效果。于是,吕进先生采用的关键词“内视点”建构起了新诗的内在韵律和节奏,比起古诗的外在音韵而言,不但不会制约诗情的表达,反而使形式与内容合为一体,或者形式成为内容的构成部分,显示出自身特殊的形式美感,从而肯定了新诗形式的优势。

伴随着新诗批评的兴起，专门的新诗研究机构逐渐建立，这真可谓百年新诗历史中的大事。现代时期的新诗批评，多为诗人谈诗，虽免除了“隔靴搔痒”的弊病，但缺少系统性的言说思路，终难见到体系化的新诗研究专著。郭沫若、宗白华和田汉合著的《三叶集》，常被誉为是研究新诗的第一本专著，但其中对美学的论述不免破除了该书谈新诗的专一性，况且它是三人的通信集，还不能被视为真正意义上的新诗研究专著。废名是将新文学引入大学课堂的先行者，其专著《谈新诗》仍由独立的论文构成，实际上就是一部谈新诗的论文集。1948年，朱光潜在正中书局出版的《诗论》是真正意义上的学者型专著，此书虽不专事新诗研究，但在中西诗学相互阐发的基础上，开启了中国现代诗学的开阔视野，具有狭义诗学的普遍性意义。学者型新诗研究时代的到来，应该与新时期活跃的学术氛围有关，也正是由于大学集聚了一批专门从事新诗研究的学者，于是新诗研究机构呼之欲出。1986年6月，在学校的强力支持下，当时还是讲师的吕进老师与邹绛副研究员一道，建立起了新诗历史上第一家独立建制的新诗实体研究机构，开创了新诗批评历史的新局面，时任副校长的方敬教授也来助阵，担任研究生的第一导师。之后，北京大学、安徽师范大学、首都师范大学以及南开大学等众多高校纷纷建立了新诗研究机构，在高校推行学科建设的背景下，显示出新诗研究和批评的中兴。

吕进先生曾在多种场合说，中国新诗研究所是他一生最重要的学术成果，他已将之打造成培养新诗研究人才的“黄埔军校”。2017年12月，为纪念中国新诗诞生一百周年，褒奖在中国新诗发展史上的杰出贡献者，全国诗歌报刊网络联盟、中国诗歌万里行组委会等单位，联合发起了“百年新诗贡献奖”评选活动。本次活动评出“百年新诗贡献奖——评论贡献奖”的获得者：谢冕、晓雪、骆寒超和吕进。前三位是年过八十的理论家。评委会特别说明了授奖给没满八十岁的吕进先生的理由：除了等身的学术著作和富有学术价值的诗学观念外，还因为他“创办第一家面向全国招生和培养新诗研究人才的大学机构——西南师范大学（现西南大学）中国新诗研究所”。在吕进等一批新诗所学者的努力下，中国新诗研究所培养了大批知名学者、媒体和文化管理者、中小学骨干教师以及国家公务员。中国新诗研究所从1986年开始招收现当代文学专业硕士研究生，1997年开始招收中国现当代文学专业博士研究生，2007年开始招收美学专业博士研究生，共计招收、培养硕士和博士研究生549人，他们分散到世界各地,为新诗和文化事业的发展做出了卓越贡献。

因此,我们可以称吕进先生是著名的诗评家,也可以称他为著名的诗歌教育家,其用自身渊博的学术思想照亮了无数新诗研究者的理想。简而言之,吕进先生此生的学术贡献就是:用丰富厚重的学识凝练自身诗歌批评的观念,开创性地创办了新诗研究的“黄埔军校”,卓有成效地培养出“训练有素”的“吕家军”。

三

我觉得生活是由一次又一次的偶然变化编织而成的,并非按着既定的方向平稳前进,至少对我前四十年而言是这样的。

赶在全国高校“并轨”和教育产业化之前,我有幸挤过高考的“独木桥”,以较高的考分结束了我的中学生活。在几乎全民下海经商的时代,经济类专业成为文科学生最好的选择,师范院校反而不受待见。为了吸引优质生源,稳定教师队伍素质,在我们参加高考的那几年,师范院校有专门的优惠政策:凡考生第一志愿填报师范院校可加十分,教师子女第一志愿填报则又可加十分。因此,我如果报考师范院校,就可累加二十分,但我和其他同学一样,不会心甘情愿地加入教师队伍。

记得考前填报志愿,天南海北的大学总是和自己梦想的城市连在一起,带着几多憧憬和迷茫,我终于涂写完机读卡志愿表。文科的提前批就只有师范院校和军事院校,很显然,初二就戴上眼镜的我只能忽略该批次志愿。上交志愿卡的时候,班主任轻描淡写地对我说:“你还是填上提前批吧,多一次录取机会。”于是我就胡乱地选了两所师范大学,不想我的终生职业就这么定了。因此,走进西南师范大学这座美丽的校园,对我而言实属偶然。

记得上中学的时候,我对语文课的兴趣甚为浓厚,就读中文系当属我的首选。接到大学录取通知书时,我却意外地成了外语学院的新生。这居然和吕进老师的经历相同:他当年也是报考中文专业,却被外语系录取了。报到的时候,辅导员说外语学院先进录取场,因为历来男女比例失衡,不管是不是把英语报为第一专业,他们见到男生的档案就提走了,这让我终于明白命运有时不是掌握在自己手里。进校后本来打算转专业到中文系,但辅导员告诉我,外语学院录取的是最优秀的男生，而且学外语的男生就业前途光明，我经不起劝说，到头来还是留在了外语学院。

也许很多人都这么认为，一旦以英语为专业，我距离中国文学就会越来越远。但事实证明，从我踏进外语学院的那一刻起，我就在无限地接近我的梦想。说是偶然，其实也是必然，因为我在求学过程中遇到了理解并支持我的老师。记得大三那年，我们开始计划找工作了，分管学生工作的王静副书记知道我爱好文学，于是把我叫到办公室，很慎重地和我交流了意见，她告诉我可以争取免试到中国新诗研究所读研的机会。我后来才知道，吕进老师曾是外语系俄语专业的高年级主讲教师，方敬教授、邹绛研究员都是学外语出身的，方敬是北京大学毕业的，邹绛是武汉大学毕业的。就是办公室主任符老师也毕业于北京外国语学院。由于新诗与外国诗歌的特殊关系，方敬教授在新诗研究所多次说，学外语的研究新诗再合适不过了，新诗所一直很欢迎外语学院的学生。

现在回想起来，如若不是偶然走进外语学院的大门，不是在生命中邂逅了好老师，我到新诗所读研和工作的后续生活将会重写，更不会有我现在意欲书写吕进先生。

四

因为各种命定的偶然因素，我和吕进先生的交往才存在诸多的可能性。

一九九六年秋天，我懵懵懂懂地走进西南师范大学，开始了我向往已久却又茫然无措的大学生活。大学录取人数逐年增加，“天之骄子”的光环在我们头上逐渐暗淡，大学生仍然逃不脱各种竞争和压力。由于来自小县城的缘故，加上几年的应试教育，我实际的英语听说能力远远跟不上专业教学的要求，老师全英文的讲课让我最初两个月如坠云雾。同年级有两个学生受不了课堂上“沟通不畅”的折磨，申请调换专业，我则硬着头皮用大半年的时间适应并“存活”了下来。

全校幸福指数最低的应数外语学院的男生。旁人一直羡慕我们生活在“花丛”中，可那都是幻境，有谁见外语学院的大美女找本专业的男生谈恋爱。我们平时早出晚归，宿舍楼其他专业的学生还在酣梦中时，我们就得起床收听英国广播或美国之音;其他专业的学生手持一本教材进教室,我们则需额外背一本厚重的朗文或牛津字典;其他专业的学生可以在期末前两周开夜车考高分,我们则必须依靠平时的积累,而且稍不留神就得挂科重修。因此,实际的情况是,外院的男生总是在学习和玩耍之间徘徊,学业也赶不上女生,郁闷的心情只有"苍天可见"。

在网络和媒体不发达的年代,我们的课余生活反而更加丰富,给人留下的印象也十分深刻。上世纪九十年代,跳交谊舞或看录像成为大学生周末最好的消遣方式,白天去操场踢足球或打篮球也是不错的选择。我有空也会去逛旧书市场,那时北碚有很多地方卖盗版书,各种名家文集压缩版便宜实惠,其时流行的王朔、王小波、余秋雨、汪国真、余杰等的书很畅销,盗版的也很多;外国作家如劳伦斯、毛姆、福克纳、村上春树等也是我们的阅读对象。我们居住的桃园宿舍区有个"承扬书社",藏书量也相当丰富,各类通俗或雅致的作品让人目不暇接。

当然,谈到大学文化生活,我们不能不提及林林总总的讲座。有的讲座专业色彩浓厚,听众兴寡;有的讲座以小见大、深入浅出,听众则感同身受,热血沸腾。在理想主义盛行的年代,听讲座成为学生吸纳新思想的又一途径,也是众人集聚的思想盛宴。讲座盛况以及给人心灵的洗礼,今天的学生恐怕难以想象,我曾经在一篇名为《西南旧事》的博文中看到这样的话:"唤醒我对讲座的爱欲的,应是一年之后,那是在沙坪坝文化馆举行的,重庆文坛的领袖人物吕进先生讲文学与艺术的纠葛。他娓娓而谈的只是一些平朴的事理,并无出奇之处。我却沉迷于他演讲时的从容气度,与那行云流水般的话语风格——以后我所听过的所有讲座中,恐怕唯有王人博与贺卫方两位老师能与之媲美。吕先生的记忆力也是惊人,他能随口诵出艾青的诗歌和《红楼梦》的华彩段落。听者皆为他的古典名士风度所深切折服。我从那场讲座见识了言说的美感,如晨风拂过心灵。"这是上世纪八十年代一位在西南政法大学读书的大学生之回忆。

时过境迁,往昔不能复制,可我第一次见吕进先生,也是在讲座的现场。记得有一年外语学院邀请吕进教授做讲座,题目我已记不清了,主要精神也早已淡忘,但他讲做人要平和有度、柔中带刚且不能锋芒毕露的道理我却记忆犹新。我之所以记得这么枯燥的人生哲理,是因为演讲者的比喻很形象,他说舌头和牙齿一柔一刚，但牙齿最终敌不过岁月的冲刷，会早早衰败，而舌头却可以一直发挥功能。这是演讲的艺术，也是语言的艺术，我至今仍记得吕先生那天在台上的风采，此乃我走近大师的第一步。

我们上大学期间，“中国现代文学作品选讲”是外语学院学生的必修课。最初这门课是吕进先生在讲授，可惜我没赶上先生激情四溢的课堂，听说此课吸引了很多其他专业的学生前来旁听，而且短短一学期就会影响很多人未来的选择。比如蒋登科、王珂、傅宗洪等就是听了吕先生的课之后，决定从外语学院考到中国新诗研究所读研，而且后来在新诗研究领域都颇有建树。外语学院很多校友回校开同学会，也都会邀请吕进先生参加，这其实反映出他的人格魅力和讲课能力，一学期的非专业课就能俘获众多学生的心，恐怕只有吕进先生能够做到。轮到我们上“中国现代文学作品选讲”时，站在台上的则是年轻但知识储备丰富的向天渊老师，因为他来自新诗所，课堂上偶尔会提到吕进先生的名字，无形中强化了我对吕进先生的印象。

其实，中国新诗研究所虽然是一个独立的单位，却和外语学院血脉相连。研究所的前身是外语学院的汉语教研室，新诗所“三大导师”方敬、邹绛和吕进曾是外院学院的专业教师，只是学术兴趣所致，他们才从外语学院独立出来建立了新诗研究所。在最初十多年里，两个单位的办公和教学场所均在一栋楼，可谓唇齿相依。记得我上大学那几年，新诗所就在辅导员办公室对面，多少会有些接触和了解。我每每路过所办公室的时候，总会瞅见办公室摆放的盆景，不自觉地认为这是个精致、博雅的单位。作为外院的本科学生，也没有想过若干年后会去新诗所工作，却对新诗所的两种声音留有印象：一是办公室主任符忠荣老师的脚步声，他皮鞋底下防磨损的铁掌走起路来发出响亮的“咯吱”声，我们坐在二楼的教室里上课也会被此声音吸引；二是所长吕进先生的谈笑声，他高亢兴奋的声音充满热情，略带沙哑的嗓音和开心的笑声总是让人无法拒绝聆听。

六月是一个残酷的季节，我和那些朝夕相处了四年的同学挥手道别，从此天各一方，有些今生再也难晤一面。记得在北碚火车站送走最后一个同学的早上，天空下着雨，雾气浓厚，远山模糊，离别的感伤情绪瞬间袭来，顿觉前路茫茫，一片未知。

五

时间如嘉陵江的流水,昼夜不息,滚滚东逝。校园里的玉兰花、杜鹃花、桂花、蜡梅一年年次第开放,我在西南大学不觉已度过了二十二个年头。青春韶华一去不返,回头想想来路的各种经历,不禁感慨万千。

大四上学期开学不久,我参加了新诗所专门为推免生组织的面试。那时候吕进先生仍是所长,但由于各种事务缠身,很多工作交给蒋登科老师代为处理。面试我的老师分别是陈本益、毛翰、王毅和蒋登科,印象最深刻的是王毅老师问我熟悉哪些现代作家,我当即说出了鲁迅、朱自清、郭沫若之类,待王老师进一步问我为什么时,我就哑口无言了,毕竟大学几年学的是英语,和中文专业的学生相比在专业知识上存在不小的差距。几乎任何一个中小学生都能说出这几个作家的名字,作为即将读研究生的大四学生,我专业知识太局限了。我觉得特别尴尬,如今想来王毅老师的问题也只是"抛砖引玉",希望我谈谈自己的读书经历和对作家作品的了解程度,可我的表现确实很让老师们失望。我曾和所里的师兄师姐们谈起此事,他们笑着说:"你要是回答喜欢九叶诗人穆旦的话,那王老师一定会很高兴。"后来才知道他解读《穆旦诗八首》成为现代文学研究界文本细读的范本。

尽管我的面试并不成功,但新诗所的老师们比较宽容,我最后还是通过了他们的考核。蒋登科老师之后安慰我,说只要对文学有兴趣,多花一点时间就可以弥补自身的不足。通过了面试,我需要和新诗所签订一份合同,双方就我入读新诗所一事不能轻易违约,否则要承担相应的责任并缴纳违约金。在考研艰难的今天,这份合同看起来似乎让新诗所"自毁形象",怎么可能通过合同来"强留"学生呢?这其实是对我权益的保护。几个月后,西南师大人事处还通知我们保送研究生的学生去签订另一份合同,内容是要求我们几十个学生研究生毕业后,只能留在西南师大工作,不许外出择业。这份合同在今天看来同样不可思议,就业难已成为一种时代症候,可那时西南师大地处偏僻的北碚,研究生招生数量有限,各高校因扩建也在四处"招兵买马",硕士研究生就业机会很多,因此,没有多少人愿意留下来工作,学校只有采取强制措施才能留住人才。在新诗研究所面试结束后,我等了很久才拿到有双方签字的有效合同,因为吕进先生很忙,有时候即使来所里,符老师却忘记了找他签字。待到符老师通知我去领合同的时候，我才第一次看见吕进先生的亲笔签名，虽不圆润，却简洁有力。

第二年九月，带着丰收的气息，我满怀期待，正式踏入了中国新诗研究所的求学之门。也正是从这个时候开始，我和吕进先生才有了正式的交往。

六

进入新诗研究所，吕进先生的学术思想似乎无处不在，大家谈论最多的是有关他的各种传闻。不过对我而言，课堂上的吕进先生才是最生动形象的。

我们那届一共有十一位学生，所里有四位导师，王毅老师那年不带学生，因此只有吕进、陈本益和蒋登科三位老师带我们。我的导师是蒋登科教授，他真诚友善。新诗研究所是一个和谐的大家庭，不存在“门户之见”，每位老师和学生之间都很亲密，也易于交流。吕进先生在课堂上对所有的学生都“视同己出”，关爱有加，这种做法成为我后来教学和指导学生的“基本准则”，这有助于建立亲密的师生关系，营造良好的学习和研究氛围。

我们在研究生二年级的时候上的“中国现代诗学”这门课，这可谓是吕先生的“拿手好戏”。他一生致力于中国新诗文体研究，这门课也可谓是他学术精髓的传授。尽管他对中国现代诗学及理论前沿了如指掌，但他每次上课都要精心准备，备课的记录本、一叠厚厚的读书卡片等一应俱全，外加超强的记忆力。先生的课堂信息量很大，每上完一次课我们都会收获很多新知识和新观念，每次课的内容都会让我们消化很久乃至研习一辈子。

吕进先生备课认真、上课精彩的特点众人皆知，但他对学生要求严格恐怕也无人不晓。在吕先生给我们上课之前，学长就有告诫，千万不能迟到，否则后果不堪设想。估计是之前有人上课迟到带来的“后遗症”。据说有次某学长上课迟到之后，吕先生直接拂袖而去，拒绝上课，留下他待在原地不知所措。自此以后，后面的历届师弟师妹们都不敢再迟到。由于吕先生上课纪律严明，处理“突发事故”的方法得当，极大地规范了新诗所的上课风气。

吕先生的严厉不光体现在纪律方面，更体现在对学生的学习要求上。他给我们讲“中国现代诗学”，坚持“双线作战”的教学“方针”：一是课堂上“面授机宜”，给我们讲学科前沿问题和基础理论；二是布置课后必读书目，让我们了解中国现代诗学理论的学科资源,开阔学术视野,站在高处“俯视”新诗研究。吕先生每次课都要求我们上交读书笔记,第二次课再把笔记本交还我们,上面会有很多批注,比如“此处应更详细”“要联系中外诗歌的相关言说”等,有时候还会在笔记的末尾写上一段关于如何读书和做笔记的话。先生如此认真,我等哪能敷衍了事,因此课余看书特别认真。由此,我们不仅汲取了吕先生的学术精髓,而且掌握了很多西方的文艺思想。现在回想研究生阶段的阅读,记忆深刻的主要还是吕先生要求我们看的书目,比如莱辛的《拉奥孔》、黑格尔的《美学》、朱光潜的《诗论》和艾青的《诗论》等。

很多年以后,当我对学术专著有了一定的鉴别能力时,方才惊讶于吕先生布置我们看的书,实际上是他自己学术思想的重要来源。比如他的代表作《中国现代诗学》,其中关于诗歌语言的论述就得益于黑格尔艺术媒介论的启发。我因此写了一篇专门论述吕进先生诗学思想的文章《西方美学观念的转换与中国现代诗学体系的建构》,所言即此。某次王珂师兄来所讲座,他曾提问:“中国当代谁是黑格尔研究专家?”台下听众左顾右盼,无人能答。王师兄简短有力地说:“告诉你们,那就是吕进先生。”台下一片议论,不过想来吕进先生的确是将黑格尔美学思想应用得最好的中国学者之一,他将其思想融入自己的诗学观念中,化为无痕,这是借鉴和吸纳的最高境界。

吕先生阅读深,见识广,因此讲起课来总能旁征博引、口若悬河而又新鲜有味。吕先生的谈资不局限于此,他很早就与台湾和香港著名诗人、诗评家有了“私交”,对那里的新诗现状如数家珍,港澳台的诗坛掌故信手拈来。与此同时,吕先生大胆地推进国际学术交流,在改革开放之初就率先与国外多所大学的许多学者有了学术联系,比如韩国的许世旭、日本的岩佐仓暲、美国的叶维廉等。如今,韩国的朴宰雨、泰国的曾心、新加坡的陈剑以及美国的王性初等都与他是联系紧密的朋友。加上他曾到莫斯科大学做高级访问学者,故而他的课堂也不局限于中国,而具有国际性视野和全球性眼光。他常常会在课堂上谈起在国外讲学的经历,或与外国著名诗人的交往轶事,仿佛遥远的西方世界就在眼前,那些高不可攀的文化名人因为与吕先生的交情而不再抽象。从吕先生课堂上获得的这些“闲事”,对我学术研究影响很大,每当要阐发自己观点的时候,总不像很多从事现代文学研究的学者那样难以超越国界的藩篱,而是以开阔的视野打量中外诗歌,所谈内容也就更具普适性。

吕进先生的课堂里有激烈的思想碰撞，有世界各地的诗学趣闻，有语言艺术的展示，也有形而下的食物享受。记得吕先生有一次将某学生邮寄给他的一大袋巴旦木带到课堂，课间分发给大家，我们如获至宝，因为那时物质流通远不及现在发达，巴旦木在内地还属稀罕之物。我们一边吃东西，一边聊诗学，轻松自在却又紧张严肃。吕先生从不看重物质得失，如若去拜访他，一束鲜花就会把他的情感带向春天。凡是家里有好吃的东西，他都尽可能地与人分享，学生去给他送信件，他却给学生送水果；工作后，我们去给他送节日祝福，他却给我们送各地特产。看似简单的物物交换，可我们获得的却是被吕先生尊重和关心的温暖。

在物欲横流的时代，我们失去了精神的光芒和价值的天平，常常有人问我是否后悔选择研究小众化的新诗、后悔将研究新诗作为“谋生手段”，我却坚定地摇头否认。倘若时光可以倒流，那我还会选择到中国新诗研究所学习，因为能让我百听不厌的课，唯有斯处；能让我上课如沐春风的教授，唯有吕进先生。

七

学生时代我和吕进先生的交往是平面化的，我所看到的吕进也是片面的，毕竟除了一学期上课的接触外，读研究生的三年时间里与他的交往零星可数。

我硕士毕业留所工作，说是任教，其实并无课上。新诗研究所招的是研究生，而我自己刚硕士毕业，无论从知识量还是教学技能上讲，都难胜任研究生教学，因此时任所长的蒋登科老师当年鼓励我考博。我考博士那年，四川大学分秋季和春季招生，而按照学校的规定，必须在硕士毕业学校工作两年后才能考博。但我工作两个月后，新诗所就允许我参加了四川大学的秋季招生考试。当时考博竞争不大，博士招生人数较多，川大一个导师可以带三到八个学生不等，我比较轻松地考取了博士，几乎有三年左右的时间很少到所里去，也就很难和吕先生见面。

吕进先生那时是重庆市文联主席，各种学术活动和公务让他分身无术，有一阵子在所里很难见到他的身影。但新诗所是他一生经营的“事业”，他这辈子最牵挂的就是研究所的发展，因此师资队伍建设是吕先生最关心的事情。凡是来所工作的人，他首先不问学术能力，而是考察人品，用他经常说的一句话讲，“向上应无快活人”，只要有积极的人生态度，有不懈的努力和追求，那就是一件令人幸福的事情。反之，学术能力再强的人，如果没有向上的心态，只顾及现实和眼前的得失，那最终也很难融入到新诗所这个诗意而和谐的单位。

到新诗所工作后的三四年时间里，我和吕进先生的交流几乎停留在读书阶段。一是因为我在四川大学读博士，学业压力较大；二是因为我硕士毕业前夕遭遇严重的车祸，处理和适应各种变故耗费了太多精力。我时常感叹个人能力的欠缺，尤其是面对吕进先生的时候，我更是自愧不如，他除了以专业立身之外，在管理和人际协调能力方面也非常人能及。作为新诗所的年轻教师，我心情黯淡的那几年，他绝不会等闲视之。记得在几次公开的场合，吕进先生说要发挥年轻教师的能动性，要重视年轻教师的工作和生活。虽是几句寻常话，却道出了他对年轻人的关心和在意，加上那时蒋登科老师让我参与编辑《中外诗歌研究》，所里有活动的时候也去帮办公室老师处理杂务，我也因此逐渐融入了新诗所这个温馨的大家庭。

吕进先生具有人生的大智慧，管理日常工作的能力自然十分突出。处理新诗所事务这么多年来，我往往以他的方法为指导，比如他常说工作要“删繁就简”，面面俱到反而做不好工作。新诗所作为纯粹的科研单位，管理自然有它的特殊性，除了两名行政管理人员，没有专门的党务工作者，常常是学校职能部门通知二级单位书记开会时，所长要参加，通知二级单位院长开会时，所长还是要参加。如此一来，单是开会这项工作就会占据很多时间，还要处理很多管理事务。而所长在新诗所并无“特权”，教学科研工作和普通老师等量考评，而且在科研上还要尽量起到“带头”作用，实际上所长的压力是很大的。吕先生删繁就简的工作原则告诉我，在一个集体中要发挥个体的作用，要相信每个老师的能力，要认准工作的重心和核心，这样才能扮演好所长的多重角色。

吕进先生能赢得众多学生和同事的拥戴，与他想别人之所想、急别人之所急的热心肠分不开。已退休的第二任办公室主任左凤丽老师曾说，凡是在新诗所工作的人，都享受过吕进先生的照顾。此话不假，无论在职称评定、图书出版、课题申报还是论文发表等方面，我们都得到过吕先生的帮助。他曾语重心长地对我说，所长一定要考虑老师们的需要，每个老师目前最需要什么，所里能够提供方便的话就要尽力协助，要为老师们创造发展的条件。只可惜我能力有限，心有余而力不足，虽然领会了吕先生的管理之道，却难以为老师们带来福音,新诗所至今还有很多老师的诉求未能遂愿。

随着交往的深入,我从吕先生身上学到的东西也越来越多,有的是他言语告知,有的则是他以身示明。他曾给我讲,新诗所创建之初,待遇不好,亏了很多年轻人,他们正值需要用钱的时候,却领不到足以支撑家庭开销的薪水。在这种艰难的处境下,吕先生年末的奖金和大家相同,并没有特别高出多少,这让所里的老师对他心悦诚服。从这个事例中,我悟得了这样的管理方法:不搞特殊化,方能服众。当所长这么多年来,每年绩效考核过程中,我和其他所务委员带头表示要和普通老师一样参加考评,不额外增加课时量或降低科研要求。有老师笑话说,反正新诗所就那么点儿钱,随便分配吧,还搞得那么认真,我则笑着回答道,钱少也得有分配原则。我从三十三岁开始接管新诗所日常工作,年轻、无经验、无职称、无学术成就是我当时突出的特点,但新诗所却得到了平稳的运行和发展,这其中与吕进先生、左凤丽老师等人的大力支持分不开,与新诗所各位老师的理解分不开,我想也与我从不多考虑自己的利益分不开。我常想,单位的钱是大家的,我多得了三五千也不能改变我实际的经济地位和生活水平,能让新诗所正常发展我就心满意足了,也算不辜负吕先生的一片厚望。

现在回过头去打量来路,有时真不敢相信自己在工作中能够坚持到今天;但仔细想想,一切都不意外,因为我身后一直有吕进先生的大力支持,尤其是他的处事理念使我在前进的路上有了指引,少走许多弯路。

三亚没有冬天,我和妻子带着年幼的儿子和年迈的父母逃离雾霾,租住在某大学的教师村。写到此时,窗外新年的烟火照亮了夜空,绚烂而美丽,让人相信新日子里必将有幸福生活。人生百年,在诗歌历史的星空中,吕进老师的诗心必将跨越很多光年,抵达人们的内心,在辽阔无边的宇宙熠熠生辉。

八

平时要处理教学、科研和各种事务,没有充裕的时间连续写完我和吕进先生近二十年的交往,这篇文章前后持续了五月有余。从寒冷的一月开始,我认真打捞有关吕先生的点滴记忆,缙云山间纯白的李花和梨花开放又凋谢,窗外此时已是满眼葱郁,而我还没有完成一幅吕先生的素描画。

我们读研的时候,新诗研究所的学生加在一起也就二十来人,每年元旦的迎新会,师生一堂,其乐融融。每每此时,吕先生就会和我们“茶话”一下午,然后共进晚餐。这也是除上课外,我们与他交流时间最长的难得机会。私底下的交谈,吕先生积极向上的生活态度更有感染力,听他讲话之后,我生活中的那些难题都是小事,完全可以忽略或轻而易举地克服。

吕进先生是一位有人格魅力的学者。在与他相处的二十年时间里,他的学者气和诗人气体现出强烈的亲和力,从不令人生厌。在一般人看来,学者具有冷静的思考和缜密的思维,诗人则具有浓烈的情感和随意的举动,二者是相互矛盾的。但这两种身份在吕进先生身上结合得很完美。一方面,学者气让他具有理性思维,处理事情不会偏颇,另一方面诗人气让他在处理事情的时候不至于冰冷无情。所以,凡事出自吕先生之手,既有合理性和公正性,又有温润的人文情怀。记得二〇一四年我申请到中美富布莱特项目,要去美国康奈尔大学访学一年,如何把这件事告诉吕先生,我非常忐忑。申请该项目之前,我只是抱着试试的态度,因为全国每年只选拔四十人赴美交流,难度不小,我成功的可能性不大,所以没有提前告诉吕进先生。倒是申请成功了,我反而不知如何是好。在我看来,所长应该把新诗研究所的事放在第一位,不能因为个人的发展而影响单位的工作,这是我在吕先生面前难以启口的关键原因。但事情终归要去面对和解决,当我硬着头皮告诉吕先生要出国一年的时候,他反而出奇的淡定和理性,给我讲的是富布莱特项目申请不易,美国人对富布莱特学者很尊重之类的话,言下之意就是恭喜我获得该项目,放心地去访学吧,我顿觉身上的千斤重石落了地。还记得有一年我们去他居住的天奇花园商量工作,谈到学校某些职能部门对科研单位工作的漠视,吕先生当即拍腿而起,大骂高校不正的官僚作风。卿本佳人,奈何从俗?面对现实生活中的各种丑态,吕进先生的诗人气质就显露出来,遵循内心和性情是本能,于是感情左右了他的言语和行为。

吕进先生始终有颗年轻的心,对新生事物抱有好奇感,也乐于接受各种现代生活元素。记得他给我们上课的时候,曾说新世纪的人必须拥有三样东西:英语、驾照、计算机。他上世纪九十年代就有这种远见,实在令人佩服。我们听他讲此事时,时间已经迈进了新世纪的门槛,但却仍不以为然,尤其是对驾照和计算机。当时中国私家车的拥有量十分有限,校园内的停车场还是整饬的草坪,学生中考驾照的人鲜有听闻;计算机也没有普及,我们的课程论文还交手抄稿,不会打字,不会上网的是常客。如今看来,吕进先生所讲是超前而正确的,年轻人不会英语交流、不会开车、不会使用电脑,那真是不能正常生活。曾经有学生写了一篇文章《会发短信的吕老师》,该文所写是二〇〇三年前后的事,手机不曾普及,短信交流视为时尚,吕进先生却能以年轻人为伍,掌握便捷的交流方式,真可谓"年轻态"。其实吕进先生一直很"潮",微信流行的当下,他比我们很多年轻人更新状态都频繁,我们可以从他的"状态"中得到新鲜的信息。正因为如此,很多学生都愿意和吕先生交流,加他为微信好友,他也因此在朋友圈集聚了很高的人气,新状态一发布,点赞的人数让"密集恐惧症"患者不敢直视手机屏幕。

吕进先生关心新诗研究所青年教师的成长,也对青年学生倾注了特别的关爱。在我们读研那几年,学生大都对学术和诗歌怀有敬畏之心,对吕进先生这样的知名学者也自然会产生崇拜之情。因此,私下总会有人去拜访吕先生,尤其是节日期间,吕先生的家里常常是"高朋满座"。这些年研究生对学术的热爱骤减,加上吕先生很少来所里,年轻学生与他的交流日渐减少。好在网络时代的交流方式很方便,有不少学生通过微信和吕先生建立了联系,记得去年有个学生在微信里说她很穷,吃饭都很困难。本来是句玩笑话,不想吕进先生当真了,说要请这个学生吃饭,结果请这个学生吃了大闸蟹,他逢人便讲吕先生的慈父心怀。

我在课堂上常提及吕进先生的《新诗的创作与鉴赏》和《中国现代诗学》,一是初学新诗者的必读书,二是研究新诗者的必读书。我认为,新诗研究所这样的单位应该有自身的学术积淀和学术承传,一代代学人的共同耕耘才能凸显出单位的学术特色和价值。倘若我们没有一贯的诗学思想,没有几代学生的同心付出,就难以形成自身的优势,偏安西南的中国新诗研究所就不会名扬华语诗学界。因此,凡我的学生要从事新诗研究的,我都会鼓励他们去联系吕进先生,能去拜望并和他聊上一阵子,也算是有幸接受了先生的面授。

九

写了这么多,我却觉得完全没有把我和吕进先生的交往写完,也没有塑造好他在我心中的形象,真可谓“言不尽意”。在此,只好罗列一些生活片段来呈现吕先生的形象。

所务委员会每学期都要去吕先生家里几次,就工作上的事情向他请教。每次去吕先生家商量工作,所务委员坐定之后,李老师给大家泡上茶,就进入谈正事的状态了。可吕进先生总会问问大家的近况,然后绘声绘色地讲述他这一段时间以来的见闻。我总纳闷他哪有那么多趣事,思考的结果是自己不如吕先生热爱生活,或者自己没有他那种讲故事的高超能力。等到时间快接近尾声的时候,我们才进入正题,吕先生的工作思路清楚,目的也十分明确,大家总能从他那里获得很多工作上的动力和方向。也许有人会认为吕先生将谈工作的时间用来“闲聊”,有贻误正事之嫌;但一般人又哪里知道,凭着吕进先生的能力和经历,日常工作的事情本来就可以短时间内解决,融洽团队的感情更重要。所以,从天奇花园到紫云台,我们总是很乐意去找吕先生谈工作,毕竟在工作这种冠冕堂皇的理由下,每次都能听他纵横天下的谈话,获得大量的信息和对生活的深刻领悟。

吕进先生常出国,或开会,或讲学,或和儿子一家团聚,回来时经常会给我们带礼物,有各地的名小吃,有精致的手工品,有风格殊异的饰物。收到礼物的刹那,我们心里暖融融的,礼物是符号,内含吕先生的一片情义——出国往返不易,行李托运是个最大难题,可他还记着给我们带见面礼,实在是用心良苦。记得有一次,吕先生和儿子一家坐豪华邮轮度假,途经西班牙的时候,他给我们每个人买了一个陶瓷质地的大勺子,李老师说是放在厨房当容器,可以收纳其他的餐具。这个勺子至今还放在我家厨房的案板上,多少也算给家里简陋的装修增添了一丝亮色。

每次去吕进先生的家,客厅的记分牌时钟十分显眼,我们曾谈论过这个时钟,显示时间的数字很醒目,使用起来应该很方便。后来在网上查证,这是一款名为TWEMCO的翻页钟,原产日本,后来香港也生产,售价不低。吕先生说是从新加坡买回来的,我们谈论完了就没有在意此事。可2016年寒假结束,从新加坡回来的吕先生给我发微信,说要送我和他家一模一样的“记分牌”时钟,但要求我必须支付一元钱去买。我当时觉得很惊讶,一是吕进先生怎么知道我钟情于他家的时钟呢,还大老远地给我带了一个回来。二是民间流行的说法是不能给别人送“钟”和“表”一类的礼物,因为谐音有不吉祥的含义,况且吕老师信守民间风俗，为了消除影响，他非要我花钱买回来，看来他十分重视“仪式”。也许有人认为吕先生“迷信”，可我转念一想，“迷信”是一个方面，主要还是吕先生希望我花一元钱买个心安理得，他希望我认为这个钟是我花钱买的，不是他送的。可我一连几天都没有抽出时间去他那里领取礼物，恰好一学生寒假返校去拜望吕先生，他就趁机让学生帮我捎回。末了，我问学生，你替我垫付一元钱给吕老师了吗？她说付了，不付钱是不能带走的。我想吕进先生是给我带礼物，我自己出钱才说得过去，不然就成了学生替我买了，心里也觉得有莫名的不安。于是，学生送翻页钟来我家的时候，我当即用微信转付了一元钱，就可以心安理得地享用吕先生的礼物了。哎，我算是“被迫”消费了上千元的时钟了，它整点时“嘀嗒”的报时声总会让我想起吕先生，他早起的勤奋身影、和蔼智慧的眼神就会浮现在我眼前，学习和工作便有了动力和方向。

我和吕进先生的交往主要基于学术精神和人格的相互认同，而没有物质利益的交换。他后来搬到了紫云台，住宿条件改善了，可交通却很不方便，所以我每次去看他和李老师的时候，会提前问他有没有需要带去的日常用品，吕先生一般是回复牛奶一箱。“人到无求品自高”，这是吕进先生用来写新诗研究所邹绛先生的一句话，我觉得用在他身上也十分合适，他常给我们讲他不缺少物质，让我们不必给他送贵重礼物。我知道，吕进先生不缺生活物质，或者对于他这样的学者来说，物质生活很容易就满足了，所以他不看重物质；但人到老年，儿子常年不在身边，他最缺的应该是年轻人的关心。我为此常常自责，因为去拜访吕老师的次数有限，日常的忙乱让我总是抽不开身。我后来鼓励我带的硕士或博士去拜访吕进先生，一是让他与学生保持联系，和新诗所的学生在情感和诗学思想上有交流，偶尔的拜访也会给他的生活增添一点儿乐趣；二是让学生从大师身上学到一些为人和为学的精神，吕先生就是新诗所的“宝物”，我们岂能搁置不用呢？

十

我一直感谢吕先生的知遇之恩。

在我年轻青涩之时，先生将管理新诗研究所的重任交付给我，熟悉和关心新诗研究所的人莫不哗然，我自己也觉得难堪重任。我感恩于吕进先生，并不是因为他推荐我继任所长的位置,而是缘于他对我的信任和期待。说实话,我是一个向往安静而自由的人,有行政事务套在头上,真不符合我的个性;而且那时有来自工作和人情的各种压力,在没有心理准备和经验储备的情况下,我匆匆走上了一段懵懂而辛苦的不归之路。

在各种挑战和苦难的磨砺下,我度过了人生岁月中最艰难的一段时光。首先,我必须在学术上“迅速崛起”,完成正高职称的评聘。白天要用大部分时间来处理所里的事务,然后还要上课带学生,别人休息了,我才开始看书写作;别人出游从各地回来了,我才意识到假期已经结束。几乎所有的周末、寒暑假以及平日的夜晚,我都端坐书房,在自己感兴趣的领域里埋头苦读。其次,我必须尽快熟悉各种工作程序。西南大学与国内所有高校一样,有自己的工作风格和特定的工作环境,我一个名不见经传的年轻人,要很好地与职能部门沟通协调工作是有难度的。最开始几年,有工作经验丰富的左凤丽老师陪同,更有吕进先生的影响力存在,所以我基本能够平稳处理好各种工作。

有时想起来,挑战和苦难何尝不是生活的馈赠,如果没有吕进先生“不可思议”的决定,我绝不会有如此强大的行动力,也断然不会取得学术上的些许成就。三十四岁那年,我有幸破格晋升正高职称,而且是在高评委上高票通过的。这首先当然得益于自己多年的辛苦和努力,但是也与担任学校高评委成员的吕进先生的支持分不开。他的大力推荐不仅是对我个人的支持,也为新诗所师资队伍的日后发展做了最好的铺垫。如今的研究所虽说不上兵强马壮,但至少在人员构成和职称结构上趋于合理。

由于年轻时评上了正高职称,偶尔有单位会向我发出邀请,我则毫不犹豫地加以拒绝。我不离开西南大学的理由很简单,只要吕进先生在,只要新诗研究所在,我就会坚守到最后。有学界朋友笑着对我说,新诗研究所是个小单位,趁年轻找一个更大更好的平台吧。面对如此尴尬的建议,我只有微笑不语。在内心深处,我一直感恩新诗研究所,一直感恩吕进先生,是新诗研究所这个平台成就了今天的我,而不是它限制了今天的我。

十一

言不尽意,写了这么多,我依然觉得没有言明吕进先生在我心中的形象。

既然如此，那就索性表达我对吕先生深深的祝愿吧：

若干年后，我们一如既往地去紫云台看望吕进先生，他一如既往地给我们闲聊人生，神采飞扬。

若干年后，我们一如既往地给吕进先生带去花束，李老师一如既往地把花插在客厅餐桌上的花瓶里。

若干年后，学生和诗界朋友一如既往地去拜访吕进先生，他一如既往地在朋友圈里发照片，并注明某年某月某日某人造访紫云台。

若干年后，中国新诗研究所一如既往地举办国际学术会议，吕先生一如既往地穿着笔挺的西服，风度翩翩地出现在会场上。

若干年后，一切一如既往。

青山不老，碧水长流……

熊辉

2018年5月

第一辑

诗坛内外

吕进的诗论与为人

臧克家

活跃在诗歌论坛上的中年诗论家,大半我都熟悉,观点有同有异,他们都富有朝气。吕进同志,就是为人所瞩目,为我所尊重的其中之一。我与吕进同志,相识的时间较浅,而交谊却甚深。见面的次数屈指可数,但函件往还有如梭织。岁数差距很大,之所以能成为忘年之交,是由于对文艺的看法、诗歌的观点基本一致。近几年来,文坛上不论创作还是评论方面,五色炫耀,议论杂陈,各执一端,令人心惑而目迷。在这种复杂的情况之下,吕进同志,能以他的洞察力,对各种现象分析研究,是其所是,非其所非,态度比较科学而公允。对某种新的思潮,对某个流派的作品,不是说好全好,说坏全坏,他能说出个为什么好,缺陷又何在。这种认识源于他的文艺观,但也与他勤奋钻研,积累材料,古今中外博览多能有关。

吕进同志,从少年时代就发表诗作,以诗人之心论诗,自然知其意义与甘苦。八十年代以来,出版了《新诗的创作与鉴赏》《给新诗爱好者》等几本诗论,主编了《上园谈诗》《外国名诗鉴赏辞典》,另外还和朱先树、阿红同志共同主编了《诗歌美学辞典》。由于他的辛勤劳动,不止一次获得四川省及他任教的大学授予的"著作奖"。

吕进同志集中精力于国内诗歌评论,同时也把眼光远射到国外。他在美国、菲律宾发表了一篇又一篇诗论。去年奥运会期间,世界诗人协会在韩国召开会议,主办方多次邀请吕进同志出席,就"中国新诗现况和二十世纪展望"发言,虽因故没来得及赴会,但会议通知:将在会上授予他"世界诗歌奖"。

为了了解世界诗坛情况,吕进同志还与国外诗人、诗论家取得联系,交换意见,像日本的秋吉久纪夫,和他很熟悉;与苏联著名诗论家契尔卡斯基通信,讨论问题。他在西南师大,一面教书,一面写作,同时还负责“中国新诗研究所”的工作,带领、指导好几位研究生,为诗坛培育人才。他所有的精力和时间全倾注在诗歌上了。这一点给我印象很深,也为我所钦佩。

我与吕进同志,观点相同,趣味投合,建立了深厚的友谊。他尊重我,我也尊重他。对写作问题,我们都强调:应该从生活出发,注意时代精神,特别注重艺术表现与个人独特风格。对中国的、外国的优秀传统,要借鉴,继承;对现代派某些表现手法,应该学习。当然,在对待中国诗歌传统的继承与发扬,学习西方现代派表现手法方面,我更多地坚持了民族气魄与民族风格。我每读吕进同志的论文,觉得心气平和,说理明晰,文字也颇精练优美,富于吸引力。最近,他寄来了一篇新作《新诗的沉寂时代》,我看了,非常赞赏。他怅惘于近年来无传诵一时的名篇,并分析了原因,但并未一笔抹煞。他把他认为好的诗及其作者一一列举,他的求实态度,多少校正了我个人的偏激看法。吕进同志,对我的一些作品,相当熟悉,也许还有点偏爱。前几年,他曾经写了篇评论《泥土的歌》的文章,并翻译了契尔卡斯基对《泥土的歌》的赞赏之作。这中外两位评论家的论文,各抒己见,甚得我心。对《泥土的歌》,我曾说过,它和《烙印》是我的“一双宠爱”,因为其中的作品,感情是真纯的,它是发自心灵的声音,没一首诗、没一个诗句是做出来的。由于四十年代老友默涵同志的一篇评论,成为现代文学史上的评价标准。可是,对这本诗,当时就有不少同志另有看法,曹辛之同志曾发表长篇论文予以高度评价。近三四年来,默涵同志虚怀若谷,事隔四十年,写信、口头上,向我三致歉意,为此,我在去年的《新文学史料》上发表了一篇文章,详谈了有关的种种情况。吕进同志,在他没读到我的文章之前写了评论《泥土的歌》的论文,我自有知己之感。

吕进同志,与年俱进,又将有《新诗文体学》新著出版,嘱我写几句话,我乐于从命,概略地、真实地写了他的文、他的人以及我们的关系。

臧克家(1905—2004):中国现代杰出诗人,著名作家、编辑家,忠诚的爱国主义者,出版诗集《烙印》《罪恶的黑手》《运河》等。本文写于1989年2月13日,原载《当代文坛》,1989年第4期;后作为“序言”收入吕进著《新诗文体学》,花城出版社,1990年。

山城的风格

叶延滨

九月上旬,我到重庆参加一个诗歌研讨会,通知上写得明白:重庆北碚。说是重庆,这个北碚让你坐上汽车,一坐就是半天也不见面。汽车跑了一个半钟头,才钻进了西南师范大学的院子,是北碚山顶上一座很大的园林。不知是谁从哪儿学来这样的一段民谣:“重大的牌子,西师的院子,川外的妹子。”重大、西师、川外是重庆的三所大学,西师的校园确实漂亮。现在报纸上天天登着整版广告,什么“锦绣花园”“别墅山庄”,吹得邪乎,比起西师的园子,只能算游泳池里的洗脸盆。人们只看上小盆子而不见大水池子,主要是面子问题。住在小盆里是款爷,待在大园子里反被人看作叫花子。其实不少的款爷除了钱,真是穷得一无所有。而这些被世人当成穷秀才的校园中人,大有学富五车者,红花绿叶间的清冷小楼里,有多少真正的富豪!

漫步校园,惊叹在大工业齿轮咬合的重庆竟然还有这等人间胜景。记得有这么一个故事。说是一商人见一渔夫在海边晒太阳,说道:“你为什么不去挣钱?”“挣钱干什么?”“挣钱办工厂,然后挣更多的钱,办更大的工厂,钱越来越多,于是你就可以悠闲地在海滨度假,游泳,晒太阳。”渔夫一笑:“我已经在晒太阳了。”这个故事所提供的,有无为的人生态度,同时也提出一个很有意义的人生目标的问题。只要稍用一下脑子,我们就会明白,对任何人来说“挣钱”都不应是人生终极目标,古人云“生不带来,死不带走”,是一句耐人寻味的话。这些在校园里做学问的人,钱是少了点,于是他们便用少许的牢骚把它补上,依旧干自己该干的事。这是一种智者的选择,若丢弃了事业去挣钱,那么总有一天钱和生命都会花完的。有喧闹的重庆,也有宁静的重庆,有挣钱的重庆,也有教授们做学问的重庆。西师的确是个做学问的好地方,幽静的小山丘间,一幢幢楼房掩映在绿树丛中,几多宁静凝在树叶上,晶莹成露珠,说它的名字是诗。

是的,西师出诗人,全国唯一的新诗研究所就在这里,著名老诗人方敬,诗译家邹绛,诗评家吕进,都是西师有名的教授,也都是我敬重的朋友。方敬从事诗歌创作已有60年历史,邹绛还在热心研究现代格律诗,吕进主持的新诗所已培养了不少的诗人和诗歌研究者,其中有几位还是我的朋友。可以说从这个校园里走出了三代诗人,这不能不让我们想到一个经常被人说到的成语"人杰地灵"。

有人说现在人们是一切朝钱看,久居都市,也被奔波于商品大潮中的芸芸众生搅得眩昏,以为钱江潮后尽是捞钱的下海人。在校园里漫步,九月的阳光在绿波上跳跃,入学的新生一脸喜气,当爹的当妈的手上提着、嘴里叮嘱着,他们给这个地方增添了一种生气和活力。他们从重庆城里来,那里有另一番生气和活力,热腾腾的火锅,灯红酒绿的宾馆,琳琅满目的商场,车水马龙的街道,展示了物欲世界那挡不住的诱惑。这些年轻人从那个重庆来,来到校园里的重庆,一个宁静着准备陶冶你灵魂升华你精神的重庆。

漫步校园,如同走在一部宏伟史诗中的一段抒情乐章,难得如此接近诗情,如此融进画意,让我微微一笑:好啊重庆,你还有如此的风格……

叶延滨:著名诗人,中国作家协会全国委员会委员。历任《星星》诗刊主编,《当代杂文报》副总编辑,《诗刊》主编。著有诗集《不悔》《二重奏》《乳泉》《在天堂与地狱之间》《叶延滨短诗选》等。本文原载《人民日报》,1993年11月8日。

《诗刊》社及主编叶延滨祝贺吕进先生七十华诞

蒋登科同志转吕进先生:

欣闻蒋登科和新诗所的师生们要为吕进先生祝贺七十华诞,我代表《诗刊》社及我本人,向吕进先生表示崇高敬意,并祝吕进先生健康长寿。吕进先生一生为中国的诗歌事业做出了重大的贡献,在诗歌理论研究,诗歌教学和诗歌发展方面都做了大量的工作,他的诗歌理论对中国诗歌的发展也有很大的推动作用,为中国诗歌理论增加了许多重要的理论主张。希望中国新诗研究所在创办人吕进先生的人品和学术精神指导下,为中国诗歌做出更多的贡献。

叶延滨

2008年9月

吕进漫画

刘启慧

非揭名人之短，吕进确有不少笑话。提起这位重庆作协副主席、国内访问学者导师、世界诗歌奖获得者的轶事，总叫人忍俊不禁。

1982年春节，亿万人都在热气腾腾过新年，吕进却把自己关在书房修改专著《新诗的创作与鉴赏》。中午，妻送饭进书房，吕进大惑不解："刚吃过，怎么又端来了？"妻哭笑不得："几小时都过去了，这是午饭！"

1988年西师研究生复试。吕进中堂而坐，传条提问，绝无一言。考生大惊失色："完了完了，导师连话也不屑对我说。"原来吕进当时患增生性咽炎，不能言语，此乃应急之法。后来谈及此事，师生都笑得前仰后合。

诗人梁上泉知吕进为喉疾所苦，替他在市中区找了名医。可一听说治病要花十多天时间，他拔腿就撤回了西师。

吕进也有不吝啬时间的时候。一个学生远道而来，他亲下厨房，煮来一碗热乎乎的面条；一个研究生五千字的论文，他横批竖改，密密麻麻的，批语竟达三千字之多；听研究生阐述不同学术观点，天南地北，任其挥洒，不嫌费时；与学生论诗歌、谈人生，推心置腹，沙哑着嗓子也要侃上一两个小时。他还说："这是职业享受！"

他剋过学生。如做错了事还想狡辩，他准会对你一阵闪电雷鸣，又一阵微风细雨。"软硬兼施"，学生最怕吕老师这招。说也奇怪，学生偏又喜欢他。他忘记了自己的生日，可学生总是记得，一哄而至，带来了蛋糕，带来了花篮，也带来了笑声。一个毕业离校的女同学家庭发生了纠纷也跑来找老师出主意。

对一个五十岁的人来说，吕进也算"够意思"了——四川省劳模、第三届全国教师代表大会代表、世界诗人协会理事，已有七本著作问世，多次获省、市社科奖、文学奖……《文艺报》载文认为:“在诗的文体研究上,从何其芳到吕进是一个飞跃。”他创办并主持的中国新诗研究所在海内外也初具影响。

可吕进并不知足,常常子夜入眠,鸡啼而起。最近,从《诗人的自由》一书方知他原名吕晋,吕进是笔名,后来干脆以吕进作为唯一的名字。也不知这一字之易,是否更准确地体现了他不断进取的风格。

不少人都说,要写活吕进很难。他,瘦高个,长方脸,秀琅镜,好一副书生气,可发起狠来九头牛也拉他不动;他的口才甚好,可谓口若悬河、抑扬顿挫,极富魅力,侃起大山,更是手之舞之,足之蹈之……唉,本人笔拙,实在力不从心。如你有机会见到他,凭自己的直觉和灵性去把握吧。不过,可得当心,他那敏锐的目光没准会瞧破你的心思;他那热情、幽默的话语也许会让你忘了自己该做的事。

本文原载《重庆晚报》,1990年9月17日。

访向上拔节的吕进老师

田诗范

我在吕老师的楼前,从左到右走了三圈,又从右到左走了三圈。

在重庆盛暑造访,且是不速之客,心中实在有些忐忑……

好在来时听授业老师、西师心理科学研究所所长黄希庭教授介绍:“去吧,他这个人,随和……”于是我下决心敲了门。

透过纱门,听见里面乒乒乓乓的,忙乱了好一阵子才招呼我:“请坐,请坐。”

一进客厅,见一高个子,清瘦、单薄得在拥挤的公共汽车上被高压的人群锻成的“相片”。等我自报了“家门”,落座后又仔细打量这位敬仰已久、驰名中外的诗评家、重庆作协副主席、中国新诗研究所所长、教授吕进老师,我立刻发现刚才对吕老师的印象都是我的错觉,应该说这位尊敬的老师像一株挺立拔节的青竹,我知道,在这青竹的绿荫下,不知护扶着多少青笋呢!

吕老师戴一副小框眼镜、长方脸,短袖短裤,一副学者打扮,饱满的天庭特别显眼。我想,我读过的那几本书——《新诗的创作与鉴赏》《给新诗爱好者》及数十篇精辟的诗论,大概就是从那聪慧的泉源涌流出来的吧。

我趁吕老师去找烟之际,环视了一下客厅,客厅不算宽敞,一把翻板沙发、一张茶几,墙角置一彩电,没一点豪华设施,比起一般新婚的小青年的新房来,实在是太朴素了,只是阳台上昙花的绿叶倒垂下来,遮住半个阳台,给人几分清雅的感觉。

沙发上,吕老师与我促膝相坐,果然“三句话不离本行”,我们都谈诗。待我请教了一些问题之后,吕老师以评论家的眼光,纵横论评诗坛:从宏观指导思想到微观写作技巧,从港台诗人谈到重庆诗人的梯队,从雷抒雁的才气谈到重庆诗坛的强大阵营,从电视台的采访谈到诗界的希望。继而谈到诗歌的总体特征："有时不计散文语法，也不讲理性逻辑，更重内心体验和诗的独特语言方式。"再而谈到诗歌和散文在语言上的区别，说着说着竟朗诵起来："散文说'我爱祖国'，而闻一多的诗歌则说'我爱一面国旗在心中招展'……"

光线渐渐暗下来了，吕老师夫人在室外给我们拍照，吕老师趁对焦的空暇，竟像稚童一样做着手势，逗趣着楼上邻居的小孩，全无学者严肃、矜持的姿态。"年轻就是诗，诗人永远年轻"，吕老师亦然。

回到客厅，吕老师翻看了我剪辑的一部分作品，他把我前期和近期发表的作品做了比较，予以中肯的评价，并对"才大于情、情大于才"做了辩证的评述。在整个谈话过程中，吕老师不时发出朗朗笑声，使人全无拘谨、局促的感觉，只觉得面前这位老师"亦师、亦兄、亦友"。当他翻到我在《重庆日报》发表的一组小诗时，我说："这是张亦文老师发的。"吕老师的笑声停止了，他用调侃缓慢的语调说："张亦文老师扶植了不少新人，有些都逐渐成名了，张亦文却老了，他的作品反映在作者的作品中了。"这时我眼前浮现出三年前在一次笔会上张老师的苍苍白发，对甘为人梯的文坛前辈不禁肃然起敬。

临别，吕老师赠送了他近期编著、出版的《上园谈诗》和《新诗文体学》两本书，作为一个长期跋涉于诗的荒漠而不见绿洲的作者来说，正需要从中采掘点什么。

告别了，吕老师那青竹般的身影使我想起曾发表的一首散文诗《竹韵》：

"以虚心有节的心胸，甘作脚手架；供人去撑高、供人作扫帚、供人作拐杖；供瓜藤嫩秧沿着背脊攀爬；甚至丝劈缕析、为人编织情兜情网。"

啊，竹丝（思）长长……

田诗范：重庆市作家协会会员，先后在国家、省市级报刊发表小说、散文、文学评论等800余篇，著有文集《玩海》。本文选入吕进、蒋登科主编《寻梦之路：中国新诗研究所二十年》，西南师范大学出版社，2006年。

隆冬山城访吕进

洋滔

重庆进入隆冬以后，那雾便像薄薄的轻纱一样，轻盈地撒在偌大的山城。

我一下火车，便乘公共汽车，不到两个小时就驶进了在北碚区的西南师范大学。著名诗评家、中国新诗研究所所长、西南师大教授吕进先生就住在这里。

吕进先生看上去并不老，更不像五十来岁的人，宽面大耳，面容白净，十分健谈。他带的一对研究生夫妇在和他谈话，临别时他送给学生一些高级食品，是慰问病人的，煞是客气。送走客人后，他向我打听了西藏的许多事情：在西藏生活习惯吗？藏族人民有些什么风俗习惯？等等。然后谈到诗歌，谈到西藏和重庆的诗歌。他说重庆诗人很团结，诗歌活动开展得顺利，诗歌的气氛也很好。重庆一些诗人走上政坛，号召力强，为诗歌的繁荣出了大力。我向他介绍了西藏诗歌情况，他说，想不到西藏诗歌现代气息这么浓郁。他还说："《拉萨晚报》发过我们新诗研究所的消息和文章，与我们有过联系。晚报在群众中就是叫得响，《重庆晚报》读者多，我发一篇文章，文朋诗友都来祝贺，大家都看晚报。但我的文章在其他大报大刊上发表却很少有人知道。把晚报办好了，也确实有意思。"对于吕先生的鼓励，我感到十分欣慰。我把他的意见转告给《重庆晚报》的刘大姐，刘大姐高兴地笑道："说晚报好的同志很多，但我们做得还不够，还要团结更广泛的志士仁人来办好报纸。"

吕进先生十分关心西藏的文学创作，他真诚地希望西藏文学界与他们建立联络关系，比如出了什么书籍，出了什么作品，给他们寄一点，他们好进行评价和研究。他们研究所对西藏诗歌已做过些评价，《西藏日报》、《拉萨晚报》等报刊先后都发表过，我们是很感激的。但他说这还不够。我把这个意见通过报纸转告给朋友们。一个人要成名成家，不仅要个人努力，也需要评论家指点迷律、给予扶持。

走出吕先生家,夜色朦胧,寒气逼人,然而我的心却热乎乎的。

洋滔:本名杨从彪,中国作协会员,西藏作协理事,原《拉萨河》主编,中国散文诗学会理事。本文原载《拉萨晚报》,1991年1月12日。

心中别有欢喜事，向上应无快活人
——西南师范大学吕进教授侧记

苏青

用我这支笨拙的笔写这篇文章，时常会有一种不安的感觉。倒不完全是怕吕进教授用评论诗歌的锐利眼光挑出文法、语句等方面的一大堆毛病，而是担心即使我饱蘸诗的情感，也不一定能写好这位国内外著名的诗评家、优秀的研究生导师。

吕进教授现任西南师范大学文科学术委员会主任、中国新诗研究所所长职务。这位四川省劳动模范早年从事诗歌创作，70年代后期开始转向诗歌评论。在诗坛辛勤耕耘的几十年，吕进教授出版了9部书，在国内外各种诗歌和理论研究刊物上发表了论文100余篇，培养了12名研究生，接待了6名国内访问学者，提携和扶助了成百上千的诗歌爱好者。吕先生那一摞摞丰硕的成果、一桩桩感人的事迹，如同一颗颗灿烂的珠玑，我们的墨迹能将它们串成炫丽、动人的项链吗？

关于诗的本质的探讨，从建国初的亦门到50年代的何其芳，再到80年代的吕进，所经历的"简—繁—简"的辩证过程，是诗评家们向这一哥德巴赫猜想极地靠近的一个个营地。

——评论家如是说

80年代中期的中国诗坛，当诗歌理论界的"传统派"和"崛起派"争论得不可开交之际，另一个诗歌理论群落正在悄然形成。这个群落的代表人物吕进、阿红、朱先树、袁忠岳、杨光治、叶橹等诗评家，频繁地相聚于北京上园饭店，宣传着相同的诗学见解,讨论着中国新诗的发展道路。这些刚逾不惑之年的诗歌理论工作者,以他们承前启后的独到眼光俯视中国诗坛,提出了坚持继承中国诗歌的优秀传统,同时借鉴外国诗歌的一切有益的东西,以建立和发展中国特色的现代诗歌的新主张。

如今,这一见解获得了越来越多的诗界人士的赞同,并对中国新诗的发展路向产生了重大的影响。被诗界称为“上园派”的这些学者的诗歌理论,也就成为继“传统派”“崛起派”之后的又一引人注目的诗歌理论流派。在“上园派”高扬的旗帜下,吕进教授冲锋陷阵,接连发表了《新时期诗歌的逆向展开》《诗学的三个基本意识》《诗运的三段式》《诗:生命意识与使命意识的和谐》等论文,全面地阐发了“上园派”的“传统诗学的现代化转换和西方诗学的本土化转换”的诗学见解,从而使他成为“上园派”的主要代表人物之一。

吕进教授在事业上是永远不会满足的。诗歌,这一人类社会最古老的艺术形式,在最凝练的语言里却蕴含着最丰富的情感。它的魅力是无穷的,它的奥秘也是无穷的。吕教授甘愿做这美丽的缪斯女神的忠实“仆人”,在诗的国度里默默耕耘、辛勤劳作。

1982年春节,亿万人民都在热热闹闹过新年,吕教授却把自己关在书房里,修改他的第一部专著《新诗的创作与鉴赏》。中午,妻子进书房送饭,吕先生大惑不解:“不是刚吃过吗?怎么又端来了?”妻子又气又怜:“那是早饭,现在该吃中饭了。”专心漫游于诗的天国,时间也被吕进教授填成了匆匆的“如梦令”。

对于醉心于工作和事业的人来说,时间确实像诗一样凝练、短暂。吕进教授对时间的吝啬,一如他从事诗歌创作炼字时的惜墨如金。1988年初夏,他患增生性咽炎,很长时间不能发音。诗人梁上泉得知后,帮他在重庆市区找了一名医治疗,可吕教授一听治病要花十多天时间,马上谢绝了医生,拔腿返回学校继续工作。

吕进教授应该感到自豪,从1982年到现在,他的《新诗的创作与鉴赏》《给新诗爱好者》《一得诗话》《诗歌美学辞典》《外国名诗鉴赏辞典》《中国现代诗学》等著作先后问世,并受到了诗界的好评,以及诗歌爱好者如饥似渴的目光的回报。这一部部凝聚着他无数个日日夜夜心血,并屡获全国、省、市创作奖、著作奖、文学奖的作品,奠定了吕进教授在当今中国诗歌评论界的地位。

《文艺报》发表的文章在评论吕进教授的学术成就时说："关于诗的本质的探讨，从建国初的亦门到50年代的何其芳，再到80年代的吕进，所经历的'简—繁—简'的辩证发展过程，是诗评家们向这一哥德巴赫猜想极地靠近的一个个营地。""在中国新诗文体的研究上，从何其芳到吕进反映了从一个堡垒向另一个堡垒的飞跃。"

吕进教授领导、创建的中国新诗研究所，在短短的六年时间里，已经发展成为中国新诗研究的重要中心、培养新诗研究人才的重要基地、与世界各国诗歌界联系的纽带。

——各界评论如是说

写吕进教授就不能不提到中国新诗研究所。这所由吕进教授领导、创建的国内唯一的专事中国新诗研究的科研机构，1986年6月一创立，就受到了海内外许多诗界朋友的关注和首肯。许许多多庆贺电函都表达了这种喜悦心情。台湾《葡萄园》诗学季刊主编吴明兴也寄来了海峡对岸的衷情："这样一个专门性的研究所，对只有树木没有森林气象的台岛诗界，在未来的创造上，我相信必有益处。这里的朋友对贵所发生很大兴趣。"

研究所不仅有吕进教授、邹绛研究员等知名学者，还聘请了老诗人臧克家、卞之琳为顾问教授，叶维廉（美国）、许世旭（韩国）等外国学者为客座教授；确立了中国现代诗学、中外诗歌比较研究、中国新诗史三个研究方向；创办了一份致力于中外诗歌以及大陆与台湾、内地与香港、海外华文诗歌交流与研究的学术刊物——《中外诗歌交流与研究》；研究所的研究和教学力量非常强大，研究方向配备合理，颇具特色，信息沟通也很灵便。

在这个充满了学术自由和民主风气的研究所里，一大批研究生健康成长，研究所迄今已培养出10余名研究生。这些从事新诗研究的有志青年被分配到各地大学、科研机构和文艺杂志编辑部，并受到用人单位的好评。

借助于这块研究阵地，在集中于国内诗歌评论的同时，吕进教授把眼光又投射到了国外。他在美国、菲律宾、韩国等国家发表了一篇又一篇诗论，翻译了许多海外诗论，双向介绍海内外的诗学研究和学者，使新诗所与世界上许多国家建立了广泛的联系，让不同肤色诗人的心贴得更近。

这些成就使得吕进教授从中国走向世界，引起了海外诗界的瞩目。他的著作多次参加国际书展，被许多外报外刊转载或评论。1988年奥运会期间，在汉城召开的“世界诗人会议”为表彰吕进教授在诗歌理论研究、诗歌交流方面的突出成就，特决定授予他“世界诗歌奖”的金冠和奖金。

为了扩大中国新诗在世界的影响，拓宽中国新诗的发展道路，吕进教授还计划于1993年的暮春在西南师范大学由新诗所主办召开，“’93华文诗歌国际学术研讨会”。如今，正如外界评论的那样，“吕进教授领导、创建的中国新诗研究所，在短短的六年时间里，已经发展成为中国新诗研究的重要中心、培养新诗研究人才的重要基地、与世界各国诗歌界联系的纽带”。

1991年，国家教委在对委属大学的140多个文学研究所进行全面评估时，中国新诗研究所获得了居上的评分，有的单项还得了满分。吕教授自信地说：“我相信，新诗所在未来的日子里，一定能培养出更多的高级专门人才，创造出更多的研究成果，从而为中国新诗的健康发展产生更为广泛、深远的影响，成为中国新诗史上一个不能忽视的存在。”

我们在人生与艺术的道路上苦苦求索，时刻都能感受到导师那关注与渴望的目光在背后叮嘱着我们，鼓励着我们。

——研究生如是说

作为研究生导师，作为人类灵魂的工程师，吕进教授把无数心血浇注到了他的弟子身上。吕先生1985年开始招收研究生，来自江南水乡——浙江的柳杨有幸成了吕教授的开门弟子。

“三年前，我来到这陌生的城市，和黄昏一起叩响先生的门，也一步步走向他敞开的心；他给我腾出了床铺，亲手做了碗面条递到手上——从此以后，那四川辣子就热乎乎地弥漫于周身，再也不会消散了。”毕业后，柳杨在回忆与导师第一次见面的情景时这样写道。对柳杨来说，这种师生之情已无异于父子之情。这一回忆是永生难忘的，这一感激是无言的。

和从事诗歌理论研究一样，吕进教授指导研究生也有他的独到之处。他将研究生学位课程的教学重心放在培养研究生的治学能力上，他认为，导师应该开展三方面的工作。一是教研究生如何读书，而不是代替研究生读书；二是培养并提高研究生的思维能力和学术研究能力,塑造研究生的学术思想,而不是代替研究生思想;三是为研究生创造一切成才的机会。

吕教授深深地感到,学术研究的未来在于下一代,中国新诗研究的明天属于这些朝气蓬勃、才气喷发的青年人。他所期待和致力于的正是新诗研究园地的百花盛开、万花争艳。为了让研究生早日脱颖而出,为了给研究生开辟更多的学术天地,这位可敬的导师颇费了一番心思。新诗所的学术刊物《中外诗歌交流与研究》,从组稿到编辑他都放手让研究生去干;国内一些学术刊物的约稿,他也尽量推荐研究生去完成;他还在《诗林》《沿海大文化报》等报刊上,为研究生争取了可观的理论版面;他还从诗坛前辈臧克家那里寻求支持,由老诗人出资在新诗所设立"臧克家奖学金",一年奖励一名学风正派、学习勤奋、有较好研究成果的新诗学研究生。

在导师的悉心培养和提携下,几年来,他的研究生不断发表研究成果,其作品也频频出现在《诗刊》《文艺报》《星星》《当代文坛》等众多报刊上;有的研究生还出了论文集;许多研究生就读期间在诗学领域已经小有名气。

当吕进教授的研究生是幸福的,先生严厉的目光里不时荡漾着缕缕慈爱的柔情。一位研究生把他写的一篇五千多字的论文交先生审阅,从先生手里接过来时,论文上竟留下了密密麻麻、横批竖改的三千多字批语;学生家庭发生了纠纷,在吕教授这里也能得到抚慰和开导……

在"厌学风"盛行时,个别研究生不安心学习,吕教授就给他们做思想工作:"尽管社会上普遍认为读书吃亏、不划算,但研究生作为高层次人才,就应该有一种高的超凡脱俗的追求境界。这种境界就是'心中别有欢喜事,向上应无快活人'。也就是说,我们在从事业的必然王国通往自由王国的道路上付出的种种艰辛,必将取得一般人所没有同时也不可能理解的'欢喜事'——成果。这是一种极高的精神享受。而要得到这种精神享受,必定会失去一些世俗的'快活'。"吕教授辩证的"得失观"是那样的通达,研究生马上就理解并接受了。

在新诗所成立六周年的日子里,吕教授的一位研究生在满怀深情的贺信中写道:"我们在人生与艺术的道路上苦苦求索,时刻都能感受到导师那关注与渴望的目光在背后叮嘱着我们,鼓励着我们。"

您多像一株挺立拔节的青竹啊！我们这些诗歌爱好者，像那一株株稚嫩的竹笋，在您精心培育的绿荫下，纷纷破土而出。

——诗歌爱好者如是说

每年，吕教授都要收到一千多封诗歌爱好者的来信。来信人多半是年轻人，有求教的，有索要资料的，甚至还有在人生道路上受挫向吕教授求助的……大多数信件都是沉甸甸的，装着不少诗稿。一些读者担心诗稿石沉大海，干脆来个"激将法"："吕教授，像我这样无名之辈的来信，您一定会把它扔进纸篓吧？"

其实，吕进教授家是没有这样的纸篓的。他深知，这些沉溺于诗歌创作的年轻人，大都有一颗敏感且容易受伤的心，他们特别渴望获得老师的指点，获得抚慰，他们也特别珍惜世间的温情。吕教授也同样珍惜这份情感。每封来信他都仔细阅读，并尽量答复，实在忙不过来就请研究生代为作答。在他看来，这些信任他、崇敬他的诗歌爱好者就是自己的"编外弟子"，他有责任扶持他们，提携他们。

一位诗歌爱好者从没和吕教授见过面，但两年多来他们已经通了八九封信。自从这位青年第一次请教心中仰慕已久的老师，吕进教授就不断地用他那特有的简练的语言评点青年的每首诗，并不断给予鼓励。1992年5月，吕先生还从这位诗歌爱好者寄来的诗作中挑出三首诗，发表在他主办的《中外诗歌交流与研究》上。吕教授谆谆告诫这位青年，要做发表作品少而精的大诗人，不要去做那只追求作品数量大的小诗人。

吕教授关心热爱他的"编外弟子"，弟子们也用各种各样的方式表达自己对老师的一片深情。来自祖国四面八方的鸿雁，衔来了众多弟子送给吕教授的枫叶、自制书签、帽徽领章等礼品。一位青年的书信表达了大家的共同心声："您多像一株挺立拔节的青竹啊！我们这些诗歌爱好者，像那一株株稚嫩的竹笋，在您精心培育的绿荫下，纷纷破土而出。"

诗的本质是什么？这是每一个诗歌理论工作者首先要遇到并力求回答的问题。其实，人生何尝不是一首诗。我们每个人的一言一行，实际上都是在为自己人生的诗篇添行加段。作为诗人出身的诗评家，吕进教授已经为自己的前半生写出了美好、动人的诗篇，但他对这一诗篇的认识和评价又是清醒的：

"中国是地球的一部分,地球只是太阳系的九大行星之一,而太阳系所在的银河系则包含了总数在1000亿颗以上的各类恒星,银河系外还有河外星系。真可谓天外有天。科学领域是求实者的领域,学者自己对出了一两本书、得了一两次荣誉应当有实在的估价。把这些看得过大过重,成绩和荣誉反而会成为累赘。个体生命很小,重要的是将个人的抱负和成就感融入祖国的振兴大业中,化小为大,从有限中寻求无限和永恒。"

我们完全有理由相信,吕进教授在未来的人生道路上,一定会谱写出更加壮丽、辉煌的诗篇。

苏青:研究员,现任科普出版社暨中国科学技术出版社社长、党委书记。享受国务院政府特殊津贴,为新闻出版总署新闻出版行业领军人才。本文原载《学位与研究生教育》,1993年第1期。

吕进戴上黄金王冠

阿红

期望中的照片到了,是香港汉俳名家晓帆兄拍摄冲洗了寄来的。

这帧照片记录着著名诗歌理论家、我的挚友——吕进,头戴韩国世界诗歌研究会向他颁授的黄金王冠的辉煌瞬间。

凝眸照片,我一下子就回到当时境界,沉湎在欢乐氛围里。

那是9月8日上午9时左右,西南师范大学桂园会议厅。主席台上雪白幕布上的,“’93华文诗歌国际学术研讨会”,于会间休息时,悄不觉地易为“世界诗歌黄金王冠颁授仪式”。于深蓝字行里那“黄金王冠”四字大红得特别鲜明。这是事前没宣布的节目。什么黄金王冠?颁给谁的?谁颁的?迷惑间,韩国世界诗歌研究会副会长金正雄先生登上主席台。他通过翻译宣布:韩国世界诗歌研究会决定,向西南师范大学教授、中国新诗研究所所长、著名诗歌理论家吕进先生颁授黄金王冠,因为吕进先生为华文诗论做出了杰出建树,为世界华文诗歌交流做出了卓越贡献!黄金王冠是24K金制作的。

吕进,得的奖够多的,他精通俄语,在致力新诗理论的十几年里,一本又一本著作问世,几乎本本获奖,不是市级的就是省级的,或科技成果奖或文学奖。由于他的丰硕创造,1985年荣膺“四川省劳动模范”称号。以教授而成省劳动模范,能有几个啊!他关于诗美本质的研究,《文艺报》曾发表文章,认为从何其芳到吕进是一个飞跃。他关于诗歌文体学的阐明,使诗歌这种文体的特征一下子透明。1986年,经他创办的中国新诗研究所是获国家教委批准的唯一新诗研究机构,是培养新诗研究高级人才的重要基地。几年来,一位又一位海内外诗界名流到所讲学,接受一批又一批访问学者,一次又一次召开海内外学术会议。吕进也多次去中国香港、日本,最近又去俄罗斯做学术访问。世界诗歌研究会授奖吕进,可谓授得其人。

黄金王冠,通体黄金。一个圆圆的帽箍儿,正面耸着一枝花,两边各耸着一枝花。花叶花朵上镶着许多类宝石。金正雄先生双手持着黄金王冠,轻轻放在吕进头上的时候,主席台顶灯一照,那王冠金光闪烁,宝石五彩晶莹。台下爆响雷鸣般的掌声。而吕进,那智慧的眼神,我却感觉一下深沉了。我想,他由此意识到更重的责任。

仪式毕。与会的各国学者、理论家、诗人纷纷上台与吕进和金正雄先生合影。我和朱先树、袁忠岳、杨光治也挽手上去,再留下一张“上园”朋友聚会情景,吕进是我们“上园”诗论的龙头。晓帆多情,给我们摄下了这个长久的瞬间。

阿红(1930—2015):原名王占彪,著名诗人,中国作协会员,历任辽宁省作家协会书记处书记、副主席,《处女地》《文艺红旗》《鸭绿江》等杂志编委、编辑部副主任,《当代诗歌》主编、编审。本文原载《沈阳晚报》,1993年10月28日。

诗歌和文化的使者

——世界诗歌黄金王冠获得者吕进印象

阮化文

吕进在寂寞的诗歌道路上不停地走着,他从不停歇。在香港、在日本、在白雪覆盖的俄罗斯大地,我们看见了吕进:他瘦骨嶙峋,但满含激情,他那高而闪亮的额头积满温暖的光芒,驱散了我们心灵中无数个黑暗的夜晚,他使热爱诗歌的心灵向往东方。

在风中,他仰起额头,反复地吟诵那些刻骨铭心的诗句;在灯下,他思绪无边,长久地默默无语。激烈的诗情和深邃的理智完美地集于一身。

"吕进在回忆自己由一个外语教师成长为诗歌评论家的道路时,把诱因追溯到自己的母亲。他认为善良而富有同情心的母亲对他文学气质的形成起了关键性作用。他上小学时即开始在《少年报》上发表诗作,读中学和大学时,诗歌创作一直没有间断过。诗神一步一步把一个敏感多思的少年,引领进了诗歌的殿堂。"青年诗人向阳如是说。前不久吕进应邀赴莫斯科大学访问讲学,还写下了《致祖国》等多篇满含深情的诗歌。

作为一个诗歌评论家,吕进是中国现代诗歌的集大成者。在短短的十多年里,他推出了《新诗的创作与鉴赏》《给新诗爱好者》《一得诗话》《上园谈诗》《诗歌美学辞典》《外国名诗鉴赏辞典》《新诗文体学》《心中的旗》《中国现代诗学》《爱我中华诗歌鉴赏》等十部专著。吕进在这些著述里几乎探讨了诗歌艺术所涉及的各个领域,《文艺报》发表的评论文章在评论吕进的学术成就时说:"关于诗的本质的探讨,从建国初的亦门到五十年代的何其芳,再到八十年代的吕进,所经历的'简—繁—简'的辩证发展过程,是诗评家们向这一哥德巴赫猜想极地跋涉靠近的一个营地","在中国新诗文体的研究上,从何其芳到吕进反映了从一个堡垒向另一个堡垒的飞跃”。吕进的诗歌理论是中国现代诗歌最完整的、最全面的、独一无二的诗歌理论。他的研究不但获得广大诗界的肯定,亦多次获得政府及国务院的肯定。现在,吕进的理论正成为整个华文诗界的热门。从中国到世界各地,从无名小辈到著名诗人,都密切关注着吕进的每一种意见。

吕进自觉地把自己置身于整个华文诗歌甚至整个世界诗歌运动之中。他力图把中国诗歌、华文诗歌放在整个世界诗坛来反省和审视。早在一九八六年他便创建了广为称道的中国新诗研究所,该所已成为中国新诗研究的重要中心,它与世界诗歌界建立了广泛的联系。七年来接待了众多的国外访问学者,他本人更是把主要精力投入到诗歌的双向交流上。他先后到香港地区及日本、俄罗斯等国访问和出席诗歌研究会,接待世界各地的诗人、学者来访。香港的蓝海文,台湾的洛夫以及美国的秦松、彭邦桢,韩国的许世旭,日本的秋吉久纪夫等纷纷来访,对吕进的事业给予高度评价。一九八八年奥运会期间,在汉城召开的“世界诗人大会”为表彰吕进在诗歌理论研究、诗歌交流方面的突出成就,决定授予他“世界诗歌奖”的金冠和奖金。这也是中国诗人首次获此殊荣。此奖仅授三种人:诺贝尔诗奖提名候选人、全球知名诗人和对世界诗歌运动有贡献者。自一九七八年至今,已有美国、俄罗斯、西班牙、韩国、南斯拉夫、法国等十位著名诗人获此金奖。一九九三年金秋,在重庆西南师范大学召开的“'93华文诗歌国际学术研讨会”上,总部设在汉城的“世界诗人协会”的官员专程从汉城赶来,把金冠戴在吕进先生头上。那夺目的光芒绝非仅仅是黄金翡翠的光芒,那是一个民族艺术之光的折射。

吕进,正在以各种方式与世界进行广泛的对话:华文诗歌在中国和世界各国的历史、现状和发展。

阮化文:重庆籍著名诗人,曾主编《当代大学生实验诗选》。本文原载《西南经济报》,1994年4月15日。

双色花开得正艳丽

——记省政协委员、四川省十大优秀园丁之一吕进

钟星

西南师范大学的吕进教授最近被命名为“四川省十大优秀园丁”之一。吕进教授是四川省政协委员、四川省高教界熟知的一位优秀教师。

1985年被省政府授予“四川省劳动模范”称号，1987年作为重庆市唯一的一位教师代表出席了全国教代会，1991年获“重庆市优秀共产党员”称号，1991年成为西南师大首批享受国务院政府特殊津贴的四位教授之一。

吕进教过的学生，即使毕业了许多年，也津津乐道他的课堂教学艺术。在教书育人工作中，他的“专业教师教书育人的立足点是教书，中心是树立良好学风”的理论与实践颇有影响。

吕进被新闻媒体称作“一株开双色花的树”，教学与科研、教书与育人都是他的强项。他是海内外知名的诗评家。1993年获世界诗歌黄金王冠，是获此殊荣的第一个中国人。他在日本九州大学、俄罗斯莫斯科大学讲学，均获好评。他主持国家科研项目和四川省“八五”规划重点项目。他的专著不少，每一本著作都曾获奖，有的著作已三版，累计印数近五万册。他的教学反映了较新的思维方式，在基础理论和学科前沿体现了较高的学术水平。近年他对硕士生学位课程进行了卓有成效的教学改革，获得省优教成果奖一等奖，国家级优教成果奖二等奖。在1993年国务院学位办组织的西南片区硕士点检查评估中，吕进作学术带头人的中国现当代文学硕士点被评为“A”级学位点。1993年他获曾宪梓教育基金会高等师范院校教师奖二等奖。

我们在人生与艺术的道路上苦苦求索，时刻都能感受到导师那关注与渴

望的目光在背后叮嘱着我们,鼓励着我们。

——研究生如是说

吕进的课堂教学的效果好,这历来为大学生和研究生所公认。他的课堂教学既深刻,又生动,十分受学生欢迎。

77级毕业生江流(现为中学教师)在《老师,我还记得……》一文中写道:"记忆中的吕老师,清瘦的高个子,四方脸,一副大眼镜架在鼻梁上。来上课时,常拎个塞满讲义、卡片的手提包,翩翩地走,普通极了。然而当他登上讲台开始授课时,全身就闪射出了思想和智慧的光。台上,老师声情抑扬,口若悬河,旁征博引,妙语连珠;台下,济济一堂的学生拉长耳朵,目不旁视,深恐漏掉了只言片语。这绝非溢美之辞,当年的同学们可以作证。实在说,讲课要得到学生称道颇不易,尤其是当时我们这些大学生,'文革'后首批经考试上大学的多半是'老三届'(其中不乏爸爸妈妈),年纪大、阅历广、思想成熟、求知欲强,对老师的要求和选择近于苛刻。尽管如此,吕老师的课却广获学生赞誉。这个班上课,那个班的来旁听,教78级,教室门口还时常站着已经上过他课的77级学生。"

《重庆日报》发表"本报记者"的采访文章《一株开双色花的树——记模范教师吕进》,也介绍到吕进上课时,由于旁听者太多,往往要由小教室移到大教室等情况。众多学生反映:听吕老师的课是一种崇高的艺术享受,既丰富了知识,又陶冶了情操,回到宿舍,往往要兴奋地回味,激动不已。

作为研究生导师,作为人类灵魂的工程师,吕进教授把无数心血浇注到了他的弟子身上。吕先生从1985年开始和方敬、邹绛先生共同招收研究生,来自江南水乡——浙江的柳杨有幸成了开门弟子。

"三年前,我来到这陌生的城市,和黄昏一起叩响先生的门,也一步步走向他敞开的心;他给我腾出了床铺,亲手做了碗面条递到手上——从此以后,那四川辣子就热乎乎地弥漫于周身,再也不会消散了。"现在伦敦大学攻读博士学位的柳杨在回忆与吕先生第一次见面的情景时这样写道。对柳杨来说,这种师生之情已无异于父子之情,这一回忆是永生难忘的,这一感谢是无言的。

吕进教学科研任务很重,社会兼职多。他的身体孱弱,近几年妻子又生重病。在这样沉重的负担之下,吕进仍对教学工作一丝不苟。有一次,他高烧达

40℃,还坚持上课,后来被细心的学生察觉,强行将他送回家。在送他回家的路上,有的女生感动得哭了。

1988年5月,吕教授招收的一名研究生参加复试。只见吕先生讲台端坐,却一言不发,整个答问过程吕教授都是写条递给助手,让助手代为提问,考生心中一凉:"完了,导师连话都不屑和我说,看来考取无望。"事后,这位考生才了解到,原来那段时间先生正患咽炎,嗓子无法发音,只好出此妙策,带病主持考试。

《学位与研究生教育》1993年第1期发表"本刊记者"的专访《心中别有欢喜事,向上应无快活人——西南师大吕进教授侧记》中写道:"当吕进教授的研究生是幸福的,先生严厉的目光里不时荡漾着缕缕慈爱的柔情。一位研究生把他写的一篇五千多字的论文交先生审阅,从先生手里接过来时,论文上竟留下了密密麻麻、横批竖改的三千多字批语。"

和从事诗歌理论研究一样,吕进教授指导研究生也有他的独到之处。他将研究生学位课程的教学重心放在培养研究生的治学能力上。他认为,导师应该开展三方面的工作:一是教研究生如何读书,而不是代替研究生读书;二是培养并提高研究生的思维能力和学术研究能力,塑造研究生的学术思想,而不是代替研究生思想;三是为研究生创造一切成才的机会。

近年来,吕进对硕士生学位课程进行了有效的改革:就教学观念而言,硕士生不是五、六、七年级的大学生。他有意识地突破大学本科教学的习惯定势,将学位课的教学重心由现成知识的讲授转移到研究生治学能力(读书能力和科研能力)的培养上。学位课程的第一讲,就要求研究生在学习观念和方法上实现从本科生到研究生的飞跃;同时,他分别与每位研究生商定读书计划和科研规划,充当"导读"。教学模式从导师讲授为主改革为以师生研究和讨论本课程的学科前沿为主。他的这一"转换教学观念,转移教学重心,转变教学模式"的《硕士生学位课程的教学改革》引起了广泛关注。《学位与研究生教育》杂志全文发表了这一经验总结。

吕进开设的几门研究生学位课程,教材都是采用自己的著作,如《新诗的创作与鉴赏》《新诗文体学》《中国现代诗学》等,在课堂讲授时,他并不把重点放在自己的结论上,而是介绍这些结论的形成过程——自己占有资料,选择资料,提炼见解的过程。因此,吕进的讲授有较高的学术水平和较新的思维方式,在前沿信息上体现了讲授的高层次。

在主持研究生讨论时,他着重指出自己的见解中的不足之处,鼓励和引导研究生深入到学科前沿,提出更科学、更周密的见解。一门课程结束,进行两种考试,一种是闭卷考试,以导师的观点作为阅卷的标准;一种是课程报告,鼓励研究生提出自己的言之成理的诗学见解,两种考核并重。这样,就不是照导师的学术思想塑造研究生的学术思想,而是注重提高研究生的学术研究能力。

吕进还为研究生提供各种条件,指导他们开展丰富的学术活动(如:经导师的推荐,撰写和发表论文;受导师委托,代一些报刊编辑诗歌理论版面和创作版面等),为他们创造实践和成功的机会,这些活动,成为研究生的第二课堂。

在导师的悉心培养和提携下,近十年来,他的研究生不断发表研究成果,研究生的作品频频出现在《诗刊》《文艺报》《星星》《当代文坛》《中国文化报》《黄河诗报》等报刊上;有几位研究生还出了书;许多研究生就读期间在诗学领域已小有名气。90级一位研究生现在已经是中国作家协会会员,成为中国这个权威协会最年轻的会员之一。

吕进教授不仅教青年如何做学问,也教他们如何做人。他不仅是研究生学术的导师,也是他们人生的向导。他的教书育人工作的理论与实践,引起了教育界的兴趣。

——报刊文章如是说

吕进是教书育人的有心人。对他教书育人的事迹,《重庆日报》、《重庆晚报》曾多次做过报道。《大学生》《学位与研究生教育》等也曾刊文介绍。中国教育工会全国委员会主编的《教苑荟萃》(湖南人民出版社)收入了吕进的《做教书育人的有心人》一文。《重庆日报》发表了吕进的《当好导师,当好向导》《谈教书育人的有效性》等多篇文章。

吕进的教书育人强调自身在“智”(为学)和“行”(为人)两个方面成为研究生的表率:在如何对待学术研究的艰苦、如何对待学术研究上的成功与失败、如何对待同行和前辈、如何对待成名与金钱、如何对待出国深造与振兴国家民族等方面给学生以内在的持久的影响。他强调以自身的“情感优势、知识优势和经验优势”使得育人工作具有“亲切性、渗透性和经验性”。

吕进教授认为,教书过程中的育人工作的中心在于良好学风的培养,这是专业教师教书育人工作的关键所在,灵魂所在。这也是专业教师的教书育人工作与政工干部的思想政治工作的区别所在。

吕进曾发表过《求实、创新、高效率》的专文,阐明他的治学态度,在这方面他对学生的影响很大。他对工作极其负责,对学生的为人为学要求极严格。一位已毕业的研究生回忆吕进的一些感人事迹时写道:“先生的独特之处在于,他不但领着你,而且常常从后面推着你向前而行,他总想方设法为学生创造成功的机会,他的爱护与严厉紧紧地连在一起,那是一把剑的双刃。”另一位已毕业的研究生在《重庆晚报》上发表的文章《对一座桥的怀念》中谈到这样一件事:“记得刚刚收到研究生录取通知书时,我也和众多的幸运者一样,深深地激动过。但入学不久,由于经济的困窘,环境的生疏以及自己心理优势的失去,我萌动了退学的念头,这时,我的导师吕进先生约我长谈。和我预想的相反,他不是粗暴地呵斥、严厉地训诫,而是交心式地启发,启发式地交心。实际上是和吕老师的谈话,更是他谈话中所表现出的那种对事业的执着精神,那种力求超越时代、超越自我的坚强意志感染了我,唤醒了我灵魂中那种求真、求善、求美的欲求。于是,我留下了,义无反顾地留下了。”他后来以优异成绩获得“臧克家奖学金”,他的一篇论文曾被《新华文摘》摘登提要,现在一所大学任教。

还有一位研究生,不能静下心来做学问,总是左顾右盼,不断变换研究方向去追赶社会的“热潮”。吕进教授和他多次谈心,以自己的经验告诉研究生,科学的领域是求实者的领域,做学问的人一定要戒投机取巧的作风,要在相对稳定的研究领域静心研究,不偷、不装、不吹,不怕坐冷板凳,不要让自己的学术研究随市价波动。经过多次谈心终有成效,这位研究生后来在学风上变化很大,获得了不少的研究成果。

看到学生的进步,吕进由衷地感到喜悦,他说:“教书育人既是教师的责任,也是职业的享受。”既教书又育人的教师是学生的专业带路人,同时又是他们的朋友和人生的向导。这样的教师从学生那里可以获得更多的爱,他们是感情的富有者。

“中国是地球的一部分,地球只是太阳系的九大行星之一,而太阳系所在的银河系则包含了总数在1000亿颗以上的各类恒星,银河系外还有河外星系。真可谓天外有天。科学领域是求实的领域,学者自己对出了一两本书、得了一两次荣誉应当有实在的估价。把这些看得过大过重,成绩和荣誉反而会成为累赘。个体生命很小,重要的是将个人的抱负和成就感融入祖国的振兴大业中,化小为大,从有限中寻求无限和永恒。"这是吕进教授在1991年获得国务院政府特殊津贴时在《西南师范大学校报》上写的话。

我们完全有理由相信,吕进教授在未来的人生道路上,一定会谱写出更加壮丽、辉煌的诗篇。

钟星:湖北诗人。本文原载《四川政协报》,1994年10月21日。

一树竞开双色花
——西南师范大学中国新诗研究所所长吕进教授三说

邓力

吕进教授很出色：诗评有百万字斐然著作，教书育人获四川省“十佳优秀园丁”美誉，出口妙语连珠成文章，举止温文儒雅似清风。报纸上有文章称他为“一株开双色花的树”。

1993年9月8日，在西南师范大学举行的华文诗歌国际学术会议暨“世界诗歌黄金王冠”颁授仪式上，吕进教授再次让来自美国、日本、加拿大、韩国、中国的百余位与会者感受到了他的出色：以对中国新诗研究作出的重大贡献，摘取了那顶令人钦羡的金色王冠。

“世界诗歌黄金王冠”由总部设在韩国的世界诗歌研究会设立，只授予三种人：诺贝尔诗奖提名候选人，全球知名诗人，对世界诗歌运动有贡献者。黄金王冠设立以来，此前只有美国、苏联、韩国、西班牙等少数国家的著名诗人、学者获得。今天，中国西南师范大学教授、中国新诗研究所所长、中国当代诗歌评论家吕进以他丰硕的成果和在世界诗歌评论界的知名度荣膺殊荣，当之无愧。

‖ 评论家说：在诗的文体研究上，从何其芳到吕进是一个飞跃 ‖

说吕进，先说口头文学一则：1982年新春，当家家鸣爆竹送旧岁时，吕进则把自己关在书房里写《新诗的创作与欣赏》，通宵达旦，废寝忘食，完全沉浸在诗境之中。贤妻定时送餐进来，吕进竟大惑：“不是刚吃过？为何又端来？”贤妻哭笑不得：“傻人，刚才的是早饭，复来的是午饭。”

遨游在诗海之中，深情地品味诗的情境，爱诗胜过一切，是吕进的一贯风格。少年听母亲谈诗，青年将生活写成诗；大学期间学西语，却也不自禁地去关心诗的世界。70年代末期，近中年的吕进由作诗改为评诗。“以诗人之心论诗，自然知其意义与甘苦”。他往返重庆与北京，广结诗歌评论人，在对古今中外诗歌充分地感悟之后，提出了“继承中国诗歌的优秀传统，借鉴外国诗歌的一切有用的东西，实现传统诗学的现代化转换和西方诗学的本土转换，建立和发展有中国特色的现代诗歌”的观点，令诗坛众多评论家刮目相看。1982年，吕进向社会呈献了他的第一部专著《新诗的创作与鉴赏》。该书一经出版，便在社会上热销，《中国出版年鉴》称其为理论价值高的三部当代中国诗论之一。此后，吕进又有《给新诗爱好者》《一得诗话》《中国现代诗学》等五部著作问世，并主编了《诗歌美学辞典》等三部大型工具书，在国内外诗歌理论刊物上发表论文近百篇。十余年来，他紧紧围绕如何确立中国现代诗学体系这一课题开展诗学研究，对诗的本质、创作、分类、风格、语言、审美等专题进行了系统、全面、深入的研究与阐释，提出了诸多令人折服的新的理论观点，受到海内外诗界学者名家的肯定。《文艺报》发表署名文章评价他的代表作《中国现代诗学》“实际上已经构成了一个有特色的中国现代诗学的理论体系”。吕进以他丰硕的成果，引得诗界的注视。因此有人说，“吕进的理论正成为整个华文诗界的热门，从中国大陆到世界各地，从无名小辈到著名文人，都密切关注着吕进的每一种意见”。

学生说：我们是稚嫩的竹笋，在吕进教授的精心培育下破土而出

再说吕进，又有治学故事一则：作为教授的吕进，带研究生，向来以热情、严谨的作风在西南师范大学享有美誉。一位研究生的论文，大量引用与主题无关的外国理论家的言论，华而不实。导师吕进在这篇五千字的论文上写下了三千字的批语，对作者在论文中反映出来的浮华文风做了诚恳的分析和批评，令那位研究生颇受教育。如是，学生们说，在吕进门下做学问，切不可将一星半点的浮躁之气、矫饰之风带进门来。

1985年，吕进开始招收中国新诗理论研究生。教学中，吕进像进行诗歌研究一样，对教学方法也独辟蹊径。他认为，导师应着重培养研究生的治学能力，教学模式应以师生共同研究和讨论本课程的学科前沿信息为主。基于此，

吕进授课从不照本宣科,也从不只讲自己的经纶,而是在纵横捭阖、旁征博引之中,让学生们深深领会科学研究中占有资料、选择剪裁、提炼见解的过程,悟出做学问的真谛。研究生们诙谐地说,吕进教授不仅教会我们煮饺子,更是教会我们包饺子。吕进带研究生还有一个特点,就是积极地“推”着学生上路:他让研究生参与自己主持的各种社科研究项目的研究工作;指导他们撰写诗歌评论,并推荐到报刊上发表;他举荐学生担任国内一些重要诗歌辞书的撰稿人,举荐学生为报刊编辑诗歌理论专版或创作专版,想方设法为学生创造脱颖而出的机会。在吕进教授精心搭就的学术阶梯上,研究生们勤研苦索步步向上,在读书期间就有论文陆续在报刊上发表,有的在国内诗界已小有名气。1993年,吕进教授获得了全国曾宪梓教育基金会高等师范院校教师奖二等奖;1994年,他的《硕士生学位课程的教学改革》论文又获国家教委优秀教学成果奖二等奖;国务院学位办则给他做学术带头人的硕士点以“A”级的评价。

吕进自己说:教书育人是我的职业享受

吕进教书育人身体力行,西师校内也有佳话。一次,吕进主持研究生复试。平常谈笑风生的他,这回从一开始就端坐台上“一言不发”,所有提问都是写张字条让助手代劳。慕名投门的考生心中一凉:“要糟,吕老师连话都不屑与我讲。”事后,考生得知,那阵吕老师正患咽炎,根本无法说话,他是在带病主持考生复试。由此,考生还未拜师,什么叫敬业已先味知。

教书很苦,教诗歌似乎更清贫。吕进却不这样看,他视教书为人生最高的职业追求,执着地进取。学生在学习生活中、思想上总有这样那样的问题出现,吕进从不对他们进行简单的批评,而总是以自己对事业的执着精神、用在科学研究中所表现出的超越自我的坚强意志去感染学生,坚定他们追求事业的信心与勇气。他常说:“心中别有欢喜事,向上应无快活人”。他把对事业的追求视为自己最高的精神享受,为了追求这种享受,他甘愿失去一些世俗的“欢乐”。学生总以导师为榜样,吕进有这样的精神,他的学生便也能甘于清贫与寂寞,寒窗苦读,成果自然也就纷纷而来。

吕进教书很严格,做人更严格。一次,有位“编外弟子”带着诗稿登门求教。吕进在阅读诗稿时,无意中瞥见那青年正从挎包里掏出两瓶“古蔺大曲”。吕进当即放下诗稿说:“我不看了。这两瓶酒已经把你和我隔开,我们谈诗也就变成了一场交易。我问你,我今天讲一首诗值几两酒?”吕进的严辞,使那位青年满脸羞愧,诚恳地向老师道歉。之后,吕进还是看完了诗稿,他的又一席作诗与做人的道理,直说得青年人深深感动。

吕进其实不苦,吕进心中最甜。有他本人的话语为证:既教书又育人的教师是学生的专业带路人,同时又是他们的朋友和人生的向导。这样的教师从学生那里可以获得更多的爱,他们是感情的富有者。

邓力:历任《西南师范大学校报》主编、《西南师范大学学报(人文社会科学版)》常务副主编,西南师范大学文学院党委书记兼副院长、西南大学新闻传媒学院党委书记等职。本文原载《中国高等教育》,1995年第3期。

一位诗评家的人生态度
——记重庆市政协委员吕进教授

邓力

吕进的成长，与改革开放的时代潮同步。20年来，他在自己所钟情的诗学海洋里，掀起晶莹璀璨的朵朵浪花，成为当今中国负有盛名的诗评家之一，他也因此获得世界诗歌研究会颁发的世界诗歌黄金王冠，成为获此殊荣的第一位，也是迄今为止唯一的中国人。

吕进教授很有个性，有百万字斐然诗评著作，曾获“四川省劳动模范”“四川省十佳优秀园丁”美誉，是重庆市政协委员、西南师大新诗研究所所长、国家级有突出贡献的专家、博士生导师，且出口妙语连珠，举止温文儒雅，传媒有文章称他是“一株开双色花的树”。有关他的故事和赞誉在西南师大的师生中，在海内外诗界流传。

1982年新春，当家家鸣爆竹送旧岁时，吕进却把自己关在书房里写《新诗的创作与鉴赏》，通宵达旦，废寝忘食，完全沉浸在诗境之中。贤妻定时送餐进来，吕进竟大惑：“不是刚吃过？为何又端来？”贤妻哭笑不得：“傻人，那是早饭，现在该吃中饭了！”

是啊，遨游在诗海之中，深情地品味诗的意境，把诗作为自己生命的组成部分，这是吕进对诗的诠释。少年时听母亲谈诗，青年时将生活写成诗，学生期间学西语，却也禁不住去窥视和融入诗的世界。七十年代末期，近中年的吕进由作诗改为评诗。老诗人臧克家先生称他“以诗人之心论诗，自然知其意义与甘苦”。他往返重庆与北京，广结诗歌评论人，在对古今中外诗歌充分地感悟之后，其“实现传统诗学的现代化转换和西方诗学的本土转换，建立和发展有中国特色的现代诗歌”的观点，令诗坛众多评论家刮目相看。1982年，吕进向社会呈献他的第一部专著《新诗的创作与鉴赏》。该书一经出版,便在社会上热销,《中国出版年鉴》称其为理论价值较高的三部当代中国诗论之一。此后,吕进又有《给新诗爱好者》《一得诗话》《中国现代诗学》《新诗文体学》《吕进诗论选》等20余种著作问世,在国内外诗歌理论刊物上发表论文近百篇。他紧紧围绕如何确立中国现代诗学体系这一课题开展诗学研究,对诗的本质、创作、分类、风格、语言、审美等专题进行了系统全面深入的阐释,提出了诸多令人折服的新的理论观点,受到海内外诗界学者名家的肯定。《文艺报》发表署名文章评论吕进教授的学术成就时说,关于诗的本质的探讨,从建国初期一直到50年代的何其芳,再到80年代的吕进等,所经历的"简—繁—简"的辩证过程,是诗评家们向这一哥德巴赫猜想极地靠近的一个营地,称吕进教授的代表作《中国现代诗学》"实际上已经构成了一个有特色的中国现代诗学的理论体系"。因此有人说:"吕进的理论正成为整个华文诗界的热门,从中国到世界各地,从无名小辈到著名文人,都密切关注着吕进的每一种意见。"

作为教授的吕进,带研究生,向来以热情、严谨的作风在西南师范大学享有美誉。一位研究生的论文,大量引用与主题无关的外国理论家的言论,华而不实。导师吕进在这篇五千字的论文上写下了三千字的批语,对作者的论文中反映出来的浮华文风做了中肯的分析和批评,令那位研究生颇受教育。学生们都说,在吕进门下做学问,切不可将一星半点的浮躁之气、矫饰之风带进门来。

1985年,吕进开始招收中国新诗理论研究生。教学中,吕进像进行诗歌研究一样,教学方法也独辟蹊径。他认为,导师应着重培养研究生的治学能力,教学模式应以师生共同研究和讨论本课程的学科前沿信息为主。基于此,吕进授课从不照本宣科,也从不只讲自己的经纶,而是在纵横捭阖、旁征博引之中,让学生深深领会科学研究中占有资料、选择剪裁、提炼见解的过程,悟出做学问的真谛。吕进带研究生还有一个特点,就是积极地"推"着学生上路:他让研究生参与自己主持的各种社科研究项目的研究工作;指导他们撰写诗歌评论,并推荐到报刊上发表;他举荐学生担任国内一些重要诗歌辞书的撰稿人,想方设法为学生创造脱颖而出的机会。在吕进教授精心搭就的学术阶梯上,研究生勤研苦索步步向上,在读书期间就有论文陆续在报刊上发表,有的在国内诗界已小有名气。1993年,吕进教授获得全国曾宪梓教育基金会高等师范院校教师奖二等奖;1994年,他的“硕士学位课程的教学改革”论文又获国家教委优秀教学成果二等奖;国务院学位办则给他做学术带头人的硕士点以“A”级的评价。

吕进教授视教书育人为自己的职业享受,学生眼里,他是师者的楷模。一次,吕进教授主持研究生复试。平常谈笑风生的他,这一回从一开始就端坐台上“一言不发”,所有提问都是写张字条让助手代劳。慕名投门的考生心中一凉:糟糕,吕老师连话都不屑与我讲。事后,考生得知,那阵吕老师正患咽炎,根本无法说话,他是在带病主持考生复试。由此,考生还未拜师,已先知什么叫敬业。

教书很苦,教诗歌似乎更清贫,吕进却不这样看。学生在学习生活中总有这样那样的思想问题出现,吕进从不对他们进行简单的批评,而总是以自己对事业的执著精神,用在科学研究中所表现出的超越自我的坚强意志去感染学生,坚定他们追求事业的信心与勇气。他常说,“心中别有欢喜事,向上应无快活人”。他把对事业的追求视为自己最高的精神享受,为了追求这种享受,他甘于清贫与寂寞,甘愿失去一些世俗的“欢乐”。

“重世俗之所轻,轻世俗之所重,努力创造一个诗化的人生!”——这就是作为诗评家的吕进教授的人生态度。守持这样的态度,他因而能做到面对无数的工作,从不厌倦;面对无数的荣誉,从不在乎。怀着为建立中国现代诗学体系的梦想,吕进教授一路走来,走进中国最优秀的诗评家的行列。

本文原载《重庆统一战线》,2000年第1期。

写在恩师七十华诞之际

向雪琴

亲爱的吕老师：

当您迎来七十华诞的时候，也正逢我追随您的脚步走过三十年。正是您的生日在我记忆的画屏上增添了无数美好的怀念，似锦如织！

三十年前，我作为国家恢复高考后的第一届大学生走进了西师外语系。也许是由于做中学语文教师的父亲遗传的缘故，我对汉语文学课的偏爱来得非常自然。记得您上的第一节课是关于鲁迅先生的作品《一件小事》。您绘声绘色、妙语连珠、风趣幽默的讲解一下子就吸引了全体同学的眼球。我们谁都没有料到，外语专业的老师上汉语文学课竟会如此精彩！我从心灵深处被您高尚的人品、渊博的知识、横溢的才华、精湛的讲课艺术所深深折服！于是，我对您的崇敬油然而生，您的课成了我们每周最期盼的课之一，您家的书房成了我和同学们周末一心向往的地方。记得常常是一拨还没走，另一拨又涌了进来。在您那间仅有16平方米的有些潮湿的书房里，您领着我们遨游知识海洋、探寻人生真谛、指点“社稷江山”、热议“真理问题的标准”、评价“伤痕文学的意义”……一次又一次，身心如沐春风，我们接受着思想的洗礼；一回又一回，欢笑声弥漫小屋，您智慧的笑语让迷失彷徨的我们在欢乐和不知不觉中拨正航向，自信前行！

我们那时候年轻，还不太懂事。记得有一次，我和三个女同学去您家里，当时您正发烧，躺在床上。正是晚饭时分，床前的茶几上摆着一碗稀饭，一碟咸菜。什么是发烧，我们闹不清楚，但我们心酸了。我们把师母请到另一房间，提出意见。我们说：“你们家再困难，还多少有点稿费嘛。吕老师生病，还是应当让他吃得好一点嘛。我们心里难过嘛。”面对我们这几个几乎落泪的学生,李老师哭笑不得。

我毕业的时候,您想把我留在汉语教研室,也和我谈了话,我也愿意跟随老师。但是外语系总支书记孙淑静老师坚决不退让,要把我留在系里。很多年以后,您还常常提起这令您遗憾的事。但是您也说:"也许孙书记是对的,你现在发展得这样好。"

尽管时光已过去了三十年,我们也栉风沐雨,两鬓初霜,华发潜生,有了太多的生活阅历,有了太多的人生故事,而在我们的灵魂深处,却依然怀揣着对于您的崇敬和热爱,依然珍藏着关于您的那间书房的记忆,无论世事如何变迁,那份爱和记忆怎么都挥之不去。您的教诲和您那间书房所散发出来的理想之光一直照亮着我们行走在天地人间,伴着我们的每一次思考,每一回探索,每一个前行的深深的足迹……

我和所有77级的同学们都把此生能成为您的学生当作一生的幸运和幸福,而我比其他同学更幸运、更幸福的是,在人生的每一道关口,我总是能从您那里得到老师加父亲般的关怀和扶持。每当我取得一个小小的进步,您都会由衷地为我高兴;每当我遇到困难,感觉"郁闷"的时候,您总是为我指点迷津,平衡心理,赐予我力量和勇气。您那首"守住梦想,守住人生的翅膀;守住梦想,守住心上的阳光;不为一朵乌云放弃蓝天,不为一次沉船放弃海洋……"的美丽而意义深远的诗句,不仅成为我人生的座右铭,也成为我指点我的学生前行的旗帜。三十年来,正是您用其心、用其情、用其行,指导着不谙世事,有些平庸的我一步一步走向成熟,去为我所深爱的祖国、学校和学院贡献青春和毕生的精力。

感谢时间和岁月,让我悟得我顺利平安、如诗如画的人生原来是源自您的关爱与指导。您是老师,教我做人做事;您似父亲,为我遮风挡雨;您像朋友,带给我无尽的欢乐和友情,"师长在上,怀思无疆;师恩浩荡,永不相忘"!在您七十华诞之际,请接受学生真诚的祝福和感激,愿恩师生日快乐,健康长寿!

向雪琴:西南师范大学外语系77级3班学生,曾任西南大学外国语学院党委书记。本文原载《中外诗歌研究》,2008年第4期。

老师,我还记得……
——记中国新诗研究所所长、西南师范大学教授吕进

江流

早就想写点儿有关吕老师的文字了,可始终未能遂愿,仔细想来原因有二:一是脑子里留存下来的东西有限,二来恐涉“攀附”“拉大旗”之嫌。老师毕竟是名家,如今虽斗胆拿起了笔,心底仍不免有些惶惶然。

记忆中的吕老师四十岁上下,清瘦的高个子,四方脸,一副大眼镜架在鼻梁上。来上课时,常拎个塞满讲义、卡片的小提包,翩翩地走,普通极了。然而当他登上讲台开始授课时,全身就闪射出了思想和智慧的光。台上,老师声情抑扬,口若悬河,旁征博引,妙语连珠;台下三十出头、二十好几的学生,济济一堂拉长耳朵,目不旁视,深恐漏掉了只言片语。这绝非溢美之辞,当年的同学们可以作证。

实在说,讲课要得学生称道颇不易,尤其是当时我们这些大龄学生。“文革”后首批经考试上大学的多半是“老三届”(其中不乏爸爸妈妈),年纪大,阅历广,思想成熟,求知欲强,对老师的要求和选择近于苛责。尽管如此,吕老师上课仍广获学生赞誉,俄语班上课,英语班的来旁听,教78级,教室门口还时常站有77级学生。

吕老师在外语系教汉语,为我们开过两门课:文学欣赏和外国文学,均属讲座性质。文学欣赏课结束时,老师开出了一长溜题目,让大家任选一题(或自定题目)写篇文章。实在荣幸,之后老师讲评文章时,竟从我的拙文里挑念了三四段,对文章的语言很是赞赏,使当时已近而立之年的我不禁脸热心跳,大有受宠若惊之感。自此,我和吕老师开始了一段珍贵的交往。

其后不久,老师主动找到我,让我将那篇名为《缙云山下》的文章结尾改一

改，抄后由他推荐给学院当地的小刊物《北泉报》。怨我不争气，修改了两遍总不满老师的意，末了老师叫我仍用原来那种结尾抄正交给他。后因该刊停办，文章未能面世，但老师那种甘为人梯、奖掖后进的精神，至今使我难以忘怀。

为那篇文章，我到吕老师家中去过三四次，老师总是热情接待我。问我的经历，问我以前写过些什么，当他得知我曾在船上干过水手，就让我试着写写船上的生活。在老师的鼓励下，后来我终于把十多首当知青当工人时写的"诗歌"交给他讨教。

没过几天，老师把诗稿还给了我，每首诗里，都画上了一些圈点，批有"此句甚好""精练些"之类的评语，诗稿前面，别一小方纸片写有总评，字是用铅笔写的："A 一、声韵较铿锵，有词、小令的味道。二、有生活气息，有一点情节。B 一、思想光彩，警句。二、曲终奏雅。"老师的意思我明白：A 点是肯定的方面，B 是不足处，努力方向。望着那些圈点，那隽秀字体的评语，想到老师清瘦的面孔、单薄的身子，我的眼睛有些潮润了。一位公共课老师，竟能这般对待一个素昧平生的学生，何况那时他在中国诗界已颇有声誉，一部诗评亦即将出版……

两门课程结束，吕老师不再教我们的课，我和他之间又恢复到一般师生关系。由于老师教学和研究任务重，加之体质又不强，我也不好意思再用那些低拙的文字去打扰他。只在心里暗暗鼓劲儿：以老师为榜样，努力学习，争取将来有所作为。

在大学毕业后的这些年头，我不断从报刊上得知吕老师的一些情况：著述迭出，破格晋升，出国访问讲学……我为老师的成就欢欣鼓舞，衷心祝愿他身体健康，在教学和科研上取得更大成就。而作为他教过的一名学生，自当不遗余力，时时鞭策自己奋发向上，以无愧于老师的殷殷之情。

江流：毕业于西南师范大学外语系。本文原载《北泉报》，1991 年第 5 期。

写好“重庆文艺”的下文
——访重庆第一届文联主席吕进

李伟

一副儒雅之气的西师教授吕进，当选为重庆第一届文联主席后，一时成为媒体重点“照顾”对象。昨日下午，在雾都宾馆门外凛冽的寒风中吕进发表了“就职演说”。文人的内敛使他格外谦虚，他说：“‘一个好汉三个帮’，我们本来就称不上什么‘好汉’，尤其是我，水平、经验都明显不足，感到压力很大，还请大家严格监督，多多批评。”

吕进逐渐进入“角色”，侃侃而谈道：在现代化大业中，如果说物质文明引导人们去提高物质生活水平，精神文明则引导人们去提高文化品格。文化的本质是人化，提高文化品格带有普遍性，是全民族的事，而文艺是文化不可缺少的一部分。画家关山月一个形象的说法：抓好“米袋子”的同时，也不能忽视人的“脑袋子”。正是从抓好“脑袋子”中我们可以看到文艺家的责任、分量与光荣。这就是为什么重庆老中青文艺家以事业为生命，创作出各个艺术门类的精品的缘故。

吕进略显兴奋地说，我们今天要努力繁荣的“重庆文艺”并不是重庆直辖升位后的新事物，它有悠久的历史根基和优秀的文艺传统。前人已经为“重庆文艺”这篇文章写下了精彩的上文，历史正在看着我们怎么写好下文。显然，“对着写”是没有出路的，“照着写”也是没有出息的。我们的历史使命是在新的条件下“接着写”——有所继承，有所光大，有所出新。

我们只有学好邓小平理论，改变文艺观念，稳步而大胆地深入改革文联和各协会工作，才能创造出宽松、开阔、自由的创作环境，推出新时代重庆文艺的大家和巨作，才能把文联和各协会的工作做得有声有色。

李伟：《重庆商报》记者。本文原载《重庆商报》，1999年12月29日。

神秘的吕进

刘强

诗学名家吕进先生,是改革开放以后中国新诗诗学的一位播种人,他的诗学播种所创造和凭借的,就是中国新诗研究所这座诗和诗学的摇篮。

1985年12月,全国第二届新诗(诗集)评奖审读班,在北京上园饭店举办。在中国作协领导下对全国各地申报的诗集进行专家审读,包括初审和复审,然后将筛选出的优秀诗集送交评委投票决出。这项审读工作由《诗刊》社负责组织,参加审读工作的专家(诗的学人)都是从全国各地抽调来的,有当时诗学著述颇丰的吕进等十余人。上园饭店比较僻静,周围地势也还开阔,有如同乡间的那种林荫小道。

小半个月的上园生活,每天晚饭以后,《诗刊》社的朋友回家去了,吕进就领着我们一伙人,在林荫小道上散步聊天,天南海北神聊仙侃。

吕进当时是西南师院外语系汉语教研室主任,他成为聊天的主讲者,也是话题中心。

比如,我们问他,你的待批副教授批下来没有?他说也许快了。我们聊得最多的是中国新诗发展形势。改革开放以后,老诗人复出,新诗潮(朦胧诗)崛起,第二届新诗(诗集)评奖报上来的作品,优秀者不亚于第一届,新诗发展形势喜人。大家纷纷预料,由于后新诗潮(俗称"第三代")紧跟于"朦胧诗"崛起之后,再度异军突起,1986年全国将会出现一次浩浩荡荡、沸沸扬扬的"新诗热"。

某一天散步时,吕进神秘地告诉我们:面对新诗蓬勃发展的形势,他有一个打算,正在琢磨和酝酿成立中国新诗研究所,已经有些设想了。我们听了十分高兴,称赞他是第一个"摘星星的人",当时在国内还没有这种"劳什子",因而大家都热切地鼓励他、支持他，认为他是新诗发展的“弄潮儿”，为中国新诗发展推波助澜。

果然，到了1986年春夏，《深圳青年报》、安徽《诗歌报》等报刊，接连推出一版又一版的“诗展”。全国各地众多“诗派”和诗歌社团，各自发表宣言，推出主张（他们关于诗的主张很杂乱，目的性很不一致），真所谓山头林立，烽火四起，狼烟滚滚，摇旗呐喊，聒噪一时。据当时的有关统计是“两个86”：诗的86年，86个诗的流派。尽管现在看来，那还不叫诗的“流派”，只能叫山头。但是，我们对那种“张狂”的诗热，也理应有客观的估价和评定。我个人认为，新诗现代艺术的多元化于此形成热潮。尽管一时间各种山头蜂拥而上，旗帜混乱，却也有益于新诗在比较中发展现代艺术。

这年春节前后，吕进越来越感受到一种强大压力，他和同事们商量，向院领导报告，成立中国新诗研究所迫在眉睫，以应对形势所迫及推动新诗健康发展的需要。就是说，中国新诗的发展需要一座诗学摇篮，一座对诗的艺术多元化发展予以包容和过滤的网络型摇篮。后来，吕进就立下军令状，从重庆这个“诗热”中心，向四处诗友们传出中国新诗研究所宣告成立的好消息。

中国新诗研究所的成立，于诗的“狂热”中显出一种“渊默的冷”来；或者说，那种全国性的“诗热”活动，给诗坛提供了无限宽朗的天地，给中国新诗研究所造就了一个特立独行的广阔空间。“诗热”不仅引发人们对诗的“癫狂”，更是激起人们聪慧而睿智的“冷”的思索。吕进就是这样一个思索者，他的睿识卓见超越时空。他看到“诗热”光景无限好，但对于诗的健康发展却需要经过“渊默的冷”的过滤。于是，中国新诗研究所摆脱一切外在、人为条律的羁绊，找到诗学的自我应运而生了，它是那么从容、那么镇定地向我们走来，使新诗的天地大为开阔。

作为中国新诗研究所的创始人，吕进在入世的生涯中建功立业，他做到了胸中有丘壑，如著名诗僧寒山诗云：“人问寒山道，寒山路不通。夏天冰未释，日出雾朦胧。似我何由届，与君心不同。君心若似我，还得到其中。”“似我何由届，与君心不同”，可以说是最好的偈语。意思是，“为什么我能到寒山，而你却觉得寒山路不通呢？原因就是我‘与君心不同’啊！”回过头来看，同时期的那许多诗的山头和旗帜，慢慢销声匿迹，“诗热”渐次冷却；而中国新诗研究所却能在海内外赢得青睐，环球名声大振。乃冰封雪冻般的冷澈之“道”也——

如前所说,“诗热”所带来的新诗现代艺术的多元化,需要“渊默的冷”的澄清,诗的现代艺术,也需要在这种“冷”的过滤的多方比较中得到发展,而中国新诗研究所二十年来的所作所为,大约也没有离开诗的现代化发展这件大事吧。

在上个世纪八十年代,中国有几个诗歌大省,四川是一个;中国有几个诗城,重庆首屈一指;中国新诗诗学有几个领航人,吕进当仁不让,而且他是卓有成就和功勋的一员。在首届华文诗学名家国际论坛会上,我曾经对吕进用过一个赞语:“桃李满天下,学誉满天下”,至今想来,此说不以为过。临了,让我再给中国新诗研究所一句颂词:

“诗坛帝子,誉飞宇中!”

刘强:笔名宇父,湖南隆回人。诗人,一级作家,1963年毕业于湖南师范大学中文系。1954年参加解放军,历任《株洲日报》记者、编辑,《文艺窗》杂志主编,1992年加入中国作家协会。

愉悦的传递

——著名诗评家吕进教授速写

曹笑

吕进教授1939年出生于成都市,1963年毕业于西师外语系,现在是中国新诗研究所所长,国家级有突出贡献的专家。其诗学研究以中国新诗文体见长,已出版个人专著近十种。第一部专著《新诗的创作与鉴赏》已多次再版。去年年底出版的《中国现代诗学》,系国家社会科学研究项目成果,该书在继承中国传统诗学精髓的基础上,突破了西方文体学的只限于语言研究的框架,而从作者、文本、读者、现实和语言五个诗歌要素出发,深入地研究了新诗文体学的一系列重要课题,"通"中有"变","博"中见"新",标志着我国的诗学研究已形成了吕氏理论体系。

5月13日,应内江教育学院的邀请,吕教授来到内江,做《中国现代诗学》专题学术讲座。

在"吕进先生《中国现代诗学》座谈会"上,吕教授在世界文化的大背景下,回顾了我国当代文学创作与评论、尤其是诗歌创作与评论所走过的不平凡历程,并预测:中国当代诗歌走过了"正题""反题"两大阶段之后,今年发展趋势是"合题",即"把生命意识与使命结合起来",而绝不会如有的诗评家肯定的那样,重复"第三代诗歌"。同时,吕先生还回答了关于汪国真诗歌现象等各种提问。

吕进教授的学术报告,精辟、独到、新颖。尤其是对于"诗歌"的界说,吕教授力排众说,从内视点文学与外视点文学之异同出发,以渊博之学问、透彻之阐述、精炼之论断,界定了"诗"与"非诗",并进一步阐释"诗"与"非诗"的语言界线,使诗的语言具备音乐性(又分内在音乐性与外在音乐性)、弹性和随意性。

当代有的诗评家,一心想占"潮头",结果弄得自己很疲惫,是"疲惫的追踪"。吕进教授的诗学研究(包括他的内江之行),则是一次"愉悦的传递",为我们传递了"求实"、"创新"的研究精神、创作精神,也传递了坦诚、平易的人格人品。

曹笑:新闻记者。本文原载四川《内江报》,1992年6月20日。

歌诗看形式，诗人看真诚
——为祝贺中国新诗研究所建所20周年而作

陈圣生

李白《清平调》首句“云想衣裳花想容”引发了我对这一命题的“文礼”；虽然两者从文体以至词法都毫无共同之处，但句式上的承传关系还是毋庸讳言的。说我缺乏创造性也好，说我意在自谀或高攀也罢，只要有助于我彻底地解开曾困惑我甚久的诗学上的一大哑谜，我就不能不道出心中的感激与快意。李白写这首可能使他过后“挨批”的赞美诗，几乎全靠这句的警辟，尤其句式的独特，而永葆艺术的魅力；如果先以“衣裳如云貌如花”之类平淡的词句带出后面的“瑶台仙子”，这首诗还用李白来写吗？之前，我没见过，也没想过这样评论这首古诗，原因大概都在于“虽好之，却不愿专美其形式”。经过长时间的学与思的积累，加上与我后一命题的句式作“李白式对偶”的需要，我终于放胆肯定歌诗以至一切艺术都主要“看形式”了，因为艺术创造的成果都结晶于能够满足普遍性与独特性相结合的要求的形式上。缺乏普遍性的美学创造，大概就是俗称的“鬼通符”；没有独特性的艺术形式，难免趋于“程式化”或“概念化”。

我无意因此否定“思想”或艺术家人品的重要价值。在书市上我偶然发现拙作《现代诗学》的近旁还有韩作荣先生的一本诗论，一翻开，赫然在目的便是：现代诗人“缺乏的不是技巧，而是真诚”。我觉得很有道理，而且与我的头一个命题没有冲突，所以题上了第二偶句：“诗人看真诚。”我认为二十世纪各国诗人对艺术的真诚都有所欠缺，就算其他方面人品不赖，你没拿出有艺术魅力的形式成果就披上诗人的“新衣”，甚且倘来大奖也不学卢梭写部《忏悔录》，能说真诚吗？（我这里只想点出T.S.艾略特一人，其他在世的诗人还有可能表露其真诚，当然更不在我微辞的范围）。诗人历来以真诚为本性，我从不怀疑这点，极端讲形式，也极其真诚的英国浪漫主义诗人济慈说："诗如果不是像树上长出叶子那么自然，我真不想写它。"对他来说，这句话可以演绎为：形式之诗会自然而然地生于对艺术与观众诚信不欺，不存在任何蒙混过关的奸商心理的诗人心田。但是，二十世纪是不少诗人们以假"革命"的名义大肆粗制滥造的世纪，他们中的多数只讲写得"自然"不讲济慈严谨的艺术追求（他固此有"唯美主义"之嫌！）等而下之者把诗的形式理解为连明白话都不如的呓语。"达达"和超现实主义运动就是显例，至今各地（包括我国）还有他们的追随者。他们也很讲"技巧"，但是，从常识来说，文学技巧是为美的形式服务的，否则只能说是"炫弄技巧"，意在唬人，简而言之，即缺乏艺术家的真诚。

我是在边看"神舟六号"上天，边写这篇即兴评论和贺辞的，所以一改我平素的低抑和四平八稳的庸调。航天是我国科学的顶级标杆，我记得在贵刊呼吁过："写诗、弄艺术也都要讲科学。"试想即使火箭和飞船的一切材料都过关了，如果结构形式上有些差池，可能出现怎样严重的后果？如果材料尚缺或不合标准，有哪位工程师能做无米之炊或敢于冒险来个滥竽充数呢？诗歌似乎没那么讲究，它对人心的潜移默化作用谁能说得清？其实，我国是世界上最突出的一个以诗教为全民教育基础的诗国。孔子认定的六经以《诗经》在民众中最流行也最少争议；唐太宗登基后大半心思都放在诗与史上，他本雅好齐梁形式主义的"宫体诗"，任何形式主义都是对某些"程式化"或"概念化"的形式的偏嗜，但在有识之士的劝导下首举初唐"新诗运动"的大旗，终于迎来举世瞩目的盛唐文化。到宋太祖那里，唐诗精神便已开始衰颓，当时广为流行的那一首为后来许多读书人奉为信条的《神童诗》，高歌的是："天子重英豪，文章教尔曹。万般皆下品，唯有读书高。"这可以说已经不是诗教了，而是单纯地猎取功名利禄的进身之道，埋伏了千余年来国力衰弱、内乱外侮的思想根源；《红楼梦》《儒林外史》等少量文学杰作便是以诗歌精神审视华夏文明这一沦落的底蕴，五四新文化运动更是摧枯拉朽，旨在复兴中华的最初的革命性尝试。要让一个衰退了近千年的民族精神重新在强手如林的现代化世界绽放独特的诗性光芒谈何容易！但是，近半个世纪以来，在中国共产党的领导下完成了我国史无前例的民主主义和社会主义革命，新时期的改革开放政策又迎来了也是空前的经济发展高潮，这时如果不在文化思想领域出现"跟上"的苗头，那对于我们国人来说就不可思议了。(对于西方人则另当别论,过度发展的现代性和后现代性萌发了反文化的思潮;比如,从尼采到福柯都认为道德、知识、艺术等均为你争我夺的权力工具,因此它们的传统都应该打破,要以“超人”的自由意志取而代之。)

诗歌历来是我国文化事业的领头羊,然而旧诗的各种体式都与现代汉语有些隔阂,正如毛泽东在他给诗刊编辑部的一封书信中所说:“诗当然应以诗体为主体,旧诗可以写一些,但是不宜在青年中提倡,因为这种体裁束缚思想,又不易学。”至于新诗自1917年胡适发难掀起白话诗运动以来,迄今刚满九十年,这对于发展一种新文体来说,时间不算太长,况且又是文体中最纯粹而“精密”的一种,从有数千年的旧诗发展史的眼光来审度新诗,后者不能令人满意是不争的事实。因此,诗人气质都很浓厚的两位伟人鲁迅和毛泽东都对新诗“没有形式”表示最大的不满,可见形式是新诗的要害所在。鲁迅还对新诗形式的建设提过一些具体的建议,约略可见于贵刊今年,第三期季明刚文。我认为,鲁迅放弃新诗的诗作,并非他不能,而是每个作家在文体上各有擅长,如武术家有使刀有弄剑有要棍的一样。我还认为,鲁迅当时着意于揭穿衰颓的古老文明中“瞒”与“骗”的伎俩,他很明白诗贵蕴藉含蓄,适合于剔抉人性中精微的创新动机或反思中的强烈感情,喜剧情绪以至于时行的“黑色幽默”只能败坏人们的诗兴,消解诗性文化的渊源。由此可知,诗歌形式绝非仅限于韵律或语式。“思”发为语言,便都是形式;思想对不对路,便出现语言形式的千差万别,没有一个人一思便出金玉良言。正因为“思”的进步是无止境的,所以表现或流溢原创之思的诗泉是永远不会枯竭的。但是,现代诗人大多先入为主地“只取一瓢饮之”,这样,他们的“真诚”也就有限了:他们欣赏尼采以至于福柯,却不知康德、黑格尔、柏格森、海德格尔以至于当代的布尔迪尼、哈贝马斯的思想更加博大一些;他们标举民间口语,却不知诗语之花要吸取多方面的养料,其中经过比较靠近自己的前辈大师消化过的东西最为适宜;就中国新诗而言,从新文学的开山者鲁迅直至“文革”中罹难或病逝的闻捷和郭小川,他们都有相当长的诗性语言的历练值得借鉴。最令人不解的是,新时期的主流诗群对同一位前辈大师的赏识也存在很大的偏颇:他们大概既从机械的进化论又从最时髦的后现代理论出发,把穆旦四十年代生涩的起步诗作抬得很高,对他六七十年代的译诗及少量自制的格律诗却毫无反应,尽管熟悉穆旦的王佐良先生已经将《唐璜》的新译本推崇为新诗翻译史上罕见的典范。我甚至认为这部译诗的语言表现力不亚于新诗上任何一位大诗人的创作功力。这种现象并非罕有,拿郭沫若的译诗与他创作的诗歌比较,从艺术形式来说,前者可能毫不逊色于后者。这种现象也许对于新诗的作者和译者都是一大鞭策。新诗走下坡路,不仅因为没有很好地继承前人开拓的新路,而且因为文学界的分工日益加细:译诗者多数不再是诗人。

由于我正着手于另一个诗学课题,所以谈起"歌诗看形式,诗人看真诚",似乎有说不完的话。不过,我没有忘记此文是专诚向即将步入20周年的中国新诗研究所致贺并表示个人的诚挚谢意而作的;如果不是因为担心过大的题目会显得冗长或有先声夺人之嫌,我一定在标题中要加上第三偶句:"研究所看谁掌舵"。因为前面两"看"如果没有一个专门的学术单位来探讨其究竟,尤其是来提供这种十分专业的探讨的园地,那是永远也"看"不明白的。新诗所走过了半个多世纪,这条既闪亮又迷茫的荒野生路可以说明这点。新时期给各项研究敞开充分的空间,但像吕进先生那么早、那么执着地坚持对文学艺术中最核心的和关键的门类进行"研究所"一级的专研,我还没见过。我从周围的老老少少(包括我的家人)那里清楚地了解,诗歌,尤其新诗,对他们来说毫无用处,也是所有艺术作品中最不使他们感兴趣的一种;甚至我比较熟悉的一位著名的文学评论家也很亲切地告诉我:"我真没想到,到了你这年纪还会对诗有兴趣。"认为诗歌是年轻人的事业、诗的本质是激情的专家教授,我国也有的是,大概都因为受到了西方柏拉图见解的影响;柏拉图是诗人哲学家,却要把诗人赶出"理想国",因为他认为诗是疯狂的产物。他的"理想国"早已成了泡影,不过他狂热的精神理念仍是西方浪漫派的灵魂,虽然在上世纪的"现代主义"和"后现代"思潮中日渐消融,但对我国新诗的影响却是超过汉诗传统(包括民歌)的。为此,我在第一本研究著作《现代诗学》中着重阐说诗的本质是"原创性的思维",并突出传统的"诗言志"说的合理内涵,论证"情志合一"实质上均在"心之官(则思)"的统辖之下,委婉地绕开了至今在学院和民间还很有势力的"情感说"及其后续的"朦胧说""非非说"等。我九十年代的这项研究除了得到本所及院内十多位资深学者的看重外(书前的钱、杜两位研究员的推荐意见可为代表),发送出去不下百本的赠书得到的回应寥寥,其中吕进先生百忙之中立即用特大的字号誉以溢美之辞。他与我素昧平生,至今尚未谋面,我有幸得到这样宝贵的赏识，夫复何求！我就以这封唯一的外单位学者的推荐信险获研究员的称号(用“险获”二字并非夸张，如果缺少“外部影响”这一指标，当时“才势”大过我很多而落选的竞争者不下四五位，只要再多一位评委不投我的票，领导和群众再支持或同情我也是枉然！)如果不是研究员，我近七八年不可能再接院里更深入的诗学课题，也就不可能产生这篇贺辞里的想法。

我这样一个无名小卒竟敢对老大难的新诗发展问题说三道四，一定会让老中青的同行侧目，但我从自己“险获”这一学本发言资格，又从吕进先生“幸建”新诗所，再联系我国科技已跻世界前列，揣想古老诗国的心灵慈航难道就不能改造更新而游弋于世界文明大洋吗？那里难免会有狂风恶浪伺机待发，但有吕进先生这样一位宽厚博大、既热情又稳健的舵手，就是让我作为“自费的游客”搭乘上去，我想自已大概也会乐意的。不过，就当今时势而言，仅靠热情就办大事的可能性很小。为不失机遇壮大我国诗学队伍中的推陈出新的理性力量，建议校方设立“吕进新诗教育奖”扶掖后进，并争取各界像支持流行歌曲和影视等大众文化一样支持诗性文化(如果有哪个单位设立“某某旧诗创作奖”仅授予七十岁以上的作者，我也会拍手称快)。且不说当今大众文化中粗俗低级的内容，就是不少广为流传的节目也受西方纯娱乐性的后现代通俗文化濡染，比如十分火爆的《老鼠爱大米》的歌曲，还有文化含量极低的、纯粹耍贫嘴、弄巧合的相声和小品等。西语文化的精华总量绝不会少于我国，但我们缺乏拣择和译介的人才，尤其是在诗性作品方面。新诗所产生于外文系母体，又有一刊物，在有选择地精选外国有益的作品方面可以说得天独厚，那也是新诗发展的必要养分，所以我的第二条建议是加大投入《中外诗歌研究》的办刊经费和人力，争取使其成为理论和实践相结合的“评介”性质的刊物，也许那样覆盖面会有所扩大，从而达到雅俗共赏，让新诗与旧诗一同进入幼小的心灵！

陈圣生：中国社会科学院文学研究所研究员，著名诗评家。本文原载《中外诗歌研究》，2006年第1期。

吕氏幽默

彭斯远

除了在理论上不断系统探索、寻找,从而为新诗呈现的弊端不断开出药方之外,吕进还以为报纸副刊撰写短文的方式,继续为新诗的发展繁荣呼吁呐喊、鸣锣开道。从2010年12月至次年底,他陆续在《重庆晚报》副刊“吕进专栏”发表关于诗歌的杂感随笔,虽然这有别于作者的系统诗论,但每篇文章的核心还是始终离不开一个“诗”字!他把作家对于诗的创作、阅读、评论以及鉴赏,解读得既充满诗情,也饱含理趣。

后来作者把这些文章加以收集编排,并以《岁月留痕》为题,于2013年3月在西南师范大学出版社出版。诚如该书标题所示,此书确实为我国诗歌的黄金岁月,留下了许多不应忘记的美丽印痕。

《岁月留痕》诸篇文字在别开生面解读中外诗人们的创作、阅读和理论思考这一深刻而广泛的话题时,不但没有空泛说教,反而机智幽默、诙谐风趣,可说篇篇都是让你欲罢不能而快乐阅读的诗意化文字。理论文字要达到如此效果,实在是非有杰出的才能不可。

我之所以把该书所显现的诙谐风趣称为“吕式幽默”,是因为作者在书中赞美大诗人艾青时说过,“艾青的幽默是一种站在生活之上俯视生活的大智慧:超脱,清醒,深刻”。这固然是作者对于艾青诗歌突出成就的高度赞美,但也可视为作者理论研究甚至是他为诗为文始终遵循而绝不轻易改变的目标。吕进既用如此语言评价别人,也用如此标准来要求自己。所以,他笔下的幽默文字,同样也充满了“俯视生活的大智慧”。

的确,吕进在为《重庆晚报》副刊写专栏文字时,总是千方百计“俯视生活”,从而捕捉到足以体现其机警睿智的“吕式幽默”。且看:

艾青有次摔了跤，有朋友去看望他时，问："到底哪只腿摔坏了？"他因当过右派，所以就玩笑似的答道："我总是右边出问题！"由此妙语受到启发，对于那既被看成是"反党分子"，又被诬为"坏分子"的艾青，吕进也说过："艾青是永远不会感冒的，因为他头上戴着那么多帽子！"言在此而意在彼，你说如此语义双关，"吕进专栏"的这类文字能不幽默、令人发笑吗？

通观收在《岁月留痕》一书里的近百篇文字，我发现"吕式幽默"是通过十二种言说技巧，或者说构成模式而得以造就的。现分述如下，请读者朋友细细观览。

一、以夸张的笑话力显幽默

有一年，流沙河被邀到西南师大做诗报告，讲演开始不久，听众就纷纷离席。对此大煞风景的事，吕进会后安慰流沙河道，学生原本对于新诗就不感兴趣，他们之所以赶来会议厅，其实是来看你这个大右派的模样的，所以请诗人别为他们的冒昧而怄气。讲到后来，他索性开了个"国际玩笑"，目前学校经济困窘，为了创收，干脆"把你关在铁笼里，卖门票，新诗研究所不就有钱了吗"。如此"吕式幽默"不但化解了报告者的内心郁闷，而且逗得客人哈哈大笑。读了记载此事的该文，谁不为吕进的机智幽默而叹服？

二、以故意误解语义显幽默

多少年前，吕进被选为重庆市文联主席不久，他便被邀赴京参加中国文联全委会。在会上，任全国文联副主席的诗人李瑛点名要吕进发言，吕进便立马推迟："我任重庆市文联主席才十几天，还发不出言啊！"这时有人诙谐地插话："原来你还没有满月啊！"但李瑛仍然坚持要他讲话，所以吕进只好"跑题"，离开文联工作而就诗歌问题发了言。吕进在发言中把"还没有满月"这个故意误解语义的措辞放进去，又引出自己发言"跑题"的言说，如此"吕式幽默"的文字叙写，谁不爱读呢？

三、以极平常的生活词语表达含义深邃的理论命题显幽默

吕进评李瑛《过汨罗江怀屈原》一诗之所以能把主人公的形象刻画得简洁而又惟妙惟肖,那是他巧妙运用了“清洗技巧”的缘故。为此,吕进很精彩地归纳出如下两句话:“用黑格尔的话说,这是诗的清洗技巧。只有愚笨的人才用诗去还原事物全貌。”吕进这里提出的“清洗技巧”,便成为诗歌要达到凝练目的的唯一艺术手段,因为,若拒绝清洗而只顾“还原事物全貌”,即使还原得再真实,而诗却必然显得拖沓冗长。如此毫不修剪而显肮脏的诗歌谁愿去阅读呢?吕进借用黑格尔哲学语言所提炼出的“清洗技巧”此一理论命题,可惜并未充分引起某些为诗者的看重,所以今天的不少新诗仍然在“还原事物全貌”的歧路上滑行,照吕进视觉看来,这不是愚蠢得太过分了吗?“吕式幽默”在这里再一次显示了它的强大魅力。

四、借诗的哲理警句显幽默

吕进在其诗的专栏文字中说到多年不见的诗友如今再见时,总爱感叹昔日青春活力已经不再,于是胸腔里立刻涌出一句:“岁月是恶意的雕塑师!”如此哲理慨叹,具有何等感人的艺术魅力。而当说到一贯对自己的妻子和人生与世界充满感情的重庆讽刺诗人余薇野,他则迅速想到对方的诗中警句:“情歌不长白发!”语句短小而含义隽永,借此让“吕式幽默”得以深刻再现。

五、用诗家笔名含义的展示,或诗人为人取名来显现深刻文化内涵,这也会给读者带来几多的趣味和欢乐

因在抗战中的重庆创作朗诵诗《哭亡女苏菲》而蜚声文坛的高兰,原名叫郭德浩,他因崇拜俄国作家高尔基和法国小说家罗曼·罗兰,而常把二人的合影挂在自己住宅的墙上。《哭亡女苏菲》刚刚写完,作者望着壁上的作家合影,他希望从他们那儿得到精神的鼓励,于是便从二人名字中各选一字而组合成了自己的笔名:高兰!

流沙河原名余勋坦,因自幼饱读诗书,故笔名取自《尚书》中的“东至于海,西至于流沙。”所以用流沙二字做自己的笔名,但发现有人与他重名,遂后缀一

个河字。因他诗写得好,笔名响遍全国,大大掩盖了他的本名。

至于诗人艾青,原名蒋海澄,浙江人,他名字中的“海澄”二字的浙江读音近似于艾青,故以此二字为笔名。但,也有人说,艾青痛恨同是浙江人的蒋介石,于是把蒋字只留草头,下面再画个×,就成为他的姓了。是否真是这样,谁也没去考证,如果当成文坛佳话轶事来阅读,肯定是蛮有趣的。

韩国高丽大学教授许世旭因研究汉诗而与吕进结下深厚的友谊,有一次他来电话与吕进聊天,接电话的吕太太,听出了对方的声音,于是立马说:“吕进在家,我叫他来接话。”吕进刚握着话筒,对方就说:“刚才是李在美接的电话吗?”吕进听了很感诧异,心想谁是李在美啊,对方却哈哈大笑起来:“她姓李,常去美国看望你们的儿子,不叫李在美吗?”吕进把这一对话编织进自己的文章,其“吕式幽默”的不拘一格,再一次得到了显现。

六、以非同寻常的行动描写显幽默

台湾诗人彭邦桢是个重友谊而轻钱财的大好人。吕进曾在一家叫《中报》的美国中文报纸发表过诗论,后来吕进托彭邦桢给《中报》转去一篇文章。不久吕进就收到彭邦桢寄来的一笔稿费和一纸短简。彭在短简中说,《中报》已经停刊,我代该报寄来200美金作稿酬。吕进为此感叹道:彭邦桢并未代该报约稿,却主动代已停刊了的该报寄出稿酬,这可是不折不扣倡导尊重知识和人才的大好人啊!如此“吕式幽默”的叙写,把彭邦桢其人的性格都活画了出来。

七、以个人生活的某种尴尬折射出幽默

汉语说得倍儿棒的韩国诗学教授许世旭在西南师大新诗所讲学期间,曾在昆明逗留过一段时间。行前托吕进替他保管一个小包,过了几天,他给吕进打电话说:“已从昆明返渝,我过你那儿来一下吧。”因为太忙,吕进立马拒绝他来。不一会儿他又打电话来,说还是要来一下。这时,吕夫人才赶忙提醒他说,人家的“细软”都在我们这儿,你不让他来取,行吗?

于是,吕进在该文结尾写道:“我这才猛醒,许兄不要以为遇到骗子了吧!”如此以“吕式幽默”结局,其留下的余味真让人玩味不禁。

八、以误会而引出幽默

1988年中国作协组织诗人赴台参加一个诗学研讨会,因去的女诗人居多,故会议组织者在参会名单中,将男性名字后面分别加一个男字。而台湾报纸在报道大陆诗人名单时,却误将吕进说成“吕进男”。这便成了一个饭后的谈资。从此有的女诗人便叫吕进为“进男老师”。如此一个生活小插曲被写进副刊专栏,报纸的亲切可读,便立马得以显现。

九、用发自个人内心的大白话评诗,亦可造就“吕式幽默”

山东作家孔孚,是重庆出版社总编辑杨本泉力主推出作者处女集的一位诗人。吕进在评他的诗时说,这位“很本色的人”,其“诗学主张是‘隐’。他用减法写诗,将所有多余的东西一律推出诗外”。吕进不说写诗应该简练,或者精练、凝练、洗练之类耳熟能详的词语,而说“用减法写诗”,评说非常精到而别开生面,这与他昔日借助黑格尔的哲理语言来表述的诗歌语言应用“清洗技巧”如出一辙。用排除惯用语言来品评诗歌,这正是文坛无技巧之技巧的一种巧妙运用。如果没有对于诗歌技巧烂熟于心,“用减法写诗”,或倡导“清洗技巧”这样的朴素表达和品评,是绝对写不出来的。当然,这也可视为“吕式幽默”的一种另类表达。

十、用天气变化来显示幽默

有一次世界诗人大会在日本举行。诗人刘湛秋到得很晚,于是放下背包便跑到宾馆餐厅去用膳。大约是担心消费太高而怕钱不够的缘故,因此他点菜尽往标价低的菜品上光顾。

先点400日元的食品,端上桌的是一个精致小碗里面装着的几匹绿色海藻,他一口便喝掉了。又点500日元的,端出的是一小节腊肠,只有钢笔帽那样大小,但装在非常漂亮的盘子里却实在诱人!如此消费,不一会儿便已花去了2500日元(相当于人民币200余元),但还是饥肠辘辘。没办法,只好向侍者做个夸张的用手扒饭的姿势,餐厅才给他上了一小碗米饭,再收费300日元。吕进文章写到这儿,才对刘湛秋遇到的上述尴尬,予以解释道:“日本餐厅本来就是雷声大雨点小,餐具极其讲究,但'内容'却不多。”原来这是借助“雷声大雨点小”的天气变化,来显示本质的一种“吕式幽默”。

十一、借诗人与烟酒的密切关系来显幽默

诗歌与美酒,在我国向来就是两个割不断的话题。李白就说过,斗酒诗百篇。所以重庆诗人也爱酒。譬如既写新诗也爱旧体的重庆诗人万龙生,一次在西师新诗所开诗歌研讨会,因酒喝得太多而返回市中区时,在公交车上梦周公去了。后来好不容易醒来,他发觉不知什么原因车子好像是在向反方向开。原来他坐的那班车早已抵达目的地牛角沱,此刻又回开至双碑站了。这时刚从梦中醒来的诗人,只好跳下车,到街对面的车站去赶开往市中区的车。万龙生虽然多次闹过这类酒醉笑话,但他也由此在熟睡的梦中多次得到过诗意的启迪,而完成了不少新篇。谁能说因酒而酣睡对于诗歌创作没有一点儿帮助呢?

除了离不开酒,诗人也往往离不开烟。在新疆历练了数十年的杨牧,诗歌的英名传遍全国。一次随中国作家代表团去台湾访问归来,在台北桃园机场进站时,因他无意中将通行证上贴的准予放行的纸条撕掉了,于是未被放行而被挡在了机场。但就在此时,他却不忘记叫吕进快去机场免税商店为他购买两条香烟呢!吕进赶忙提醒他说:“杨牧,清醒点,你要上断头台了,却还想着自己的香烟呢!”当然,来送行的台湾诗友赶忙出面帮助游说,杨牧虽有违规行为,但还是被机场破例放行了。在起飞的最后一刻,他终于上了飞机,而后又得意洋洋地说:“我就不信他们会把我留在台湾!”

吕进通过自己那多彩多姿的笔墨,把我国诗人因受烟、酒刺激而有利于创作的井喷态势,给予“吕式幽默”的暗中烘托,无疑是对于诗人那激情创作方式的一种另类肯定。

十二、以时间的偶然巧合显幽默

吕进因诗歌批评而在国内享有极大声誉,平时登门求教者可以说是络绎不绝。在上世纪80年代的某个“五一”节,一个身背行囊累得满脸大汗的广东青年,好不容易打听到吕进的家庭住址,赶来拜师。当他打开行囊,吕进发现

里面装的竟全是诗稿。吕进很为这个青年的勤奋学诗而感动,于是他热情接纳了这个来访者,但是,他同时也深深地意识到:“这下子,‘五一’就真正成了劳动节啦!”

吕进为发展繁荣我国的新诗创作,不知为指导年轻朋友修改诗稿,而遭遇过多少这样辛勤的劳动节呢!

写到这里,窃以为还是把笔杆打住为好,因为吕进为《重庆晚报》副刊写的那么多谈诗文章,绝大多数都是饱含“吕式幽默”的诗意文字。若要寻找那幽默的根源,恐怕是无法用上述十二种方法来予以完整概括和归纳的。吕进始终潜泳在生活中间,对于幽默的技法,他有取之不尽、用之不竭的源泉,所以,他的那些谈诗文字里,出现永远不可穷尽的“吕式幽默”,就像他的诗歌理论永难被人穷尽一样。

彭斯远:重庆师范大学文学院教授,儿童文学研究专家,中国作家协会会员。本文原载《中外诗歌研究》,2017年第2期。

激情源自热爱

——我的新诗所情结

杨矿

2006年6月18日是西南大学中国新诗研究所成立二十周年的日子，细细算来，我作为新诗所的“编外员工”也差不多快十六个年头了。回望与新诗所风雨与共的道路，感慨万千。十多年来，我的工作几经变迁调动，可作为新诗所的一员，这个身份却始终没有改变。可以毫不夸张地说，新诗所是我目前为止“工作时间”最长的“单位”！因为自打我参加工作以来，先后差不多换了十个单位，但最长的也没超过十年。难怪有许多人经常不解地问：是新诗所给了你一份工资，还是给了你什么好处？使你十几年如一日乐此不疲地甘作“义工”！对此，我往往付之一笑。因为那种疑惑的不解，正是我对新诗所的情结所在。他们不知，在这世上，除了金钱与好处之外，还有一种东西更能让人长久地保持激情，那便是热爱。

相识是缘

1990年底，我和好友张于在参加新诗所举办的一次诗歌活动时，对新诗所主办的刊物《中外诗歌交流与研究》提出了一些改进的建议。吕进老师知道后，主动听取了我们的意见，并力邀我和张于加盟刊物，担任责任编辑。当时的新诗所人手少、经费紧，《中外诗歌交流与研究》设计简单、编印粗放，基本上不能定期出版。出于对吕进老师的敬重和对诗歌的热爱，我和张于马上同意，加入到了刊物的编辑队伍中。没想到这一干就是十六年。

那时刊物由吕进老师担任社长，邹绛老师担任主编，我和张于担任责任编辑。邹绛老师负责稿件的组织、编辑，我和张于负责具体的排版、印刷，并承担美术设计和部分栏目的编辑。记得最初是在西师印刷厂排版印刷,于是每个季度,我和张于总有几天时间要丢下手里的工作,请假或利用休息时间到西师排版。由于没有经费,我们不敢在北碚住宿,只得天天往返于市区和北碚之间。堵车是家常便饭,有段时间修路,我和张于往往一坐就是半天,早晨从市区出发,到达北碚已是午饭时分了。下午工作后,晚上又要拖着疲惫的身子往回赶。有时时间耽误了,公共汽车收班了,便只有坐摩托车回来。到了市区往往一脸灰尘、满口泥沙。那几年里,我和张于算是把一辈子的摩托都坐了。因为除了有时从北碚回市区外,从北碚车站到西师、从西师到北碚车站,我们都得坐摩托。还有就是吃饭,午饭一般还有时间吃,晚饭却为了赶时间,往往多是在街边买水果当顿。记得有一年黄桃丰收,我们那几天晚上几乎天天吃的都是卤菜下黄桃。

吕进老师、邹绛老师知道情况后,决定把刊物放在市区排版、印刷,这使得我和张于的劳动强度大为降低。因为邹绛老师家在观音岩,稿件和校稿的传送可以在市区交接完成,我和张于一般情况下可以不去北碚了。唯有刊物出厂后,我们要当当"高级棒棒",坐车把邮寄剩下的一两百本刊物送到北碚。当时新诗所经费十分困难,每期给我和张于每人70元的编辑津贴。这点钱我和张于统一开支,除了坐车和吃饭外,剩下的也只够买一两本书了。

那期间我和张于与邹降老师交往甚多。邹老师是德高望重的诗坛前辈、著名诗人、翻译家和资深编辑。他为人谦和、平易近人,绝无名人的架子和脾气,为了我们少跑路,他许多事情都是亲力亲为。对待我和张于两个诗坛新人总是以商量的口气和态度说话办事,给我们留下了十分深刻的印象。记得有一次我和张于从江北给他送校稿,公共汽车被堵死了,我们在上清寺下车给他打电话说我们走路送过来,请他等着,他却从观音岩走到了文化宫来取校稿。看到他满头大汗捧着稿纸高兴的样子,我们真不知说什么好。许多年以后,我和张于每每说起邹老师,心里总有一种敬仰之情。1996年,邹绛老师病逝,我和张于得知后大为震惊,一直想给他老人家写点文字,却总没有下笔。

相知是情

1994年,新诗研究所在吕进老师的领导下规模逐步扩大,《中外诗歌交流与研究》实施改版，更名为《中外诗歌研究》。吕进老师要我承担更多的工作，担任执行编委，负责刊物的设计、排版、印刷、发行和美术编辑，编辑费也从每期70元增加到了200元。那时我已从《环境保护导报》社借调到《今日重庆》杂志社工作。这期间我先后与蒋登科、王毅搭档，共同担任刊物的执行编委，负责刊物的编辑、出版的各项具体工作。由于我担任着所在单位的领导职务，俗务缠身，除了正常的设计、排版、印刷、发行等工作外，我已无力承担稿件的传送和把刊物送达新诗所的任务。所里为此安排办公室主任符忠荣老师专司其责，做了大量的工作。不论是寒冬腊月，还是烈日似火，符老师总像老黄牛一样兢兢业业地来回奔波于市区、北碚两地，送稿、取稿。送留存刊物时，为了节约经费和不麻烦我，他从不让我给他请“棒棒”，不要我派车送他，而是坚持自己手提肩扛将刊物从中山四路市委礼堂搬到牛角沱汽车站。每次来取刊物时，他都要带上一张毛巾，绕在捆刊物的绳子上，因为这样才不至于太勒手。他这一跑就是几年，直到退休。

2001年初，已经调任重庆市作家协会办公室副主任的我和蒋登科同时出任刊物副主编。为了配合一个活动，我提议从第三期开始将《中外诗歌研究》的四封由双色印刷改为了四色印刷，因此增加的费用由我负责。吕进老师同意了我的建议，我当即找到一个朋友为此定期买单。不料好景不长，刊物出版两期以后，我的这位朋友表示不再承担经费，于是我不得不自己掏腰包补贴这增加的费用。2004年初，《中外诗歌研究》再次对编委会进行调整，吕进老师担任编委会主任，蒋登科担任主编，我继续担任特邀副主编。同时对刊物的开本、页码、经费等进行了重新确定，将四封由双色变为四色的费用纳入了盘子，使我不再承担这一经济重任，而编辑费也从每期200元增加到300元。这时，我已调到了重庆市文联工作。从1999年下半年开始，我和蒋登科合作至今，已有七个年头了。登科是新诗所的后起之秀，也是诗学界新生的中坚力量。他为人厚道，作风严谨，工作认真，我们朋友加兄弟的共事，真挚而愉快。虽然我身为兄长，且比他更早到新诗所“工作”，但从他身上，我的确也学到了不少东西。

回忆与新诗所的十六年，虽然我的工作经历四次变动，但对新诗所的热爱却丝毫未减。因为我从进入的那一天起，已经把自己视为了一个新诗所人。

相依是诚

谈到我的新诗情结，不能不说到吕进老师。在新诗所，吕进老师是我接触最多的人，也是给我帮助最大的人。我是通过读他的《新诗的创作与鉴赏》认识他的，他是对我人生影响最大的为数不多的几个人之一。论成就，名满天下的他是老师；论年龄，长我二十多岁的他是长辈；但我更喜欢把他当作朋友看待。因为从我认识他的那一天起，他就从来没有摆过老师和长辈的架子，而是以一个朋友的身份，与我进行着淡如水的交往。我们没有经济与利益上的交易，有的只是对诗歌的热爱、事业的追求和忘年之交的真诚。他在诗歌上的才识与博学和为人的率真与坦诚，让我折服、钦佩。我之所以在新诗所编外工作长达十六年之久，完全是因为他的人格魅力。

记得那几年经常到西师，除了编排刊物外，我和张于最爱往他家里跑，听他海阔天空地纵论诗歌、人生。吕老师不抽烟。我们去后，他却常常找出别人送他的好烟，与我们一番长谈畅"吸"，弄得满屋子烟雾缭绕。新诗所历来不富裕，我和张于在新诗所"工作"十年多，没有吃过所里的一次"工作餐"。吕老师对此却一直记挂在心。2001年，有一次我到西师看他，别时他热情地说要请我吃一顿饭。我一再推辞，他却再三坚持，并说："现在新诗所经费稍多一点了，一定要请你吃顿饭。因为以前没有专门请过，这次意义不同。"张于1998年离开刊物后，由于工作原因，很少与他见面。吕老师每次见到我时，总要问起张于的情况。他常说："你和张于都是对新诗所有贡献的人，我们不应该忘记！"

1998年，我参加了新诗研究所举办的研究生课程进修班的学习，有幸成为吕进老师真正意义上的学生。在前往北碚参加学习的途中，我遭遇了严重车祸，与一辆大货车迎面相撞，车辆报废。这是我人生中与死亡最近的一次接触。我的一位开汽车修理厂多年的朋友赶来救急，见到现场惨状时说，以他修车近三十年的经验，杨矿此次非死即残。不料我当时尽管成了一个"血人"，却全是皮外之伤，安然无恙。事后吕进老师见到满身绷带胶布的我开玩笑说："与诗歌结缘，与新诗所结缘，你怎么会有事呢？"是的，连我人生中最大的一次劫难都与新诗所有关，你说我和新诗所有缘不？

2003年初，重庆市文联办的《重庆文艺》需要增加人手，在时任市文联主席的吕进老师的力荐下，我调到了市文联工作。文联和谐宽松的环境、真诚友善的同事、得心应手的工作,使我从此开始了人生最畅快的生活。吕进老师又因此多了一个身份:单位领导!

回忆我与新诗所的十六年,仿佛一切都只在昨天。太阳每天都是新的,我对新诗所的感情也每天都是新的,且每点每滴更是真的!

杨矿:著名诗人,重庆市文联副主席,出版有诗集《玄想与内情》《阳光若隐若现》等。本文原载《中外诗歌研究》,2006年第2期。

感谢:诗歌的根须和花朵的雨露
——我和著名诗歌评论家吕进的交往

唐诗

构成我诗歌的根须和花朵的雨露有众多因素,要说哪些根须和雨露对我诗歌写作的影响巨大,我会毫不犹豫地说:"著名诗歌评论家吕进老师是我诗歌创作中最粗壮的根须和最充沛的雨露之一。"是诗歌和诗歌评论使我与著名诗评家吕进老师联系在一起,与中国新诗研究所、中国诗学中心联系在一起。我的诗歌创作也因此获得了一份宝贵的支持和帮助,获得了让我的诗歌之树不断长大的阳光和雨露。

一、吕进老师鼓励我的诗歌和花朵敢于在诗的天地里生长

诗歌让我对未来充满信心,吕进老师让我对诗歌充满信心。1989年,我与诗友吉木冒昧地写信,请素不相识的吕进老师担任我们编选的《中国当代青年短诗萃》一书的顾问,吕老师没有名人架子,欣然同意两个名不见经传的青年诗歌爱好者的邀请,并勉励我们努力编好这本书,令我们倍受鼓舞。这也是我与吕进老师交往的开始。此书由于有吕进老师和白航、阿红、蒋维扬等著名诗人和诗评家担任顾问,我们分别在《诗刊》《星星》《诗歌报》上刊登了征稿启事,先后收到全国各地的诗人和诗歌爱好者的数千首不同风格不同流派的应征短诗。经过严格筛选,该书共选录了全国300位青年诗人和诗作者的400余首精短佳作,1990年由四川文艺出版社公开出版发行,印数12000册,全部发售完毕。这在当时已是最畅销的新诗集之一了,在全国造成了广泛的影响。如果没有吕进等老师的鼓励和帮助,此书的编辑出版是不可能如此顺利的,我也不会对诗歌如此充满信心。从此,我将自己的业余时间基本上用于写诗和读

书。写诗和阅读让我一次次地跃过心灵的坎坷和旋涡，获得自我超越的快乐。吕进老师的鼓励，让我的诗歌和花朵敢于在诗的天地里健康地生根、发芽和生长。为此，我现在对吕进等老师仍心存无限感激。

诗歌要出远门，是吕进老师鼓励诗歌大胆地走出去，获得更多阳光和雨露。1991年，我个人拟编印油印的诗集《第一次出远门》，遂再次冒昧地致信并将诗稿同信寄送给吕进老师，请他为我的油印诗集题词，没想到吕老师在5天之内将他俊秀、干净、有力的题词——“唐诗的诗是生活的儿子，而不是生活的孙子。这是唐诗审美的体验和生活的结晶，是唐诗继续学诗的很好的起点”寄给了我。此题词让我激动了好长一段时间。后因我自己的原因未能将此油印诗集付印，但吕进老师的题词，却作为珍贵的资料永远保存在了我的手上。

诗歌长成了最初的一棵树，是吕进老师让我找到了诗歌的泥土，从此我的诗歌之树就健康地长在这片泥土上。1995年，我拟出版第一本诗集《走向那棵树》(1996年10月中国广播电视出版社出版)，我第二次冒昧地将诗稿寄给吕进老师请他为我的诗集写序，吕老师在几天之内即将《〈泥土的歌〉——序唐诗〈走向那棵树〉》一文寄给了我。吕老师在序言中写道：“‘唐诗’这里可不是说的中国诗史上的那一页辉煌，‘唐诗’是一位我不相识的未名诗人的笔名……唐诗的诗给了我一个深深的感动。”其实真正该感动的是我。当我收到序后立即打电话到吕老师家时，李师母在电话中告诉我：“唐诗，你是最幸运的了，好多人请吕老师写序他都没答应。你知道吗？你的诗稿吕老师是在病床上一边打着吊针，一边翻着诗稿，一边赞叹，一边写序，速度是最快的。”听了这一席话，我心中的感动无法用语言表达。这篇序先后在《星星》《中国诗萃》《重庆日报》《重庆晚报》等多家报刊全文发表和转载，产生了良好的反响，此诗集出版后也受到了诗界的好评。而当时我与吕进老师仍未谋面。我们相见的时间是在此书出版后的1996年的11月，我专程从荣昌到北碚，在当时的西南师范大学的博导楼拜访了吕进老师。

诗歌的树要健康地长成参天大树，诗歌的花朵要开放得绚丽，除了自身努力外，更离不开吕进老师的真诚帮助。2001年，我拟出版第二本诗集《花朵还未走到秋天》(2002年11月中国文联出版社出版)，再次请他为我的诗集写序，当时吕老师正准备去美国讲学，时间很紧张，他仍然毫不犹豫地放弃国庆节的宝贵休息时间，给我写了《现实主义诗人唐诗》一篇序文。临行前，将电子邮件发给了我，担心邮件出错，又寄了一份纸质的序文给我。其认真严谨的治学态度和对我的关爱之情，可见一斑。此序也先后在《时代作家》《国际汉语诗坛》和全国多家网站上全文发表和转载，在全国诗坛造成了广泛的影响。

诗歌在不断地行走，诗歌在不断地行走中获得了新的突破，是吕进老师让我将目光投向了鹰飞翔的高度。2005年，我决定将近年的诗作编成第三本诗集《走遍灵魂的千山万岭》(2005年12月人民日报出版社出版)。对自己而言，实在不好再麻烦吕老师，但内心又极想第三次请他为我作序。抱着试一试的心情在电话上给吕老师一说，没想到吕老师再次爽快地答应了我的请求，并且在很短时间内将一篇非常漂亮的序——《鹰的高度》发到了我的电子邮箱。我无法用其他语言来表达我对吕进老师的感激之情。我只能说：如果可能，我愿意出版的每一本诗集都请吕进老师给我作序。

二、吕进老师鼓励我的诗歌和花朵敢于在诗歌理论的森林里生长

一个会写诗的诗人应该尝试多种文体的写作，是吕进老师鼓励我学写诗歌理论方面的文章。1997年，由吕进老师担任所长的中国新诗研究所，举办“'97中国新诗的现状与走向”的研讨会，来自国内的百余位著名诗人和诗歌评论家，汇聚在美丽的西南师范大学校园内，大家就当时中国新诗的现状与走向，纷纷撰写论文和发表演讲。会前新诗研究所通知我写篇文章，我写好后向吕进老师简单地介绍了文章的观点，吕进老师听后给予了充分肯定。开会时让我感到意外的是，作为大会主持人的吕进老师，竟然在大会上特别介绍了我，并且让我宣读自己的论文，让我在国内著名的诗人和诗评家面前公开露面，扩大了我在诗坛的影响。从那以后，我也偶尔写点诗歌评论方面的文章，有的文章还在国内外的报刊公开发表，让我也能在诗歌理论的森林里生长。我想，如果没有吕进老师的鼓励和帮助，我可能也只会写点新诗，而不会写诗歌评论。

吕进老师不仅让我在国内有影响，而且让我在国内外诗歌大家面前再度扬名。2004年9月，首届“华文诗学名家国际论坛”在西南师范大学中国诗学中心隆重召开，我应邀参加了这一盛会，并全过程聆听了海内外重量级诗学名家振聋发聩的精彩发言。尤其是吕进老师最后的大会总结发言，也就是这次盛

会的宣言，将整个研讨会议推向了高潮，将沉寂的诗歌界也推向了一个高潮。就此次会议的情况，国内外报刊和网站纷纷发布新闻和转载大会的论文，在国内外造成了广泛而深远的影响，为诗歌创作和理论探讨做出了非常有意义的贡献。吕进老师说不能忘记每一个为中国新诗研究所、中国诗学中心和诗歌做了贡献的人。在这次会上，杨矿、王顺彬、谭朝春等几位重庆诗友和我商议，向大会赠送了一个水晶纪念品。结果吕进老师还专门在大会上特意说明，让我们既感动又觉得不好意思，感动的是这么一点微不足道的心意，竟让吕进老师记在心上还给予宣传，不好意思的是这么一点心意确实微不足道。

“唐诗诗歌作品研讨会”从多方面提升了我的创作，吕进老师的支持和参加又提升了我的作品研讨会。2003年10月，中国作家协会诗刊社决定，在重庆举办大西南诗会，会议同时决定举办我的诗歌作品研讨会，并将在会上授予我第二本诗集《花朵还未走到秋天》诗刊社艺术文库优秀诗集奖。诗刊社提出，能与重庆方面的文化单位联合举办我的作品研讨会最好，我在与有关方面联系协调后，吕进老师在方方面面给予了方便，不仅同意由重庆市文联出面主办，而且同意将西南师范大学中国诗学中心也作为主办单位参加。因此，由中国作家协会诗刊社、重庆市文学艺术界联合会、西南师范大学中国诗学中心三家单位，联合主办的“唐诗诗歌作品研讨会”于当月14日，在北碚宇讯大酒店隆重召开，全国知名诗人、诗评家和中央驻渝及重庆有关新闻媒体记者共80余人参加。会前，新诗所的现任所长蒋登科教授和新诗所的研究生杨华丽分别为我撰写了评论文章，尤其让我感动的是，吕进老师在百忙中挤出时间，专门为我的研讨会撰写了《唐诗的村庄》这篇重要的诗评文章，对我的诗歌创作，在方方面面给予了中肯的评价。在研讨会召开前，吕进老师早早地到了会场，与我和参会的相关人员一起合影，让人感到和蔼可亲。在研讨会上，吕进老师坚持让全国著名诗人、《诗刊》社的林莽老师和谢建平老师发言后再发言，其谦和的本色在这些细节处自然流露出来。吕进老师对我诗歌创作的精彩点评，让与会者从诸多方面受到了启发和教益，更让我明白了我的优点和不足。会后《诗刊》《中外诗歌交流》等报刊和网站发布了我作品研讨会的有关报道。这次我的作品研讨会能够取得圆满成功，除了诸多方面的大力支持和帮助外，更离不开吕进老师的鼎立扶持和真诚鼓励，点点滴滴，至今仍在感动着我，温暖着我，激励着我。

三、吕进老师鼓励我的诗歌花朵敢于摘取诗坛的果实

台湾薛林怀乡青年诗奖不仅是重庆地区最有分量的诗歌奖项之一,也是中国和世界范围内最有影响力的诗歌奖项之一。2004年10月22日,我怀着激动的心情,坐在西南师范大学中国诗学中心、中国新诗研究所的会场上这样说:"今天,对于以诗歌写作为业余爱好的我来说,实在是一生中最难忘的时刻之一。我不知道该用怎样的语言,才能准确形容出台湾薛林怀乡青年诗歌奖,对于我和诗人们的意义。"

吕进老师作为台湾薛林怀乡青年诗奖评审委员会的主任,决定授奖给我,再次对我的诗歌创作给予鼓励,让我摘取了诗坛的一颗果实。善于言谈的他,却因病在会上不能说一句话。那天一早,我从荣昌赶到北碚的西南师范大学校园,刚下车就碰见了提着包向新诗所走去的吕进老师。当时,吕老师因为重感冒无法说话,就一直是他听我讲地走到了新诗所。颁奖大会由中国新诗研究所所长蒋登科教授主持,新诗研究所的向天渊老师代表评奖委员会宣读了授奖辞:"经著名诗人雁翼、林莽、万龙生推荐,中国新诗研究所台湾薛林怀乡青年诗奖评审委员会投票决定,授予唐诗第四届台湾薛林怀乡青年诗奖,同时授予谭朝春青年诗奖特别奖。唐诗是被评论界看好的重庆实力派青年诗人。他的诗是一个农民后代的真诚述说,他观照今日的农村和农民,替同时代的农村和农民披露疾苦和心声。他既写生命关怀,又写生存关怀,但他是一位更长于抒写生存关怀的诗人,这在今天的中国诗坛显得特别珍贵,也特别值得我们尊敬……"紧接着由新诗所的一位研究生朗读了吕进老师撰写的有关薛林的文章,文章读完,我们的眼睛潮湿了……随后我和谭朝春分别致了答谢辞,然后是发奖和献花等。整个颁奖大会吕进老师虽然无法说一句话,但我能感觉得出他肯定有许多的话要说,尽管这样,他还是带病参加完了整个颁奖大会。

吕进老师发起创立的台湾薛林怀乡青年诗歌奖具有穿越时代的作用。当时我在答谢辞中如此说:"诗歌摆脱庸俗的魅力不分国界不分时代,始终闪烁着耀眼的光芒。清醒地说出了法庭'以严肃、真实、常不如意的命运来判决'这句话的雪莱,启发阿尔弗雷德·诺贝尔并鼓励他创立了诺贝尔奖,在世界发展的各个方面成为最具典范的标志。那么长期以来呼唤着'诗歌精神重建',实现'诗体大解放'以后的诗体重建和在现代科技条件下的诗歌传播方式重建的

吕进先生联合了台湾的薛林先生，并创立和成功实施了多届台湾薛林怀乡青年诗歌奖，这同样在重庆和国内乃至世界诗歌发展史上将具有不同凡响的意义。”

心在诗评，言惊诗界；身处重庆，行在世界。吕进老师醉心于诗歌研究，长于从宏观上关注、研究、推动中国新诗理论和创作在国内和世界的发展，其诗歌研究成果和在世界各地的讲学往往惊动国内和世界诗坛，成为在国内和国际有着重要而广泛影响的世界级知名诗评家；与此同时，以吕进老师为领军人物的中国诗学中心、中国新诗研究所，经过20年的艰苦探索，也日益发展成为在国内和国际有着重要而广泛影响的世界级知名诗歌研究机构。吕进老师不仅着眼于宏观和全局，而且善于操刀解剖麻雀，在微观上也十分注重发现、培养、推出有发展潜力和潜质的青年诗人和诗评家。从我与吕进老师的交往中，我的诗歌和花朵，在吕进老师处吸取了不少有益的成分和营养。

在此，我——

以诗歌的名义真诚地向吕进老师说声：“谢谢！”

以花朵的名义深情地向吕进老师说声：“谢谢！”

唐诗：本名唐德荣，博士，中国作家协会会员，现任重庆市畜牧科学院副院长。先后出版《走向那棵树》等多部诗文集。本文原载《中外诗歌研究》，2006年第2期。

可爱的寿筵

王彦

国庆第一天。蒙蒙细雨。

穿着白色蓬蓬衫,梳好齐眉直发,学生样满面春色地去参加导师七十寿筵。

要来的人很多,场馆一换再换,消息被尽量封锁,在读的学生没参加资格。

即便是这样,还是聚集了满满一屋子人,就连最后合照留影时,还有人捧着花束气喘吁吁飞奔而来。

其间,不停有人喊我"师姐",让我这忝列师门多年的老学生好不得意。

寿筵是学生们筹办的,虽然有众高官到席致辞,但仪式清新自然、轻松活泼。

男学生主持人很卖力,他的川普让我抓狂。

访问学者代表梦话般的发言质朴可爱,逗得大家忍俊不禁。

女学生每演完一个节目就争先恐后地去找导师要个拥抱,简直疯了。

看惯了官方刻板的活动,却被这样诗意而有趣的仪式深深打动。

在播放导师执教生涯的幻灯片时,全场静穆,眼眶湿润。

相信导师也一定是很感怀的,他一直微笑,享受着学子们的真诚祝福。

当然,还有我的深情拥抱。

王彦:重庆市文学艺术界联合会干部。本文原载《中外诗歌研究》,2008年第4期。

吕进老师七十年华诞祝辞

李宪

尊敬的吕进老师：

金秋十月，我们迎来了您七十华诞的寿典，今天您的身边群贤荟萃、少长咸集、共同庆祝。在此，我受新诗研究所研究生课程进修班各位同学的委托，对老师七十华诞致以最热烈的祝贺，对辛勤耕耘、默默奉献的老师致以最诚挚的问候。

看到吕老师，我们感到格外亲切，敬意油然而生。在您七十华诞的今天，新诗研究所朝气蓬勃，激情涌动，人才辈出，硕果累累。我们为老师走过的风雨历程取得的成就感到由衷的钦佩。多少年来，您为国家培养、输送了许许多多的优秀人才。如今您的学生们不论是在祖国各地、还是在异国他乡，有的风华正茂，年轻有为；有的老当益壮，雄心不已。大家都以您为榜样，用智慧和才能，传承创新，为新诗研究所增光。

庆贺尊师七十华诞，我们庆幸曾经从您的教诲中获得了新的知识和动力，虽然我们已经离开课堂多年，但您演绎的教师风采、诗人典范、新诗研究所情结，将铭记于我们每个学生的心间。

相识是缘，相逢是情，人生七十古来稀。尊敬的吕进老师，在这喜庆的日子里，我们全体毕业生祝愿您身体健康，万事如意。

同时，我也与全体老校友共勉：昨天我们以新诗研究所为荣，今天和将来新诗研究所以我们为荣。

谢谢！

李宪：中国新诗研究所研究生课程进修班学员，原重庆市纪委常委、监察局副局长。本文原载《中外诗歌研究》，2008年第4期。

感谢与祝贺

王超

尊敬的吕进主席:

值此丹桂飘香时节,我们相聚在美丽的缙云山下,共贺吕进主席70寿辰。在这里,请允许我代表重庆市文学艺术界联合会,向吕进主席致以最热烈的祝贺和最诚挚的问候:祝吕进主席生日快乐! 健康长寿!

吕进主席长期潜心教育和文艺事业,德艺双馨,声名远播,在重庆乃至全国都享有极高的声誉。作为重庆直辖后的第一届文联主席,带领广大文艺工作者勤耕于文艺的百花园,使这一片园地愈发根深叶茂、姹紫嫣红。任期届满后,吕进主席作为荣誉主席仍然一如既往地关注着重庆文艺事业的发展,给广大文艺工作者以极大的鞭策和鼓舞。重庆的文艺工作者们将不辜负吕进主席的期望,加倍努力,为重庆文艺的大发展大繁荣,为打造西部人文高地再铸辉煌。

古人云:"人生七十古来稀。"但对于吕进主席来说,是"人生七十又起步"! 我们衷心地祝福吕进主席保重身体,青春永驻,为重庆文艺的振兴、教育的崛起书写新的篇章!

再次真诚地祝贺吕进主席生日快乐! 事业丰收!

王超:曾任重庆市文学艺术界联合会党组书记。本文原载《中外诗歌研究》,2008年第4期。

在吕进老师七十华诞庆典上的致辞

王小佳

尊敬的吕进老师，各位来宾、各位同学，女士们、先生们：

今天是一个值得庆贺的日子，我们迎来了尊敬的吕进老师的七十华诞。今天这个庆典是吕进老师的学生集体组织的。在这里，我以个人名义、以学生的名义，祝吕进老师生日快乐！

吕进老师是值得我们尊敬的学者。他在现代诗学研究领域取得了突出的贡献，首倡新诗文体学，提出了新诗二次革命的主张，出版了大量的诗学著作，在海内外诗歌界、学术界产生了广泛影响，享有崇高的声誉。吕进老师创立了中国第一家中国新诗研究所，经过几代人的共同努力，新诗研究所已经成为中国新诗研究的重镇，影响甚大。最近，在重庆市委主持召开的重庆市人文社会科学专家座谈会上，市委常委、宣传部部长何事忠在谈到重庆人文社会科学的发展时说，要借重西南大学中国新诗研究所等市内人文社会科学研究机构，加强文艺评论工作。这是吕进老师的光荣，是中国新诗研究所的光荣，是西南大学的光荣，也是每一个新诗研究所毕业生、学生的光荣。

吕进老师是值得我们尊敬的长辈。他胸怀坦荡，待人热情，达观开朗，将学术研究和教书育人结合起来，培养了一大批诗学研究后续人才，不少人在现代诗学研究领域已经取得了可观的成绩，今天在座的同学中就有多位已经成为教授、博导。我们在为人为学诸方面都受益于吕进老师，这将是我们终生的财富。为此，我们衷心感谢吕进老师的培养和教育。

吕进老师是值得我们尊敬的管理者和社会活动家。他长期担任西南大学中国新诗研究所所长，中国诗学研究中心主任，《西南大学学报》(社会科学版)主编，西南大学文科学术委员会主任、学位委员会副主席、社科联副主席，重庆市文联主席、荣誉主席,中国闻一多研究会副会长,重庆市现当代文学研究会会长等职务。在管理和组织工作中,吕进老师以人为本,发扬民主,使他所主持的工作都取得了很好的成效,受到领导、同事和学生的好评。他的管理经验和社会活动是一笔重要的精神财富,值得我们继续发扬。

所有这些成就的取得,都源于吕进老师的"梦想"。因为有着长远的人生目标,吕进老师在面对困难时从不退缩,在面对成绩时从不骄傲,总是以执着的心态对待自己所做的一切。这使他始终拥有一颗年轻的心,拥有一股奋进的激情。

吕进老师是一座宝库,一座令我们景仰的山峰。我们应该依托吕进老师所创造的精神财富,发扬吕进老师的师德诗品,"守住梦想/守住人生的翅膀/守住梦想/守住迷人的远航",使中国现代诗学研究和中国新诗研究所获得更大发展。

衷心祝愿吕进老师身体健康,工作顺利,年年有今日,岁岁有今朝!

谢谢大家!

王小佳:西南大学教授,诗人,曾任西南大学校长。本文原载《中外诗歌研究》,2008年第4期。

有一尊铜像

王小佳

有一尊铜像
由诗经和邵乐铸成
时光灵动,镌刻在
昆仑的前颜
比五千年
更加悠长
有一尊铜像
由山川和原野铸成
五岳之顶
安座黄金的桂冠
四海注目,辉映
黄河沿岸
有一尊铜像
由景仰和虔诚铸成
所有年轻的爱戴
咏唱着秋歌,不计成本地
开放
在心里,在如蝶的
空间

本文原载《中外诗歌研究》,2008年第4期。

在吕进教授七十华诞宴会上的祝酒词

黄蓉生

尊敬的吕进老师,各位来宾、各位同学,女士们、先生们:

今天,我们欢聚一堂,共同庆祝我们尊敬的吕进老师的七十华诞。

吕进教授是著名的诗论家,是中国新诗研究所的创始人,他在教学、科研、管理等方面所取得的成就为海内外诗歌界、学术界所瞩目并享有崇高的声誉。吕进教授培养了一大批诗学研究的后续人才,他们在诗歌界已经取得了令人关注的成绩,可谓桃李满天下。我们庆祝吕进教授七十华诞,首先是向他表示祝贺,同时也是为了延续他所创造的学术成果和体现的精神品格。为此,我提议:

为祝贺吕进教授的生日快乐和健康长寿,

为新诗研究所师生的快乐聚会,

为新诗研究事业的更加繁荣,

为中国新诗研究所的进一步发展壮大,

为各位来宾、各位同学的身体健康、工作愉快、家庭幸福,

干杯!

黄蓉生:西南大学教授,曾任西南大学党委书记。本文原载《中外诗歌研究》,2008年第4期。

第二辑

杏坛回声

有一种感激为什么是无言的

柳杨

有位青年诗人与吕进先生神交已久,终于有一天在一份杂志上见到了诗评家的照片,当下惊诧失声:“哇,我还以为是个老头子呢!”先生那精纯深刻的文章是叫人产生错觉的原因。可是当我第一次看见他时,却感到正是自己想象中的模样:清瘦、儒雅,如得传统书生之一脉。

三年前,我来到这陌生的城市,和黄昏一起叩响先生的门,也一步步走向他敞开的心;他给我腾出了床铺,亲手做了碗面条递到手上——从此以后,那四川辣子就热乎乎地弥漫于周身,再也不会消散了。

我成了先生的研究生,成了他也许毕生费心最多的一个学生。第一次上课他甚至准备了一块儿童玩具似的小黑板——怕我听不清某些理论术语。虽然只有一个学生,可是放在先生面前的茶几上的笔记、卡片却有一大堆。上课的地点总在先生家里。他给我沏了茶,师生相对而坐,在一种纯净、近乎宗教的氛围中,我聆听他讲授这门既栖在大地、又栖于天上的学问——诗学。先生雄辩而又风趣,说到酣畅处眉飞色扬、手舞足蹈,时不时从沙发上跳起来,在这样的时候,除了把自己融化,还能干什么呢?

先生手把手教我做学问,在我第一篇五千来字的论文上,竟留下了他近三千字的批语。我将永远珍藏这些作业,因为那些谆谆话语是我从像他那样的长辈那里获得的最宝贵的馈赠之一。

先生家门大开,处理来信和接待来访既是他的劳累,又是他的欢欣。有时我们正谈着,一对新婚青年登门,他们远道而来,仅仅是为了给曾帮助过自己的老师送上几颗喜糖。我不止一次看到,一些远方来信的开头称谓是:“吕进吾师,吾恩师!!”近乎孩子气的话里,透出了深深的感激。先生在日常生活中常有糊涂之时，记得我们出差到济南，他曾把自己的毛衣忘在火车上，回家后被师母一通嘲笑。可有时他又表现了出奇的敏感，有几次我稍有不适，他就看出来了，盯着我问："你病了？"然后再三嘱咐我好生休息，还总要在我书包里塞上一些金灿灿的广柑什么的。

新诗所初创伊始，《新诗文体学》这本新著也刚刚开笔，正当先生事务缠身之际，师母突然病倒。我去看他，询问病情，他只是含泪地简单一提，就转而详细地谈起我的学位论文的撰写。尽管在此之前他已经多次和我讨论过开题报告，有时甚至指导到夜半。最后他叮嘱：近来我可能难以顾及你的事了，你可找其他导师。平时，他常用尊重的口吻亲切地谈起方敬先生和邹绛先生，现在他又再一次要我充分利用在西师念研究生的机会多向两位老教授讨教。

先生的独特处在于，他不但是领着你，还常常从后面推着你向前而行，他总是想方设法为学生创造成功的机会。他的爱护与严厉紧紧地连在一起，那是一把剑的双刃。为了做学问的事，我曾多次挨他严厉的训斥。我深感做他的学生的幸运与"不幸"，就在这种矛盾的交织中，踩着他在我面前筑成的学术台阶，我觉得自己在往高处走去。

先生有一个闪闪发光而又劳累沉重的中年。记得两年前我和他在北方的一个古城等车，许久许久，车来了，它载着我们向前奔驰。远方夕阳似血，道上洒了点点黄金，好感人，好辉煌！不知先生还记得这个景象不？

柳杨：中国新诗研究所1985级校友，现任美国明尼阿波利斯艺术博物馆亚洲艺术部主任。

吕进先生七十华诞贺信

柳杨

吕进老师：

您好！在您七十华诞之际，谨祝您身体健康，诸事如意！

二十年弹指一挥间。旅居海外的日子，别梦依依，常常神游北碚四季葱郁的校园，那些多石阶的小径，多少回沿着熟悉的路走去，轻轻叩响您的家门……真是铁打的营盘，流水的人马呵！那么多年轻的学子，怀着梦想，来了，又走了。您一直在那儿，和诗作伴。在那些常春藤和君子兰的岁月里，写长长的诗话，读遥远的来信，丹青不知老将至……

九月将尽，这是收获的季节。吕老师，此时此刻，有许多感恩的话想写在这里，或许两千多年前一位历史学家的话，仍是最好的表达："桃李无言，下自成蹊。"

此致

敬礼！

本文原载《中外诗歌研究》，2008年第4期。

中国新诗理论家吕进

向阳

吕进在1958年考入西南师范学院时，进的是外语系，学的是俄语专业。他的俄语很棒，还是学生时就开始在报刊上发表译作，多次被学校评为优秀学生。随后是毕业留校任教，再后是转而从事诗歌评论。

吕进在回忆自己由一个外语教师成长为诗歌评论家的道路时，把诱因追溯到自己的母亲。他认为善良而富有同情心的母亲对他文学气质的形成起了关键性作用。读小学时即开始在《少年报》上发表诗作，读中学和大学时，诗歌创作一直没有间断过。诗神一步一步把一个敏感多思的少年，引领进了诗歌的殿堂。

吕进是在七十年代末才转向诗歌理论的。这在时间上并不算早，但多年的诗歌创作经历不但坚定了他对诗歌始终不渝的热爱，也磨炼了他对诗美的感悟能力。他从事诗歌评论的起点很高。1982年推出专著《新诗的创作与鉴赏》，使当时虽热闹却浮躁的诗坛有了第一部体系完备的理论著作。该书被《中国出版年鉴》列为"在诗歌评论、理论方面影响较大"的三部当代诗论著作之一，获四川省优秀科研成果奖二等奖和重庆市优秀科研成果奖二等奖。从此，吕进一发而不可收，十年来又先后出版了《给新诗爱好者》《一得诗话》《上园谈诗》《诗歌美学辞典》《外国名诗鉴赏辞典》《新诗文体学》《心中的旗》《中国现代诗学》等八部著作，并在报刊上发表了大量的批评文章，给中国诗坛以重要的理论指导，成为当代优秀的诗歌评论家。

现在，吕进是西南师范大学教授、中国作家协会四川分会主席团成员、重庆作家协会副主席、《银河系》诗刊主编和《星星》诗刊编委，同时，他还担任中国新诗研究所所长。1986年创建的中国新诗研究所是吕进对中国诗坛的又一贡献。该所已成为中国新诗研究的重要中心，它与世界各国诗歌界建立了广泛的联系，在国际上有较大的影响。该所还是我国培养高级新诗研究人才的重要基地，七年来为全国各地培养了十二名硕士毕业生，接待了六名国外访问学者。

近年来，吕进深感中国诗歌在世界诗坛的地位和它业已达到的质量极不相称，开始把精力投入到中外诗歌的双向交流上。他先后到香港等地区和日本等国家访问和出席诗歌研究会，接待世界各地的诗人、学者来访。中国新诗研究所成立以来，香港的蓝海文，台湾的洛夫、杨平，美国的秦松、彭邦桢，韩国的许世旭，日本的秋吉久纪夫等纷纷来所访问、讲学，对吕进和研究所的工作给予了高度的评价。吕进是总部设在韩国的世界诗人协会副会长，世界华文诗人协会创会理事，香港当代诗学学会顾问研究员。1988年奥运会期间，在汉城召开的“世界诗人大会”为表彰他在诗歌理论研究、诗歌交流方面的突出成就，决定授予他“世界诗歌奖”的金冠和奖金。现在，他正积极筹备将于今年九月召开的华文诗歌国际学术研讨会。这是全球华文诗界的一次重要会议，届时，来自世界九个国家和地区的著名华文诗人和汉学家将济济一堂，探讨华文诗歌在中国和世界各国的历史、现状和发展。

年富力强的吕进既保持有少年诗人的激情和热烈，又增添了成熟理论家的稳沉和深刻。我们有理由对中国诗坛寄予厚望，也对吕进寄予厚望。

向阳：本名吴向阳，中国新诗研究所1987级校友，现任重庆出版集团科韵文化传播有限公司总经理。本文原载《中外交流》，1993年第5期。

乘凉的日子

——给恩师吕进

蒋登科

见过高山，我懂得山的崇高；爬过大树，我明白树的风采。大树下乘凉，没有风吹，没有雨淋，仿佛回到母亲温暖舒适的怀抱。

直的路，你走过；曲的路，你走过。你走过的是一条弯弯曲曲又平平坦坦的路，一条只属于你的路。我见过你的微笑，也见过你的皱眉，但从未见过你低头。你的生命生长的是一片最安适的绿荫，能进这片绿荫的人首先要懂得生命。

这是一片爱的绿荫，当你把鲜花送给爱人的时候，当你言语轻轻走到我身边的时候，当你把心血倾注在笔端的时候，当你把白发悄悄种上鬓角的时候，我知道。

恍惚之中，我做了一场梦，醒来的时候，太阳已悬挂在高空。清晨的空气早已丢失，叹息和高温把我层层紧裹。靠着大树乘凉的日子，我忽略了生命也在流逝。我也该淋些雨受些风了，创造一片凉荫，自己掩挡自己。

趁黄昏还没有到来，我离你而去，走得悄悄，走得缓缓。但我没有停留，背后，你关爱的目光在为我导航。

岁月之潮不停地流淌。静静的相思湖边，淡淡的月光之下，只有一个独行的我。不再有大树，只有疏疏密密的竹。大树在我的心中，凉荫在生命深处，趁这明月夜，我要缓步走向黎明，走向永远的生命的绿荫。

蒋登科：中国新诗研究所1987级校友，现任西南师范大学出版社副社长，中国新诗研究所教授，博士生导师。本文选自蒋登科散文诗集《爱与非爱的空间》，广西民族出版社，1992年。

他永远瞩望着明天

——记莫斯科归来的吕进教授

蒋登科

诗评家吕进教授曾作为知名学者和中国新诗研究的权威人士应邀到香港等地区和日本等国访问和进行学术交流。然而,这一次莫斯科之行的时间最长,从1993年10月到1994年3月,将近半年。在国外的工作节奏虽然很快,但是,在繁忙的工作之余,吕进教授仍然思念着祖国,挂念着中国新诗研究所的工作,挂念着他西南师大的学生。

吕进教授是作为知名学者受国家教委委派去莫斯科大学与该校的汉学家进行合作研究的。初秋的莫斯科已是冰封大地,然而,对新诗和新诗研究怀着挚情的吕进教授却感觉到了一些诗意的温暖,他将在异国大地上寻觅新诗的种子。吕进教授与莫斯科大学汉学家合作研究的主要课题是"中国新诗在俄罗斯",受到了专家的欢迎与支持。除了共同的研讨,吕进教授还把一切可以利用的时间都投入到资料的收集之中,同时,他还应邀为师生讲学,帮助一些专家审阅文稿,提出了不少有建设性的意见,以其严谨的学风与丰富的学识受到外国同行的敬重。吕进教授大学毕业于俄语专业,精通俄语,曾教授过俄苏文学,这为他的学术交流提供了十分有利的条件。因此,他深有感触地说,在这样一个开放的时代,精通一门或多门外语是一个学者所必备的基本修养之一。

作为著名的诗歌理论家,在谈到诗歌的时候,吕进教授不无感慨地说:"优秀的民族似乎总是与诗歌联系在一起。"我感觉得到,他说这句话时心里充满着自豪,因为中华民族是一个古老的诗的民族。在莫斯科的时候,好久没有闲暇写诗的吕进教授也许是受到了异国诗情的感染,写下了一批歌唱美好、思念祖国的诗篇。在莫斯科,中国大使馆还邀请他讲学和为留俄中国留学生总会会刊撰写文章,介绍获得"世界诗歌黄金王冠"的详细情况。这使他很有感慨。虽然中国新诗在近年受到诸多诗外因素的冲击,人们对新诗的生存环境不容乐观,但吕进教授仍然相信,中国新诗不会衰亡,它会以自身的实绩向世人宣告中华民族的优秀与伟大。他有一句话颇让人感动:“外国人都那么看重中国新诗,我们有什么理由悲观和停步呢?”

吕进教授的身体一直不太好。这是长期劳累所致。特别是1993年,更是他极为劳累的一年,但也是他很有收获的一年。他获得了世界诗歌研究会颁授的第七届“世界诗歌黄金王冠”,成为获此殊荣的第一位中国人;他主持召开了“’93华文诗歌国际学术研讨会”,100余名海内外学者汇聚一堂,共商华文诗歌交流与发展的大计;他获得了国家四大奖之一的优教成果奖国家级二等奖、四川省优教成果奖一等奖,这一年,吕进教授还荣获了曾宪梓教育基金会高等师范院校教师奖二等奖。然而,他没有因为既有的鲜花与成就而满足,老诗人穆仁曾在他的日记中记载了吕进教授因为筹备和主持“’93华文诗歌国际学术研讨会”而使腰围缩小了两个皮带孔的事实,而他正是在这时候赴莫斯科进行学术活动的,他不会放弃任何能为新诗的发展做贡献的机会。

吕进教授的学术研究总是处于新诗研究领域的前沿,由此而赢得了国内外同行的敬重。在离开莫斯科前夕,莫斯科大学亚非学院举行了隆重的签字仪式,吕进所长和卡纳别相主任分别代表中国新诗研究所和莫斯科大学亚非学院中文专业在协议书上签字。这是中国新诗研究所特别是吕进教授的学术成就产生国际影响的又一标志,也是开辟中国新诗研究国际化道路的重要举措。在亚非学院为吕进教授举行的告别仪式上,卡纳别相主任发表长篇讲话,高度赞扬了吕进教授在莫斯科大学期间的工作,师生代表向吕进教授献了鲜花,在莫斯科大学历史上,这样对待一位外国教授,是少有的事。

吕进教授是一位时刻瞩望着明天的新诗理论家,他在颁授“世界诗歌黄金王冠”仪式上的答辞中说过这样一句话:“中国(无论大陆,还是港台地区)有一批优秀的新诗理论家,在座的中国新诗理论大家就不少。我在中国新诗理论领域的成就十分有限。”这自然是自谦之词,然而,我想,这正是吕进教授在新诗理论领域不断取得突破性进展的最基本的人格因素之一。在他看来,过去的辉煌已成为历史,然而我们相信,吕进教授的更大的辉煌将会出现在不久的明天。

本文原载《重庆日报》,1994年5月3日。

值得记忆的秋天

蒋登科

这是一个值得记忆的秋天,祝福与笑声是它的亮丽主题。

作为学生,在这个秋天,我必须谈论一个人,一个值得敬仰、值得学习的人。这个人的名字写起来很简单,但内涵很丰富,很博大,值得我们用一生去领会,去弘扬。他就是吕进先生。

在吕进先生的学生中,也许我是最可以自豪的。从1984年正式成为吕进老师的学生开始,我认识他已经将近四分之一个世纪,而且是属于人生最美好的岁月。我上本科课时是吕进先生的学生,后来又成为他的第二届硕士生和博士生开门弟子。许多同学都先后离开了曾经学习的校园,离开了老师,到外面去闯荡,只有我,除了在广西的两年多,一直在中国新诗研究所工作。在所有同学中,我应该是和吕进老师在一起待得最多、直接聆听他的教诲和指导最多的一个。因此,我谈到吕进老师,想说的话实在很多,甚至不知道从何处谈起。

吕进老师是一个严谨的人。无论是做管理工作,还是从事诗学研究,他都是一丝不苟,严谨对待。他的严谨源于他对完美的追求,即使做一件小事情,他也要认真思考,争取做得最好。写一篇短文章,他也要字字推敲,达到自己满意的效果。据说,开始当教师的时候,为了讲好课,他甚至在家里反复演练,连花费的时间都要精确计算,绝不提前和拖后,直到自己满意为止,结果练就了一套引人入胜的讲课、演讲功夫。吕进老师用电脑是在电脑普及之后,大概十来年时间。在过去,他都是使用手写稿,而且在下笔之前,思考基本上已经成熟了,可以做到落笔成章。但即使这样,他的手稿上还会有不断修改的痕迹,有时候,一个字反复修改三五次才能最后确定下来。这种功夫,使他的文章总是以诗的语言在谈诗,充满诗的笔调和蕴涵,达到了他所追求的言浅意深的效果。读吕进先生的论文、专著,不会觉得很累而且能够领会到诗的真谛。但他为这种效果所付出的心血、汗水,所进行的历练,恐怕是外人所不知道的。现在,吕进先生一直使用电脑写作,这为他的修改、打磨提供了更多的方便。在学术研究上没有捷径,唯有通过自己的劳动、积累才能最终获得收获,这是吕进老师经常讲的一句话。

吕进老师是宽容的人。宽容是一种可以带给人愉快的品格。吕进老师在学问上对同事、对学生从来都是很严格的,他甚至可以把我们花了许多工夫写出来的稿子删除一大半甚至全盘否定,但在一些生活小事上却从来都很宽容。他也许会很严厉地批评你、引导你,但绝对不会有意阻止你的发展和前途。他看一个人,主要是看他的本质,看他的长处,不会因为一些偶然的小事儿为某人定性。我相信,做过吕老师学生的人,没有几个人不曾接受过他的批评,但绝大多数不是记恨,而是充满感激。我总觉得,他是以诗一样的胸怀在感化人,以自己的行动来教育人,所谓身体力行在吕老师那里,是体现得非常完美的。吕老师常说,我可能是接受他批评最多而表扬最少的学生之一,但我感到,即使是批评,也是对我的促进。从一个农村孩子走到今天其实并不容易,如果没有老师的批评,没有他宽容的指导,恐怕会是另外的样子。从做学生开始,我就有一个习惯,只要遇到什么烦心的事情,就希望去给吕老师说说,他也总是尽量安排时间接受我的倾诉。结果,在他那里,我的烦恼还没有来得及叙说,我们就可能谈起其他的话题,在轻松愉快的氛围中,那些所谓的烦恼早已不见了踪影。吕老师的开朗、幽默以及他对人生的思考和追求,就这样影响着他的一批批学生。

吕进老师是一个达观的人。他们那一代人所经历的是一个特殊的时代,各种各样的压力、各种各样的禁忌把许多人压垮了,使他们最终失去了进一步追寻的动力和目标。但吕进老师是一个注重内在修养的人,他把外在的得失看得很轻。他曾经告诉我,社会是很复杂的,在前进的道路上,总有些人会设法给你设置一些障碍,阻止你的步伐,这个时候千万要小心,甚至根本别去理会,而是应该按照自己的方向去做自己应该做的事情,否则你就会中了别人的圈套,最终可能成为那些人的牺牲品,一事无成。因此,对于别人的中伤、打击,他从来不放在心上,或者一笑置之,当别人也许在庆幸如何打击了他的时候,他已经坐在书桌前,进入了他的诗歌世界。他经常说的一句话是“心中别有欢喜事,向上应无快活人”,他把经历都用在了做自己的“欢喜事”,看似牺牲了很多外在的东西,但他最终获得的是高质量的生命,赢得的是同事、学生和读者的敬重。他还说,一个人不可能脱离生存的环境,不可能脱离社会,但一定要学会以出世的眼光入世,这样就可以分清主次,分清当前和长远,明确目标和方向。他的这样达观的生命态度对我和我的同学们影响都很大,也是新诗研究所得以繁荣发展、师生得以和谐共进的精神向导。

吕进老师是一个有远见的人。他对任何事情都有自己的规划。在管理上,他一开始就会从人才、科研、教学、学术活动等方面为单位制定近期和中长期的目标,大家只需要按照这个目标去奋斗,就可以有所收获。对于自己的教学、科研工作,他也是有计划的,哪一天要做什么,哪一时段要做什么,在他的脑子里早就有计划,如果没有什么突发的事件,他都会按照这个计划去做,而且能够达到满意的效果。俗语说,人无远虑,必有近忧。有远见,才可能有卓识。因为对许多事情都有长远的考虑,吕进老师身上似乎从来没有出现过事到临头而茫然失措的情形。因为有了长远规划,他也不会因为临时出现的什么事情而改变自己的人生目标。这种远见也许是吕进老师取得人生成功的基础,也是他应对各种中伤、攻击的法宝。这种人生规划的方式,尤其是对面临人生抉择的年轻人,是可以提供重要启示的。

吕进老师的一首诗《守住梦想》,是我非常喜欢的,其中有吕进老师的严谨、宽容、达观、远见,有他的人生智慧。在许多场合,我都喜欢谈到它,而且建议新诗研究所每个年级的学生入学、毕业时都朗诵这首诗,它俨然成了新诗研究所的“所训”。我喜欢它,是因为它写出了吕进先生的内在精神和人生思考,写出了追求者共同的心声。即使在平常,我也会时不时默念其中的诗行:“守住梦想,守住人生的翅膀/守住梦想,守住心上的阳光//不为一朵乌云放弃蓝天/不为一次沉船放弃海洋//荒漠中守住一方绿洲/风暴里守住一片晴朗//……守住梦想,守住不谢的花季/守住梦想,守住迷人的远航。”以此来鼓励自己。

这个秋天值得记忆,吕进老师踏上了人生七十的阶梯,是另一个收获季节的开始。人生七十古来稀,那只是古训。今天的人生,仿佛从六十岁才真正开始。在六十岁以前,许多人都是为单位、为事业、为家庭、为孩子而活着,六十岁以后,才开始过上自在、自得的日子。这样算来,吕进老师刚刚满“十岁”,凭他经历风雨而弥坚的人生信念,他一定会越活越年轻,为新诗的发展、为新诗研究所的繁荣做出更大的贡献,为我们这些后辈树立更高的人生标杆。

一个人的一生,也许会遇到许多小人,不断给你设置一些大大小小的障碍。但只要遇到一个贵人,就可以给你指引一个方向,使你克服周遭的难题,就可能决定或者改变自己的人生质量。在我的生命中,吕进老师就是这样的一个贵人。我的每一点收获,每一点进步,都得到了吕进老师的关爱和扶持。在他步入七十岁的时候,我愿意把所有的记忆、所有的感谢都深藏心间,并化为自己的行动。

本文原载《中外诗歌研究》,2008年第4期。

活力无限的吕进先生

蒋登科

吕进老师和孔子同生日,上个月底,他就真正进入古稀之年了。一些多年未见到吕先生的外地朋友不时向我打听先生的情况,有些人甚至认为他早就停下了自己的工作享清福去了,实际上,吕先生仍然坚持上课,坚持写文章,坚持指导学生,坚持参加各种文化、文学活动,和年轻人没有什么区别。9月中旬,吕进先生担任重庆市青年歌手大奖赛的文化考试评委,他丰富的学识和连珠妙语使许多人折服。在他身上,"人生七十古来稀"的古训似乎没有什么作用,而只是一个新的起点。他所体现出来的乐观、敏锐、活力甚至使我有时候都觉得自己比他还老许多。当然,我只是在私下想了一下而已。在老师面前卖老,是对老师的不尊重。

最近这段时间,吕老师收获甚大,出版了200多万字的著述。在祝贺老师的同时,我也很愿意在这里和大家分享一下。

《吕进诗文选》由中国文联出版社出版,收入他的一些散文、随笔和诗歌作品,其中很多都是我过去读过的,但现在重读,仍然感觉到他的机智幽默和人生智慧。

《吕进文存》四卷由西南师范大学出版社出版,收入了吕进先生的部分诗文精华,共计201.4万字。据我估算,他的成果出版这样十卷也没有问题,但他不愿意把所有东西都收进去。他说,一个人一辈子留不下多少有用的东西。这当然是他的谦虚。"文存"中的许多著作、文章都是我多次学习过的,曾经记下了大量的读书笔记,还写过多篇读后感,我从中受益匪浅。如今重读,可以更清晰地感受到吕先生在诗学研究上的艰难跋涉和他取得的独特成就。第四卷收录了一批研究吕进老师诗论、创作的文章,其中有我的多篇习作,能够进入由吕进老师以近乎苛刻的标准亲自编定的“文存”,是一件很荣幸的事情。

吕进、熊辉主编的《诗学》第一辑由巴蜀书社出版。这是一本计划每年出版一辑的年刊,收入了多篇有分量的论文,尤其是关于“新诗二次革命”和“20世纪重庆新诗发展史”的讨论,关于几位重庆诗人的深度采访,等等,应该说都是很有学术价值和史料价值的。不过,我不知道出版社这一次是不是又有意无意地违背了吕进老师的意愿。讨论这本年刊的时候,我们都建议吕进老师担任主编,他坚决不同意。为了培养年轻人,他把新诗研究所的所有教师都拉进了编委,并决定每人主持一个栏目,每辑由其中的二人担任执行编委,第一辑的执行编委由他和熊辉担任。出版社可能认为执行编委就是主编,于是改成了现在的样子。这样的事情过去也曾发生过,当年吕进老师主持国家社科基金项目“文化转型与中国新诗”,我们几个学生都参加了部分内容的写作,为了扶持我们,吕老师反对在《文化转型与中国新诗》一书上单独由他署名主编,而是要求把几个人的名字列在一起,标记为合“著”,结果,出版社认为名字较多,印在封面上太长,就自作主张在封面上署上“吕进主编”,但版权页却列出了每个参与者的名字,并加了个“著”字。不过,在我们这些学生看来,出版社的改变不管是有意还是无意,都是实至名归。没有吕进老师,肯定就没有这两本书,也没有中国新诗研究所和今天的我们。

时间过得真快。我认识吕进老师的时候,他只有45岁,比我现在的年龄还大些。但他的许多重要成果是在那以后才获得的。他一直没有停止过自己的追求,即使今天也如此。而我们有时有意无意地表现出疲惫、劳累甚至想停下来稍微歇一歇的意思,这实在无法与我们的师辈相比。所以,重新回忆一下和老师在一起的日子,重新读读老师的书,感受其充满梦想的人生追求,实在是一种获取力量的好办法。

金秋时节忆恩师:祝贺吕进老师七十华诞

(加拿大)胡兴

作为吕老师早期的一名研究生,我认识吕老师已经有二十一年了。在读研究生的三年间我常常有机会聆听老师的教诲,后来虽然见面的次数不多,但一直保持着联系。吕老师为人之正直、学问之深厚,以及作为诗人的赤诚与长者的宽厚,都为我们树立了榜样。在庆祝吕老师七十大寿之际,我将我与吕老师交往的片段写成这篇短文,以作纪念,并表达我对吕老师的由衷敬意。

我来新诗研究所读研究生并由此认识吕老师多少有些缘分。虽然我读过吕老师的《新诗的创作与鉴赏》并且印象很深,但直到填写研究生考试报名表时,我才知道吕老师招收新诗研究生。虽然觉得新诗研究所才是我最想去的地方,但离考试很近了,而且我一直在为考现当代文学方向做准备,临时改变报考方向有很大的风险。于是我想了一个“曲线救国”之策:仍然报考华东一所大学的现当代文学研究生,但第二志愿填西南师大新诗研究所。结果我被报考的第一志愿录取。为了将我的档案从那所大学转到西南师大,颇费了些周折,我到那所大学去了两次。最终我如愿以偿成了吕老师的一名学生。

在读研期间,除了上课时间,我们见吕老师的机会不是很多。我们那一届有六个研究生,没有事是不随意去打扰吕老师的;有事要见吕老师,一般是约好时间,大家一起去。那时吕老师不光在西南师大无人不知,在中国诗歌界也是声望很高的。除了要做研究、教学以及主持成立不久的中国新诗研究所的工作,还要应付各地刊物的约稿和参与各种各样的社会活动,因此,他总是很忙的。我第一次见到吕老师是开学后不久与几个同学一道去吕老师家。我记得他用抑扬顿挫的四川话说:“我现在条条战线吃紧!”虽然忙,但我觉得吕老师乐在其中。

我们这帮研究生大都是慕吕老师名而来的。我们以前都读过吕老师的书。从他的书可以看出他是个不摆架子、不故弄玄虚的人。他能把抽象而深奥的理论用形象而生动的语言说出来。因为对研究对象有独到的见解,他的书常能给人耳目一新之感。如果说吕老师的文字精彩,那么他的演讲则更为传神。听吕老师讲课是一种充满智性的精神享受。在他的课上,我们第一次听到吕老师系统地阐述诗歌的"视点"学说。视点理论涉及到哲学、心理学、美学、语言学等诸多学科。吕老师以他渊博的知识、清晰的思辨和明晰的语言引导我们进入一个个诗学新视野。

我不会忘记吕老师对我的栽培之恩。进入新诗所之前我没有文科背景而且也没有直接报考他,但吕老师并没有偏见,接受我做他的研究生;当他看到我在理论方面较弱,便提醒我要在这方面努力;而每当我取得一点进步,他都给予鼓励。后来,吕老师成了我硕士论文的指导老师,我因此有更多的机会向吕老师请教。当我从新诗所毕业时,我以较好的成绩取得硕士学位并获得首届"臧克家奖学金"。承蒙吕老师的推荐,我的硕士学位论文也在新诗所刊物《中外诗歌交流与研究》上发表。其实,吕老师对他的每一个弟子都是一视同仁的。我相信我们每一个接受过他教诲的人都有和我相同的感受,只不过每个人的具体情况不同,得到帮助的形式也有所不同。

除了学习吕老师诗学思想,我另外一个重要的收获就是从实践中学到如何做学术研究。吕老师鼓励我们进行学术研究以及在学术上大胆创新。在吕老师的倡导下,新诗所研究生中学术研究之风甚浓。我们在课堂上各抒己见、畅所欲言,在课外也有思想的交锋。大家往往是围绕着研究读书,带着问题学习。在读书期间,我们的论文就在全国各地的刊物上发表。在鼓励我们创新的同时,吕老师也要求我们做学问务必"求实"。他对我们在学术上表现出的急功近利,一知半解地滥用时髦术语的倾向提出了批评。

我1990年毕业离开新诗所,先在合肥联合大学教书后又到国外学习和工作。但我和吕老师时有联系,这期间还见到吕老师三次。第一次见面是在离开新诗所三年后的1993年秋天,因为回西南师大参加华文诗歌国际学术研讨会,我们又在母校见到吕老师。我们几个吕老师的昔日弟子一道去吕老师家拜访。吕老师见到我们很高兴,还拿出友人送的硕大的华盛顿苹果招待我们。

以后见到吕老师的机会就少了。我1995年秋来到美国俄勒冈大学东亚语言文学系学习。1998年春天,我有幸在俄勒冈见到吕老师。那年4月底,吕老师去美国首都华盛顿参加一个学术会议,会议结束后应邀来俄勒冈大学讲学。吕老师演讲的主题是“中国的新诗革命”。我开始怕美国学生听不懂,虽然他们学的是中文专业,但大多以学语言为主,研究中国文学的也往往偏重于叙事文学或古代文学。然而,我的担心是多余的。吕老师妙趣横生的语言,即使通过现场翻译,也让那些对中国新诗完全陌生的美国学生听得津津有味,教室里不时爆发出阵阵笑声和掌声。

我请吕老师在我们家住了几天。我们住的是学生公寓,相当简陋。吕老师安慰我说,你这里跟纽约留学生住的地方比不知强到哪里去了。我们一般自己在家做饭。大概因为在美国的这些天吕老师老是吃西餐,来到我这里,虽然是简单不过的饭菜(这地方亚洲人不多,做中餐用的原材料就很有限),吕老师还是很高兴又能吃到中餐了。

俄勒冈大学坐落在大学城尤金。这里的夏季是最宜人的,而5月初的尤金春寒尚未退尽。虽然不是出游的最好季节,我还是计划带吕老师去几个俄勒冈州比较著名的景点。我们先去看海。尤金离海大约只有100公里,中间隔着一个海拔不高的海岸山岭。出城不远,我们就进入山区,在蜿蜒的山间公路上绕行。翻过一座山又一座山,仿佛没有尽头。但就在山回路转之际忽然眼前一亮,那便是一望无际的太平洋了。沿着海边公路行驶,我们看到车窗外时而是陡峭的山崖,时而是阳光下闪烁的沙滩;海鸥在海浪间穿梭,海浪拍打着礁石,而远处海天连成一片。在一个有沙滩的地方,我们停下来,下车近距离地接触大海。吕老师极目远眺,感慨道:“看到这么宽广的大海,人的心胸也变得开阔了!”

我们去看的另外一个地方是著名的火山口湖国家公园。火山口湖位于俄勒冈州西南喀斯喀特山岭南段。湖呈圆形,周边是陡峭的熔岩峭壁,湖水深蓝,湖中有一些大小不一的岛屿。游人可以开车围绕30千米长的环湖公路观赏湖光山色,也可以在附近的山坡上休息或野餐。在夏季,山上野花丛生,山腰偶有一片片积雪残留。但这些景象只能在夏季短短的3个多月才能看到。因为海拔高的缘故,火山口湖在5月初还是冰天雪地。不过,通往那里的路并没有都封上。我们决定还是去看看——冰雪下的火山口湖也许别有一番景象!因为我对自己在冰雪的山路上开车没有把握,就请我的朋友Leo帮忙。他就住在离火山口湖不远的一个小镇上。我们来到他家后换上他的越野车,由他开车带领我们向火山口湖进发。公路上的雪似乎被清理掉了,但路两旁的积雪有几尺厚。我们一路顺利,来到了火山口湖前。展现在我们眼前的是一幅水墨画:湖被白色雾气笼罩,湖心岛隐约可见,像漂浮在云中。我们的四周是白茫茫一片,但白雪下的杉树透露着勃勃生机。那天吕老师兴致很高,我们来回花了一整天,他也不觉得疲劳。

吕老师特别欣赏尤金的绿。虽然喀斯喀特山上白雪皑皑,但气候温和的威拉米特河谷已是绿草如茵了。开车用不了十几分钟就到了城外,吕老师看着蓝天白云下辽阔的草场,欣喜地说:"多想在这草地上打个滚!"吕老师不仅是一个学者,也是一个童心未泯、充满激情的诗人!

我最近一次与吕老师见面大约在四年前的北京。吕老师和师母李老师去美国探亲在北京短暂停留,而我正巧来北京出差。我连夜来到吕老师住的饭店。他们俩看上去身体都不错,尤其是李老师,我很多年没见到她了。我们谈了一些各自的情况和新诗所的近况。我没有久留,因为他们明天一早还要赶飞机。

在我的心目中,很难把吕老师和一个年届七旬的老人联系在一起。我能记起的吕老师是他在校园里趋趋前行的身影、在讲台上神采飞扬的演讲……我没说错,吕老师的心依然年轻。我最近读到了吕老师一组写汶川地震的诗,他的激情依旧,他的文采依旧。在庆祝吕老师七十华诞之际,我们庆贺吕老师硕果累累的学术成就,感谢吕老师对我们的栽培,也祝愿吕老师身体健康!

胡兴:中国新诗研究所1987级校友,现供职于加拿大某IT公司。本文原载《中外诗歌研究》,2008年第4期。

恩师吕进先生

——为所庆20周年作

钱志富

记得20年前,那时吕进先生还只是一位讲师,但他在我们学生的心中,那形象是高大的,他引起了许多人的崇拜。他给我们这些对知识和文化如饥似渴的莘莘学子开设的“中国现代文学选读”课,现在想起来都还令人陶醉。他的课以渊博的文学知识,精彩的课堂艺术,和他深刻独到的个人见解,还有他亲切、自然而又似抑扬顿挫的音乐一样美妙的课堂话语,不知征服了多少如笔者一样渴求文学艺术陶养的学生的心。同学们私下里津津乐道的总是吕先生的学识、才华和他课堂、课下的魅力。有的同学说,他是外语系最大的才子,在整个大学校园都赫赫有名,他出版了好几部书,还是关于诗歌理论和创作的呢;有的同学说,他是国内了不得的诗评家;又有的同学说他还是刚刚成立的“五月诗社”的指导老师,不少同学写了诗向他请教呢……于是我们这群青年中就有了不少人蠢蠢欲动,想写诗,搞创作,不少同学参加了“五月诗社”。那时,吕先生已经是“待批副教授”开始招收研究生,而他的那位长得又高又帅、来自浙江的开门弟子柳杨也成了不少同学亲近、崇敬的对象。有的同学于是日以继夜、夜以继日地发奋读书,当然首先找来或借来吕先生的几部书来读,干脆下定决心也去考他的研究生。笔者就是这样的学生之一。

笔者最早向吕师请教的是一首仿毛主席《七律·长征》的诗,写的什么,已经记不得了。我小心翼翼地敲开了先生的门,先生亲切地将我迎了进去,他并没有立即就看我交给他的诗,而是让我放在他那里。他亲切地问我叫什么名字,是哪里人。当我说家在武胜的时候,他说:“武胜出文人、诗人,杨益言、穆仁、谭优学、龙泉明都是武胜人。”那是我第一次知道武胜出文人、诗人!老实说，吕师的这次谈话给了我无穷的力量和信心，他亲切地跟我聊了一些对我来说很重要的事情，还把我的诗稿留下了。后来，我跟学校的其他老师谈起来，某位老师说："你的老师可是对有一线希望的学生都尽了全力来培养啊！"还有一位学外语也正在准备考研究生的老师说道："你不管今后有什么成就或者根本没有成就，但你是已经遇到了一位名师，你就好好努力吧！"我是在好好地努力，但我也在殷切地盼望着老师能有时间看我写的诗，给我以真切的指导。过了一段时间，我又敲开了他的门，他把我拉了进去，把带了红笔批语的诗稿退还给了我，那让我敬畏的批语说："最好不要写这样的诗。从内容上看，空洞；从形式上看，陈旧……"老实说，我得了这样的批语并不感到难受，反而觉得有一种受到老师真诚对待的喜悦感和幸福感。吕老师已经为我指明了道路，那道路就是写内容充实的诗，形式新颖的诗，所以我很兴奋，我甚至把吕老师给我的批语给同学看，有的同学不理解我的真实心情，他们不知道我为什么得了否定的评价还那么高兴，并对之表示十分惊讶！从那以后，我开始了新诗的创作，也写了一点散文，我是认真地如醉如痴地借来并读了吕老师写的谈诗歌的创作的书后，根据自己的理解而从事创作的，我走了一条自认为全新的路。

我又给吕老师带去了我写的几首诗和一篇散文，过了一段时间，我再去的时候，发现吕老师这次的批语改用了蓝笔，他表扬我的诗有真挚的感情，但批评我的诗没有用诗的语言，所以诗味不足，他反而十分赞赏我写的散文，说我的散文很有散文的韵味和笔调，但批评我基础差，因为他发现了我多处的错别字和病句。老师真是仔细！我再一次受到了鼓舞，我更加觉得自己是他的学生了，渐渐地我与吕老师的深厚感情也就建立起来了。我暗下决心准备考他的研究生，我给他写了一封信，信上说，我想继续当他的学生。吕老师高兴让我继续当他的学生，我对他没有拒绝我感到感激，这就是知遇之恩！

笔者还同一些热爱诗歌和文学的同学一起创办了一个诗歌协会，刚开始叫西南师大外语系新诗协会，后来因为会员扩大到了全校和其他学校，才改为西南师大新诗协会，由于吕老师和新诗所的支持，我们的协会办得红红火火。我们承办了吕老师邀请来的一切知名诗人和学者如流沙河、钱谷融、唐祈到西师来讲学的事务性工作，也邀请吕老师为我们多次做诗歌讲座以及光临诗会和评奖现场。在当时，我们的社团办的实际事情应该不亚于大名鼎鼎的"五月诗社"，所以我们在全校的社团评比中，获得了"优秀社团"称号，而且出版了自己的几期刊物,产生了一些比较积极的影响。从社团走出来了好几位比较优秀的学界精英,光北京大学博士就有两位,还有从事外交的官员和其他行业的优秀人才等。

当然最令笔者高兴的是,笔者经过努力终于以当年最高分考上了新诗所的研究生,我又当上了吕老师的学生。读研三年,吕老师对我的关怀和指导应该是同一年级学生中最多的,因为笔者是那一年他唯一亲自指导的学生。

需要特别指出的是,我读研究生的三年是我人生道路上最为困苦的三年。因为,我还没有读研究生的时候,也就是考上了研究生同时本科毕业的那一年,家里年久失修的用黏土夯筑的土坯茅草房屋因夏季山洪暴发彻底倒塌了,我得一边回到家乡给家乡的初、高中学生办英语短训班挣钱,一边东拉西借筹钱。费了大约半年时间恁是修好了一座青石大瓦房,借了不少的债,而且长年卧病的母亲因为修造房屋的劳累和家里缺衣少药甚至缺食的恶劣状况下才五十四岁过一点就去世了。这给我造成了精神上的极大的痛苦,而这痛苦和悲哀几乎把我带到了精神崩溃的边缘。我的身体极度虚弱,经常失眠,甚至出现了心脏疼痛的现象,而且得了严重的胃病,不能吃,不能喝,瘦得皮包骨头。我的苦状吕老师一一看在眼里。他把我召去了,耐心地开导我,语重心长地说:"人生都是有缺憾的,人生都是有烦恼的,但人要学会抛弃无价值的烦恼,而去解决有价值的烦恼。"吕老师的这段话让我听后犹如醍醐灌顶,一下子明白了许多道理。是的,我必须把压在我身上和心上的沉重包袱卸掉,我必须学会抛弃无价值的烦恼,而着手去解决那些一个个有价值的烦恼。所以,我几乎有点悲壮地在学习上重新调整好了心态。虽然,多少年积攒下来的痛苦和烦恼并不可以一下子完全抛掉,但在吕老师的耐心指导之下,我一篇篇文章和诗歌写作着,一篇篇文章和诗歌发表着,最后以一篇较优异的毕业论文通过了论文答辩,还赢得了诸如龙泉明等同行学人的肯定和表扬。同年级的研究生余长新大约是毕业前夕单独约我到美丽的嘉陵江边去玩,告诉我说:"老钱,在我们年级的研究生中,你这三年的进步是最大的。"其实,新诗研究所的每一个同学三年过后都是有十分明显的进步的,只不过人们容易看见别人的成绩而比较忽略自己的成绩而已。我知道我的进步中有吕老师的心血。

吕老师这三个字在我的心目中是有无限分量的,我以为像吕老师这样好的老师,遇到他的每一个人都会对他表示崇敬和尊重。"事修而谤兴,德高而毁来。”可惜的是，我后来才知道由于新诗所的壮大兴旺成了重庆有的做着诗坛皇帝梦的人的眼中钉，又由于我的老师无法满足所内有的人不断变幻的欲望，他无端地受到了诽谤和漫骂。这让我想起一句老话：“一碗米养活一个恩人，一斗米养活一个仇人。”我在想，要是我的老师学术上不那么杰出，当年不创办一个实体性的新诗研究所，不招研究生，不为每一位老师的各种利益去争取，不创建省级重点学科和文科研究重点基地，他就安于平庸，也不给大家一点好处，也就没有人去诽谤和漫骂他了。

研究生毕业后，我只身到了大西北。去之前，吕老师约我散步，在散步的时候，他说：“这许多年来，我们俩的关系最好。今后，你还可以回来读我的博士。”散步后，我把吕老师约我散步并给我说的话，告诉了比我矮一个年级的在外语系读研究生后来考上了北大博士的罗益民学弟，罗益民学弟这样给我说：“老钱啊，吕老师待你真不错，这很难得啊，你要珍惜啊！”

是的，我是珍惜的。我在大西北的近十年时间，我一刻也没有忘记吕老师，我时常想念他。我经常给他打电话，每次打电话，吕老师总是很愉快地给我报告他的近况，我知道了他的情况后也要给他谈一点自己的近况。在吐哈油田进行石油大会战的那些年月里，我差不多每年总要回一两次老家，而回老家之后总要以最快的速度去看望吕老师，并给他带去一些新疆的土特产。在大西北，我没有忘记文学和诗歌，也没有忘记学术，我常常把写好的文章寄给吕老师，而吕老师总是很认真地对待我的那些文章，经常刊发在他自己主持的刊物上。比如当年他主编《银河系》时，就将我的诗学论文《诗的灵感谈片》发在了某一期的理论头条，我的师兄傅宗洪在《银河系》上看到我的文章后，还专门来信称赞了几句，使我受到了不小的鼓励。所刊《中外诗歌研究》上也发表了我不算少的诗学论文，记得所刊刊发了我的《论诗歌主题的种类》一文之后，国内最权威的诗歌刊物《诗刊》还进行了摘要性转载，使我兴奋了许久。而那时候，国内已经出现了发文章难的严峻问题了。

在大西北的这几年，我是吕老师远在天边的学生，有时候远得不在同一个半球——因为我带团出国任翻译，到了欧美8个国家。在国外的时候，我也经常想念吕老师，所以在买纪念品和礼品的时候最早买的一份总是吕老师的。记得有一次在美国，我给吕老师买好了西洋参，马上打电话告诉他。他告诉我说他需要的正是西洋参，因为西洋参是凉性补品，而他身体虚弱，不能进行热补,他知道我出国正想让我帮他带一些回来呢,还说要把买西洋参的钱给我。我说:“我早都给您买好了,等我一回国马上给您送去。我孝敬您是应该的,哪里想到要老师的钱。”其实,我给吕老师做的这丁点的事与他给我的相比,实在微不足道,我也没有有意要争取他的好感,只不过做了自己想做也能够做的一点事而已。还有一件事也是吕老师经常提及的,那就是我们的所刊在出版过程中经济上曾经遇到过一些困难,我知道了就把自己省下来的1000块人民币寄给了他,帮助这本在海内外取得了较大影响的诗歌理论刊物解决经济困难。

大约是1999年元月,我在同吕老师通话中得知他在苏州大学招收的第二届博士生的招生名额下来了,要我同家人商量一下,看是否报考。于是我便积极准备应考。值得说明一下的是,我在大西北这许多年,苦是吃了一些,但我也对祖国的大西北这块热土产生了较为深厚而浓烈的感情。孩子们也都是在大西北这块热土上长大的,他们也舍不得离开。我们在新疆哈密石油基地的家的窗帘上就挂着哈尔力克大雪山。而且石油基地的小环境十分好,孩子们几乎天天可以到油城公园和广场上去玩。再说我的工作的各方面条件和待遇都不错,当时也有很多人劝我不要去考,说读博士生活是异常清苦的,而且毕业了就未必可以找到一份称心如意的工作。但我没有听他们的,我不但没有听,因此我还写了一首题目叫《瀑布》的诗,诗的开头就说:“到了舍身崖/舍不得/跳下去的水滴/只好干涸。”后来,我还把这首诗印在了我的名片上。重庆著名诗人余薇野读了我名片上的这首诗,还称许写得不错,当年在新诗研究所读硕士的诗人千秋雪也说我这首诗写得很有气势,表现了一种对事业坚忍不拔的精神。其实,老师也知道我的苦处的,所以在他同别的老师的争取下,我受到了公费读博的待遇,没有给学校交过一分钱。近年来在各大高校滋生出来的学术腐败,听说有不少的人做起了钱、权和学位的交易,而吕老师在招研究生这方面从来没有打过谁的主意,所以他的学生大多比较清寒,几乎没有当官弄权的和经商弄钱的。

读博时,吕老师在学业上管我是很严。我的开题报告一遍一遍交上去,一遍一遍被打回来,很多时候我熬了通宵,写了上万字的开题报告和论文提纲,最后他只肯定我的努力,一点也不肯定我的学术成绩,后来连我的文章在台湾《葡萄园》诗刊发表后获奖的消息,老师也进行了封锁。他生怕我一骄傲,就浮躁,一浮躁,就把博士论文给写砸了。我的博士论文最后顺利地完成了,在写作过程中，我才体会到遇到一位严师对一位学子的重要，每当我顺利地完成一章，我总要从生命和灵魂深处发出“原来严师是恩师，原来恩师是严师”的由衷感喟来。论文修改完成后，吕老师又拨出2000元专款来让我外出访学，顺便找一个工作单位，他还专门写了几封介绍信，这也让我十分感动。我走完了大半个中国，从西向东，从南向北，见到了不少还健在的七月诗派老诗人，从他们那里学到了不少的十分宝贵的东西。在南京的七月派老诗人化铁和当时在宁夏的诗人罗飞还因此同我建立了忘年交的关系，对我帮助的确是很大，化铁说我有点像一个学术上的苦行僧，特别能吃苦。另外，我找到了一份工作，虽然辛苦了一点，但毕竟让我有了一个能够靠辛苦挣钱养活自己和家人以及一个让我比较能够安居乐业的处所。

论文送审，吕老师找了国内10位资深的在中国现代文学尤其是诗歌研究领域里做出了杰出贡献的专家来评阅我的论文。评阅的结果也比较令人满意，其中有四位专家给打了优秀，一些专家在肯定我的论文的优异之处的同时，还进行了批评，指出了许多不足，这为我的论文的进一步修改起到了指明道路的作用。论文答辩，吕老师特意邀请武汉大学博导龙泉明老师来主持我的论文答辩，因为他在中国现代诗歌流变史研究上卓有成就。同时，他也是我的小老乡，为人和为学都很好。龙泉明老师在论文答辩会上肯定了我在论文写作上付出的艰辛努力和不少的创新之处，他尤其欣赏我论文中透露出来的那份真诚而浓烈的情感和散文笔调，他肯定了我的文学才华，但也指出了我论文的不足，这些我都牢记在心。可惜的是，龙泉明这样一位老师后来因为过于劳累，得了一场病很快就去世了，他的去世是中国现代文学研究领域的重大损失，因为他才50多岁。他的为人也足以千古。他也是十分尊重吕老师的。

毕业之后，我又花了很大的精力来修改和扩展学位论文，眼前已基本定稿了，我请吕老师给我写了一个序。吕老师在序中称我是他的一个“老”学生。是的，从本科到硕士生，从硕士生到博士生，我一直是吕老师的学生。吕老师年事已高，但是大家都觉得他的心是年轻的，他的精神也是年轻的。据说，他为了能够让沉默了许多年的“五月诗社”起死回生，亲自搞复社规划，并从自己的腰包里掏钱来支持活动经费。

吕老师的学术思想对我的影响也是很大的，我听他讲课的时候，就觉得他说的每一句话，每一字，都能在我的心里发生共鸣。我不止一次认真地阅读了他最早出版的《新诗的创作与鉴赏》那本书,虽然吕老师的学术思想后来已经有了较大的变化和超越,比如他借用视点说重新对诗的本质进行了规定,他的诗是内视点的文学这一诗学主张也得到了不少诗界同行的肯定,但我总觉得吕老师的所有著述中真正经典的还是他的《新诗的创作与鉴赏》。这部书有体系,可以说是“体大虑周”的,书中所论证的问题正是新诗领域长期以来没有得到解决的问题。尽管这部书也有一些明显的弱点,受到了较多的那个时代的局限。其实,吕老师的学术思想并不仅限于诗歌,只不过,他没有时间和精力来对其他文学领域进行研究,别说文学领域,就是在历史、哲学或其他非文学领域,如果吕老师能投入时间和精力也是可以做出很多、很大的贡献的。记得读研究生的时候,我同师兄傅宗洪有一次谈到哲学,师兄傅宗洪说:“与其去听什么哲学课,还不如听吕老师去讲辩证法。”是的,吕老师的学术思想含有辩证法,他每遇什么问题,总能从正、反、合几个方面来思考问题,往往得出智慧而精当的结论,而他的结论是可以长期深入人心的。

吕老师的散文是写得很好的,应该说比他写的诗要好一些,他应该多多地写一些散文,我常常在想如果哪一天能够读到老师的散文集,那将是一件令人兴奋的事,他绝对的大家手笔,真实不虚,一点不假。

自然,吕老师不只是我一个人的吕老师,他为学为师数十年如一日,而今早已是桃李满天下了,他是被国家授予“国家级有突出贡献的专家”称号的学者。他有好多的弟子,而今在诗歌评论界,毛翰教授所称的“吕家军”比较活跃,有不少他的学生辈的人成了全国比较知名的诗人和学者,尤其是诗评家,或多或少地为中国新诗的复兴做出过一定的贡献。笔者受恩于吕老师,而今也在这条道路上艰苦地行进着。要知道,在某些充满学术歧视的高等学校校园里写诗评是不会有什么前途的,学校要的是正儿八经的所谓学问,还要是在所谓核心期刊上发表的才算。正所谓熊掌和鱼二者不可兼得,丢掉利才能得到义。好在,笔者写的一些诗评在诗歌界形成了一些比较好的反响,有的还因此获得过一些奖,比如,2002年因论文《仁心·善感·静观——论做诗人的三条件》就获得了台湾《葡萄园》诗刊40周年庆诗歌评论奖;2005年因论文《不屈的诗魂 不朽的诗篇——简论王学忠的诗》获得了首届全球华文“世纪杯”金牌奖二等奖;2005年4月因论文《简论危害中国当代诗歌繁荣和发展的原因及对策》获2005中国北京·国风传统端阳诗人节之新国风大奖。

笔者师从吕老师,也并不是盲从,笔者写的一些文章大多吸收了吕老师的学术观点,但并非抄袭,而是从吕老师出发,接着他讲述一些诗歌界许多悬而未决的问题。吕老师有一些观点,笔者也是在尊重他的基础上持有保留意见的,我的一些文章常常是在自己觉得我的老师并未谈透的基础上试着去谈去写的。比如对诗歌的灵感问题,应该说吕老师是有许多精彩而正确的见解的,但我总觉得中间缺了点什么,所以我写了《诗的灵感谈片》一文,这篇文章还是经吕老师之手发在了《银河系》上的。

吕进老师的人生哲学有一个非常突出的特点:他对于那些人身攻击从来都不屑一顾。他说,人不值得蹲下来和比人矮的动物对话,他非常相信人们的判断能力。另外,吕进老师总是尊重不同的学术观点,虽然他并不同意它们,但是他从来不愿把时间和精力花在无谓的争论上,他相信时间,相信历史。所以我们看到的他,永远愉快,能永远最大限度地保证进行学术研究的时间和精力。他的目光是远大的,他的观点是建设性的。近年他提出了新诗诗体重建和精神重建的问题,在学术界赢得了许多赞誉,也鼓励了有志之士顺着诗体重建和精神重建的思路去思考中国诗歌的发展问题。去年秋天,首届华文诗学名家国际论坛在新诗研究所成功召开就充分说明了这一点。

老子《道德经》中说:“上善若水。”说至善的人如同滋养万物的水一样只有给予不求回报。但水也有噎人的时候,所以有些人也是要骂水的,说水的坏话。一个能够给大家创造福气的人,有时也会给一些欲望太多的人一些满足不了的痛苦,吕老师就是这样的人。新诗所成立快二十周年了,吕老师理所当然是新诗所的灵魂,作为吕老师的学生,我以一颗诚实的心,一些诚实的话提醒人们,诗歌本身是与贪欲绝缘的。在此以最诚挚的心对吕老师和新诗所以深深地祝愿,祝愿吕老师健康长寿,祝愿新诗所长存。

钱志富:中国新诗研究所1988级硕士校友,1999级博士校友,现供职于宁波大学。本文原载《中外诗歌研究》,2005年第3期。

向吕进先生学习

傅宗洪

在尊敬的吕进先生七十华诞之日,请允许我代表所有由先生亲自培养的硕士研究生表达我们内心的愿望:向吕进先生学习!

自1980年考入西南师范大学外语系以来,我就成为先生的一名学生。二十八年来,先生在多方面影响了我,拓展了我,塑造了我。因此,谈及如何学习先生,我自认为还是颇有心得的。

首先,我认为我们一生都应该学习先生的人格、风范:严谨、自律、随和、包容。以出世的态度建构入世的人生,是先生用七十年的岁月为我们写下的人生格言。作为一种精神资源,它已经构成了我生命中鲜活的一部分。但是,比起先生来,我还有相当的差距,因此,我认为必须以一生的努力来缩小这一差距。

其次,是先生的学问。我认为一个教师最大的成功,是能够使自己讲授的课程令学生痴迷。我想,众多外语系毕业又转而从事文学研究,尤其是诗歌研究的师兄弟们,无不是在先生为我们所展现的诗歌魅力以后,进入诗美的世界的。进入这个世界后,我们又深深地感到,先生已经为我们树立了一个相当有难度的标尺。先生的学问令人景仰,至今我依然觉得自己还是他在读的学生。虽然在学问上难以超越先生,有时令人沮丧,但在更多的时候,我却为自己能够恭列先生的弟子之列而又暗自得意。在治学上,先生永远都是我的榜样。

再次,是先生美满的家庭。在先生辉煌的人生中,家庭生活的美满是相当令人羡慕的。可以认为,是李老师以对“小家”的悉心守护成就了作为“大家”的吕进先生,而先生的儿子又以自己的勤勉延续着先生的辉煌。对于我来讲,在不惑之年认识到这一点相当重要,我希望比我年轻的学弟、学妹们尽早认识到这一点并以先生为榜样。

不过,先生有一点至今还不足以成为我们的楷模。我国虽有“人生七十古来稀”的古训,但在科技高度发展、人的生命质量不断提高的今天,“人生七十古来稀”的古训已经成为一个过时的神话。因此,我们衷心希望先生将七十岁作为一个新的开始,向八十岁、九十岁、一百岁挺进。当再过十年、二十年、三十年我们重逢在先生身边时,我愿意由衷地表达:在健康、长寿方面向先生学习。仅此,我就希望吕进先生能够百尺竿头,更进一步,这既是为先生自己,更是为我们大家。我想,在这大喜的日子里,这一愿望不仅来自我,更来自所有与会的宾朋。

傅宗洪:中国新诗研究所 1988 级校友,现为西华师范大学文学院院长、教授。本文原载《中外诗歌研究》,2008 年第 4 期。

秋天出生的人
——写在吕进教授70华诞之际

陈义海

秋天出生的人
本身就是一首诗

十年前的秋天
二十年前的秋天
秋风吹过
秋叶落过
秋雨下过
但总有一条诗意的道路
穿过你的王国你的庄园
你站在风中
站在雨中
站在落英缤纷的季节中

嘉陵江水流啊流流过你的庄园
流过你的身边却流不走秋天的诗意

秋天出生的人
本身就是一首诗

三十年前的秋天
四十年前的秋天
风也吹过
叶也落过
雨也下过
但总有一声青翠的召唤
划过你的内心你的灵魂
你站在风中
站在雨中
站在落英缤纷的季节中

嘉陵江水流啊流流过你的庄园
流过你的身边却流不走秋天的诗意

秋天出生的人
本身就是一首诗

五十年前的秋天
六十年前的秋天
风是秋风
叶是秋叶
雨是秋雨
你在风雨启航在风雨歌唱
灵感托着秋叶的意象纷纷
你站在风中
站在雨中
站在落英缤纷的季节中

嘉陵江水流啊流流过你的庄园
流过你的身边却流不走秋天的诗意

秋天出生的人
本身就是一首诗呵

六十年前的秋天
六十九年前的秋天
风也秋天
叶也秋天
雨也秋天
只有秋天能说出诗歌的秘密
叶绿叶红是你永恒的平仄啊
你是在风中
是在雨中
是在落英缤纷的季节中呵

嘉陵江水流啊流流过你的庄园
流过你的身边却流不走秋天的诗意

陈义海:中国新诗研究所1988级校友,诗人,现为盐城师范学院文学院院长,教授。本文原载《中外诗歌研究》,2008年第4期。

永远的绿阴

——为吕进老师七十寿辰而作

江锡铨

20年前，经亡友龙泉明先生引荐，得以拜识吕进老师，并成为他指导的第一批访问学者，也因此在西南师大美丽的校园度过了一段难忘的时光。记得当时(也许一直延续到现在)流传着几句关于重庆各高校美学个性的点评：西师的园子，重师的位子，建院的票子，川外的妹子。在自然气候十分恶劣的重庆，西师校园却是世外桃源般的风景独好——走到哪里，似乎都是花木扶疏，竹影摇曳，绿草如茵，和风习习。置身其中，你不得不心旷神怡。

那一年吕老师五十岁。他告诉我，刚刚写过一篇文章，题为《年过半百》。

那是一片苍翠欲滴的记忆。

然而记忆中并不全是，或者说主要并不是花草树木。独好的风景似乎并非仅仅在自然景观中，更多的或许是在那一片挥之不去的精神绿阴——一片几乎是由吕进老师独立支撑的精神绿阴。托庇于这片绿阴，新诗所的学子们——特别是我——完成了也许是一生中十分重要的一段学术成长。

那是一个特别的历史时段：一场政治风波刚刚过去，一时间风生水起，波诡云谲，人心浮动。但吕老师却在普遍的浮动中显示了他充满学术智慧和政治智慧的定力。他坚持改革开放的精神走向：教学科研才是硬道理。他不动声色地抓专业建设，抓学科建设，抓队伍建设，抓课程建设——这些如今在方方面面疲劳轰炸般的倡导下逐渐为我们耳熟能详的“工程”，其实20年前已经在一个规模不大、人员不多、组建时间不长的高等学校内设的科研单位切切实实地进行了。正是这些没有被冠以“工程”之名的工程，使得新诗所从无到有，从小到大，迅速发展壮大起来，显示出蓬勃的学术生机，也吸引了包括我在内的四方学子。

吕老师对我们的指导和管理十分独特,所有的工作几乎都是在聊天式的漫谈、讨论中进行的。没有预设的话题,没有具体的时间表,没有任何带约束性的规定与要求。有严厉,但往往藏寓于风生的谈笑中;有期待,但常常消融于巧妙的比附中——那是没有指导的指导,没有管理的管理。套用时尚的生态学的说法,或可成为生态指导,绿色管理。然而这也正是一种十分科学、十分高效的指导和管理:立足于对被指导者的充分信任和激励,最大限度地调动、集成和升华被指导者的自尊心、责任感和学术活力——“你已经神清气爽,再不做学问岂不辜负了这大好光阴和上佳心境!”每一次的“生态指导”,都在不断为我们优化研究生态。我个人十分有限的学术积累中稍有点分量的学术成果,正是在吕老师身旁,在新诗所那一片学术绿阴下萌生和成长的。我相信受惠于这片绿阴的,并不仅只我一人。

作为新诗所的“住持”,吕老师对我这样慕名而来“挂单”的“和尚”异常尊重。他诚恳地希望我在访学的同时能为所里的研究生们讲几次课:以我当时的资历和能力,其实是无法为研究生讲课的,无非是以“过来人”的身份介绍一点经验教训,再加上一点不着边际的忠告而已——大约还是相信“远来的和尚好念经”吧。我做了一点事情,但得到的激赏和称许却比我的付出多出许多倍。有时他会有些不近情理地要求所有的人都像他一样尊重我们。当年是西师第一次接受访问学者,学校有关部门基本上是按照管理研究生的方式管理访问学者的。因而寒假回家探亲前,有关部门也像对研究生一样告知返校时间规定。吕老师听说后很不高兴,说:“他们(有关部门管理人员)字都还没有认全,怎么能管访问学者!不要听他们的,你愿意什么时候回来就什么时候回来。”虽然后来我还是按照学校规定的时间——也许还提前了几天——返回西师,但吕老师的那份尊重,甚至带有一些放任的尊重,却令我久久不能忘怀。有时候,尊重其实也是一种有效的规约。

离开新诗所前夕,与吕老师依依惜别之际,他又做出了一个出人意料的决定:聘我为新诗所兼职副教授。以一所教育部属重点高校的科研院所,聘请一所不入流的成人高校的讲师为兼职副教授,无论在当时,更不要说是现在——虽无明文规定却已约定俗成的高校的森严等级,已成为不可逾越的雷池的现在——都是需要相当大的勇气、胆识和魄力的。然而吕老师还是坚持这样做了。他从来不轻易改变自己的决断,不顾忌周遭的窃窃私议,不掩饰自己的好恶,他是坦荡的、磊落的。这使我想起鲁迅先生笔下的陈独秀先生:“假如将韬略比作一间仓库罢,独秀先生的是外面竖一面大旗,大书道:‘内皆武器,来者小心!’但那门却开着的,里面有几枝枪,几把刀,一目了然,用不着提防。”(《且介亭杂文·忆刘半农君》)——我无意以吕老师来比附中国共产党的创始人:那肯定是拟于不伦的。只是企图借用伟人知人论世、入木三分的笔力,来描摹与始终未脱学者风范、未脱文人积习的仲甫先生有着几分神似、几分相通的吕老师的品性的侧影。在我看来,这品性是可敬的,也是可爱的,是许多人——包括我——心向往之而不能为的。

离开西师后,一直没有中断和吕老师的联系:或通信,或电话,或学术会议。1999年夏,应吕老师之招回西师参加“重庆与20世纪中国文学”讨论会,仍下榻当年所住的学术交流中心——当然已经升级换代,初步豪华起来了。那次又蒙吕老师抬爱,竟让我也忝列众多知名学者之中,在西师的“学者林”中种了一棵树。一晃十年过去了,那株小树大约也能为新诗所的绿阴增添些许枝叶了吧。吕老师曾希望我能回新诗所工作,我又何尝不想为他分劳。然而毕竟人在江湖,身不由己,终于等闲了少年头,再回首已是“佳人”(佳人可为男性,况且加了引号——自注)迟暮,空悲切而已。

几天前与吕老师通话,他的声音依然那样响亮、爽朗、自信,与20年前无异。一时间竟产生了一些时空错觉,似乎刚刚从北碚归来,记忆中满是遮云蔽日的绿阴。

“唯独在记忆上,还有旧来的意味留存。他们也许要哄骗我一生,使我时时反顾。”(鲁迅:《朝花夕拾·小引》)

我知道,使我时时反顾的,是那一片永远的绿阴。

江锡铨:中国新诗研究所1989年访问学者,曾任江苏省教育学院教授、中文系主任。本文原载《中外诗歌研究》,2008年第4期。

诗评家吕进

毛翰

教授本色是诗人

吕进不以诗名,由于在诗歌研究和评论方面的成就,在诗坛,他的大名之前的定语总是评论家而不是诗人,在担任中国新诗研究所所长十年之后,这个定语更趋于定格了。但在本质上,吕进仍是诗人。他从小学时代就开始发表诗作,这一点鲜为人知。前些年,他应邀到莫斯科大学做了几个月的高级访问学者,学术研究之余,一口气写了十几首总题为《风雪俄罗斯》的组诗,发表于海峡两岸及俄罗斯的报刊。“不是时装把俄罗斯姑娘打扮得漂亮 / 是她们的身姿能把任何衣裙都变成时装”,职业学者、客串诗人的身份,使得吕进拥有许多朋友,年老的,年轻的,海内的,海外的。有的朋友,虽然缘悭一面,但鸿雁往返,情谊也很深。

关于黄金王冠

当然,吕进是不戴草帽的,他倒是有一顶“世界诗歌黄金王冠”,是世界诗歌研究会1993年颁赠给他的。适值1993年华文诗歌国际学术研讨会在重庆召开,韩国诗歌代表团携黄金王冠而来,算是他们给中国诗歌的一份见面礼了。也许有人会觉得,在中国当代活跃的众多诗歌理论家中,唯独把一顶黄金王冠授予吕进,有其偶然性、随机性。但我以为,是有偶然性、随机性,这其中也是包含着必然性的。大家知道,与创作界相一致,中国诗歌理论界八十年代初在先锋派与传统派的激烈论战之际,另有一派悄然集结,并以其前瞻而稳健的理论姿态很快引起了人们关注。因为这一派的几位代表人物两度聚会于北京的上园饭店,有人称之为"上园派",并约定俗成。上园派的理论主张赢得了广泛的赞同,中国诗歌理论界的三个方阵先锋派、上园派、传统派,迅速形成了"两头小,中间大"(古远清先生语)的格局。而吕进正是上园派的领袖人物。或许应了"旁观者清"那句老话吧,一项来自东方邻邦的黄金王冠授予吕进,当然也包含着他们对于当今中国诗坛格局的某种评价。

为伊消得人憔悴

吕进做事认真,事无巨细他都要亲自动手。新诗研究所设一项诗奖,作为评委会主任,连获奖证书他有时都要亲自去买,为了表示对客人的尊重,请柬他也要亲自填写。他要做的事又太多了:中国新诗研究所所长,西南师范大学学位委员会副主席、文科学术委员会主任,《中国诗歌年鉴》主编,《四川百科全书》主编,重庆作家协会副主席,博士生导师,硕士生导师……每一项工作都要耗去他许多时间和精力,而他所专注的还是诗学研究,他还得主持国家课题"文化转型与中国新诗"。为伊消得人憔悴,长年的超负荷运转,吕进常常表现出一副病容。有一次病重时,他甚至半认真地对师母说起要立"遗嘱"的话,使得研究所上下一片阴霾笼罩。待到西南医院做全面体检,却发现并无恶恙,"全封闭"休养一周后,竟是安眠药也不用服了,葡萄糖也不用吊了。其实,一切都是劳累所致。

辛勤笔耕结硕果

吕进先生是我国著名诗评家。他的诗学著作很多。1982年出版的《新诗的创作与鉴赏》是他的处女作,这本书问世后立即受到广泛欢迎,三次再版,为他的诗学研究赢得了最初的声誉。1991年出版的《中国现代诗学》被诗学界认为是吕进的代表作,这本书提出了一个中国现代诗学的完整体系,受到诗学界高度评价,并于1997年再版。1995年出版的《吕进诗论选》全面展示了他的诗学研究之路。《一得诗话》《给新诗爱好者》《新诗文体学》等著作都是有影响之作。他主编的《爱我中华诗歌鉴赏》《新诗三百首》《外国名诗鉴赏辞典》等十多种新诗鉴赏书籍也颇获好评。1993年,总部设在韩国的世界诗歌研究会授予他第七届"世界诗歌黄金王冠",吕进是获此殊荣的第一位中国人,也是迄今中国唯一的获得者。

吕进是学外语出身的,这给他致力于中外诗歌交流带来了方便。近几年,他先后应邀到日本九州大学、俄罗斯莫斯科大学讲学或访学。1996年,他出席了在日本前桥市召开的第16届世界诗人大会。他的诗歌论文和诗歌先后被译成多国文字介绍到美国、韩国、马来西亚、印度、新加坡、泰国等国家。

作为知名学者,吕进曾先后荣获"四川省劳动模范"、"四川省十大优秀园丁"、"国家级有突出贡献的专家"等光荣称号。

毛翰:中国新诗研究所1990年访问学者,曾供职于西南师范大学中国新诗研究所,现任华侨大学文学院教授。本文原载《今日重庆》,1997年第6期;台湾《葡萄园》1997年秋季号以《诗人吕进》为题刊发了本文的前三个部分。

吕进先生六十华诞志庆

毛翰

才华天造就，
不改是童心。
坐论诗中道，
笑谈诗外人。
上园多紫气，
王冠铸诗魂。
弟子满天下，
号称吕家军。

戊寅中秋弟子毛翰敬上

吕进先生七十华诞献词(外一首)

毛翰

我拜先生时
先生已知命
我寿先生时
先生方耳顺
如今又十年
先生远而近
逾矩又如何
先生有本性

读《冬天》答吕进先生

冬天尚未来临
时序还在金秋

智慧还在结果
思想还在丰收

祝您在此长驻
闰七闰八闰九

然后步入冬宫
赏雪赋诗饮酒

本文原载《中国诗歌研究》,2008年第4期。

新诗所的先生们

莫海滨

我在北碚，在新诗所，学习三年，工作三年，前前后后六年的光景，其中的点点滴滴，虽然常不经意间闪现出来，但要把它们组织成一篇文章，还真不知该从何说起。六年的记忆，送给我一只万花筒，每次望进去，都是不同的图案。

但总有些印象是不变的。我至今还记得第一次到北碚时的情景。那已经是十二年前的事了。四月的一天，我走出北碚火车站的时候，凝聚了一整夜的雾气正缭绕着近树远山，有种奇特的香味儿包围了我。一直到今天，我也说不出那到底是什么花、草、树木的香，但在我的记忆里，它肯定是北碚和新诗所所独有的。我就是在这种潮湿的若有若无的香气里一直走上西师街，路过电影院、大操场、图书馆，在一个晨读的学生指引下找到杏园去的。

清晨的西师校园，幽深、静谧，走进去，整个人就安静下来，好像一辈子就做那么一两件事也不会厌倦似的。在之后的六年里，这种芬芳的宁静感一直伴随着我，每次从外地回来，一踏进西师的校门，看到满目的青翠，整个人就沉静下来，把滚滚红尘都随手甩在象牙塔外了。

环境如此，人更是这样。新诗所的各位先生里，我最先见到的是邹绛老师，也正是从邹先生身上，我深切体会到沉静、宽厚、光华内敛的人格魅力。那次是义海师兄带我去的。在堆满了书籍的几间房里，一位敦厚的长者接待了我们。他虽然言语不多，没有什么热情的表示，却让我从心里生出亲近感。以后交往多了，不禁放肆起来，每次在他家上完课后，就会自顾自地在书架上随意翻检。他非但不生气，有时还和我们一起找，然后把要外借的书登记在一个本子上。在那个本子上，所内所外，常到邹先生府上借书的人还真不少。这虽然是很细微的事，但在读书人里，乐于把书借给别人的，又能有几个呢？邹先生是这样的一个人,与世无争,宽厚待人,静默地做着自己的事,你似乎已经习惯乃至淡忘了他的存在,可一旦他离你远去,你会陡然记起他所有的好来,整个人如同生活中的空气被全部吸空般窒息在巨大的悲痛里。也正因为这样,要感谢邹老师的关门弟子段从学,他把邹先生的遗诗收集、编辑成书,让我的思念找到了寄托。

见到邹老师那次,我是专为打探研究生录取的虚实去的。之后为面试和递交档案,我又两次南下重庆,但见到吕进老师,已经是九月入学后的事了。那是相当沮丧的一次经历。吕老师很不客气地说,看过我的本科毕业论文了,觉得我还不懂得怎么写文章。这一下子打掉了我因考上研究生而滋生的所有自负和轻狂,也因此反弹出赌气争胜的“叛逆”情绪。时至今日,我自己也当了老师,才真正明白也感动于吕先生当年的良苦用心。且不说他的确是看到了我的一大缺点,单单是认真找来学生的本科习作加以指导这一点,就不是一般导师能够做到的。他是真的把我当作他的门生来培养!

吕老师经常说,向上应无快活人。在他的指导下,我却是痛苦并且快活着。这一点,想来高我一届的王毅师兄也有同感。第一年,我和王毅一起上吕老师的诗论导读课。吕老师布置我们每人准备两个笔记本,每周做一本书的读书笔记交上去,再把已经批改的上一本笔记领回来。如此循环往复,我和王毅度过了没有周末的一年,却也从中受益良多。想到吕老师在繁忙之余,还要抽空详细批注我们的读书笔记,连诸如标点符号一类的细节也不放过,我心里便涌起莫名的感激之情。愚钝如我,在学术的启蒙阶段,能够遇到这样一位导师,还能说什么呢?

我也常想,我从吕老师这里,到底学到了些什么?似乎很多,又很难一一说出来。古人有云,授人以鱼,不如授人以渔,这句话用在这里应该是合适的。吕老师经常对学生说的一句话是:“研究生不是大五、大六的学生。”能说出这句话的导师,自然会侧重于对学生能力的培养。例如,我现在已经记不清楚在吕老师的诗论导读课上到底都读了哪些书,具体获得了什么知识,但在一年的苦读之后,我是自觉养成了用审视、商榷的眼光来读书的习惯,而且能够在阅读中发现问题,进而再带着问题去收集资料,展开自己的研究了。这也就是吕老师说的另一句话:读书就是要从“躺”在书上读,发展到“跪”着读和“站”着读。也许,这就是我从吕老师那里获得的最大的收获之一了。

吕老师研究诗，他自己也写诗。写诗也研究诗，这是新诗所的一大特点。也正因为这样，新诗所的人在外界看来总是有点不一样的。吕老师在教学生上是很严格的。有一次我上课迟到了几分钟，气喘吁吁地跑到吕老师家楼下时，他已经夹着个公文包走出门，说我迟到，他另外有事，今天不上课了。我目瞪口呆地望着他远去，从此再也没有迟到过。但在生活上，吕老师又是很容易让人亲近的，对待学生的尺度也比较宽松。许世旭先生在新诗所讲学时经常和我们几个研究生一起喝酒，搞得专家楼的管理人员把状告到吕老师这里。情况似乎很严重，但吕老师只是在闲聊时，讲笑话似的，约略提了几句，并没有深究下去。我留所工作的时候工资是比较低的，吕老师不仅把自己的书橱送给我，而且在所里经费相当紧张的情况下，数次和所里的老师商量要在收入上向青年教师倾斜，凡此种种，现在想起来，心里也还是热乎乎的。

新诗所的各位先生，在我的生命里都留下了他们的身影，从治学到为人，都给我太多启迪，引发我太多的思考。去年收到许世旭先生转赠的诗集，也曾几次想提笔写些什么，但思绪总脱不开他那首《怀北碚》：

每逢四合薄暮时，我挥着马棒/风衣飘飘地带领“四条汉子”/解渴解颜，对酒当歌之后/就把踉跄身影印给泥路上的/那师生一伙的幸福岁月。

真是不敢想，一转眼，我离开新诗所已经十年了；我有幸结缘新诗所的各位先生，已经十六年了。记得新诗所十年所庆时，我曾经朗诵过艾青的《我爱这土地》；如今它已经二十岁了，谨以这篇小文，纪念“那师生一伙的幸福岁月”！

莫海滨：中国新诗研究所1991级校友，后留校任教，现为暨南大学华文学院对外汉语教学系主任。本文原载《中外诗歌研究》，2006年第3期。

我的导师吕进先生

何房子

我和吕进先生的渊源,除开师从门下的三年研究生时光,可以追溯到更远的高中岁月。高二暑期,我从做语文教师的父亲书柜里,偶然翻到了一本《新诗创作与鉴赏》,对于一个在题海中潜水太久的年轻人来说,它无疑是适时的阳光和空气。很快,我就被它的深入浅出和迷人的气息所吸引,我知道,那是诗歌的气息,那是如同化学反应一样的青春期在加入催化剂以后的加速的气息。多年以后,我还能听见,在故乡的山坡上,一个少年面对夕阳的余晖阅读时的狂喜和心跳。

我幼小的心中因此记住了这本书的作者——吕进。写作的种子因此埋在了我身体里的一个偏远之地,直到我进入大学,当电磁波不能激起一个不安分的工科学生心中的波澜的时候,诗歌开始发芽了。但我仍然没有想到,有一天,我会弃工从文,成为吕进先生的学生。准确地说,不是没有想到,而是没有想过。命运真的如此,一些偶然事件注定要成为你人生的转折点,它可能潜伏在个人生活中很多年,嘲弄着你的折腾,你的愤怒,你的荒唐,你的青春。当你山穷水尽的时候,它却出其不意地带着你转身,柳暗花明。

从故乡的山坡到重庆的山城,从重大到西师,我惊奇地发现,这正是一条我个人写作攀岩的道路,而吕进先生就是那个在前方提着夜明灯的师长。或远或近,或暗或明,我都能感受到它给予我前行的勇气和力量。

在大学毕业两年后的那个混乱的夏天,浪迹重庆的我在沙坪坝街头和一个曾想当作家的算命先生闲聊过程中,我突然觉得必须结束眼下这种狼狈不堪的诗人生活,那位算命先生像一面镜子,我从中看到了深不可测的命运怪圈。我第一次感到命运的可怕,我第一次想到前途的黑暗。那一年,我23岁。

这次奇怪的街头经历使我有了重返大学校园的冲动。在我的诗歌《一个人和他的城市》中，我写到了这位算命先生："街头的算命先生开始说话/他的境遇奇特，当过村长，写过宣传报道/如今几张发皱的纸填满生辰八字/他打量着困境中的对手，把偃旗息鼓的命运/描绘成可以重振的河山/贫困而动听的言辞，是一些人的安身之所/而对于另一些人，注定是自己的密谈者/他开口说自己为自己准备了一个黑夜/黑夜便来了"。

1991年冬天，研究生考试之后不久，我便有了第一次拜访吕进老师的经历。现在想来，我仍然为当年的年少轻狂和唐突无礼而惭愧。那一天晚上，我喝了不少的酒，在没有预约的情况下深夜敲开了吕进老师的家门，我已记不起我当时说了些什么，只记得我当时的一身行头，一条长围巾，一头长发，一件长大衣，着实让吕进老师对眼前这位立志要做他学生的年轻人没有多少信心，而吕进老师说的"研究生主要是做研究，而不是搞创作"则当头一棒，敲醒梦中人。

当我再次见到吕进老师的时候，已是1992年那个阳光灿烂的夏天。长发变成了平头，大衣换成了短袖，狂野的青春正通过某种外在的方式蜕变，研究生的面试顺利过关。一个干净得流泪流汗的夏天，吕进老师接纳了一个在重庆街头漂流得太久的白日梦患者。

在西师这个斜坡不断和绿树成林的校园，杏园的一间破落宿舍成了我三年的驿站。从破落之地重振自我的河山，这正可谓我当年的心情。

从杏园到吕进老师的家，约500米的行程，中间要经过学校行政楼、一片树林、荟文楼和一条长长的斜坡。在这条路上的来和回，构成了我一生挥之不去的动人风景。正是在这条路上，我学会了沉默和谦卑，像沿途的高大的树木一样，让岁月的风雨成为成长的一部分。正是在这条路上，我学会了热爱和放弃，像那条长长的斜坡一样，上上下下都平坦。经过一段诗歌和生活混为一谈的青春期之后，我似乎明白，只有解决了内心问题，无论撤退还是前行，你才能真正找到写作中的"祖国"和"异乡"。

时间重新开始了，我端坐在吕进老师家的沙发上，隔着茶几，吕进老师有些严肃的表情让我第一次感受到了学习的压力。的确，对于一个工科转行的学生来说，吕进老师的担心不无道理。第一堂课，他给我开出了十二本书的打底药方，有胡适的《尝试集》、废名的《新诗十二讲》、朱光潜的《诗论》、艾青的

《诗论》、亚里士多德的《诗论》、莱辛的《拉奥孔》及《西方美学史》等,每一本都要写详细的读书笔记。这就是第一学期吕进老师给我开的新诗文体课。除英语外,还有邹绛老师开的英诗翻译和陈本益老师开的汉语诗歌格律课。

学习的紧张可想而知。吕进老师是一个一丝不苟的人,他不能容忍他的学生偷工减料。他像一个监工一样,而那些书和读书笔记则是一个浩大工程的一砖一瓦,他所要做的就是让这一砖一瓦没有废品,都符合高标准的建筑的要求。每次上课前的第一件事,就是交一本读书笔记,领回另一本读书笔记。那些布满了吕进老师一道道红杠和批阅文字的笔记本,包含着师徒二人潜心于诗学的舐犊深情。它们仿佛就是时间的备忘录,从这里再度出发,我那几乎就要触礁的命运之船迅速地校正方向,驶向了一片宽阔的海域。

我享受着阅读的煎熬和快乐,在和那些逝去的大师的对话中,我感到我的生命正在长出新的枝桠,它们缓慢地升向过去的天空。尽管时代正在以加速的方式滚滚向前,但我正经历着一生至关重要的转身时刻。吕进老师那个位于底楼的家,成为了我一生最重要的课堂。

时间不会无缘无故,让两代人如此紧密地联系在一起。但直到今天,我仍然找不到一条确切的理由来解释命运的安排。事实上,我心里渐渐涌起的,不是一条或N条理由,而是感恩和庆幸,在人生的途中,我遇到了一位值得我一生去敬重的导师。在一些出其不意的时刻,在街头,在书房的一角,在一片遥远的风景里,我常常感到这种情感会突然从生活的缝隙中涌出来,将我包围,和我的生活打成一片。

总的来说,当年的我是一个有点叛逆的学生,还带着青春愤怒的尾巴。吕进老师对我可谓用心良苦。一方面,他小心呵护着我思维的“叛逆”,另一方面,他要教育我成“人”。研究生三年,他讲得最多的就是先做人后做学问。记得有一学期的学期论文是《诗如其人辩》,我认为诗不必如其人,诗歌作为文本,它有自身的命运,任何试图从诗歌文本中寻求诗人命运踪迹的努力是没有意义的。对于文本而言,作者已死。当时我深受新批评学派和罗兰·巴特的影响,迷恋于从一首诗中发现反讽和内部结构,迷恋于语词的大和小的共生共长。吕进老师给我的论文打了高分,事实上,吕进老师是不太认同我论文的观点的。吕进老师更强调诗如其人,在吕进老师看来,人格才是诗歌的基石,我们一旦抽去了这块基石,写作无异于缘木求鱼。

现在想来，吕进老师给我的高分是对我自由思想的鼓励，学术无禁区，一个在学术的道路上只能亦步亦趋的学生是没有前途的。同时，吕进老师不厌其烦地给我讲解诗如其人的道理，除了自己的学术立场，更多的是要让我明白，只有人格健全的诗人，才能赢得尊严和时间。

在这种严格而宽容的环境中，脱胎换骨的阵痛和喜悦敲打着我的神经，一个行为的叛逆者开始向内收缩，内心的平静让我领略到了诗学的丰盈。但高密度的理论话语带来了另一个问题，那就是我的诗歌写作突然迷失了方向，像一只闯进了漫天风雪的羊儿，找不到回家的路。吕进老师似乎看出了我的心思，他常常对我说，诗歌创作和理论密不可分，没有理论高度，创作就是画地为牢，没有创作实践，理论只是条条框框。他布置了大量诗评作业，在不断地阅读阐释中，诗歌的手艺慢慢在复苏。那真是一个痛苦而有趣的过程。就像一个常年在自家河沟戏水的孩子，现在他必须投身于大河，几番扑腾呛水之后，他的泳技大进。当我停笔两年再度写作的时候，我惊异于叙事和抒情正融于一体，从生活的某一个缺口里，流淌而出新的句法和章节。我真正理解到，诗歌是慢的。

可能是天性，也可能是写作的选择。我最终没有走上学院式的治学之路，我知道，吕进老师对我是有些许期望的，好在我的诗歌写作还在继续，他对我的教诲和殷殷目光已融化在我的血液之中，不管在什么时候，我都能感受到他的鼓励和鞭策。

一晃，毕业十年了。吕进老师的家也搬了几次，但我还是忘不了那当年的课堂，那当年的先生，那当年的杏园。过去的不曾过去，只是岁月都在我们师生二人的身上打下了印记。吕进老师还是那样谈笑风生，妙语连珠，每次见到他，我仿佛又成了那个端坐在沙发上的学生，聆听着，聆听着一个饱经风霜的学者的从容和智慧。从中，我汲取力量，我再度上路。

是的，即使在万丈红尘的新闻世象中，我也能把写作安顿在寂静的心头，任枝蔓在新闻纸上生根、发芽直到腐朽，而那缓缓生长的神秘的汉字，迫使我歌唱和感恩。

何房子：本名何志，中国新诗研究所1992级校友，曾任《重庆晨报》副总编辑，现任隆鑫控股有限公司党委书记。本文原载《中外诗歌研究》，2006年第2期。

在"通"中求"变"自成高格
——吕进先生的诗学人生浅谈

陈敢

吕进先生写诗、专事诗歌理论研究和诗歌批评,兼具诗人和学者的品格。他力求沟通中国传统诗学和中国现代诗学,力求沟通中国诗学与西方诗学,在"通"中求"变",创立新说,构建自成体系、体大虑周的中国现代诗学,为中国新诗的本体建设做出了巨大的贡献。这种融古通今、熔铸中西的学术眼光和开放的文化品格,使他在诗学探索的道路上越走越远,取得卓著建树而声名远播。

新诗百年以降,对诗歌史研究的著作可谓汗牛充栋。闻一多之后,对新诗形式建设或者对新诗本体探索取得成就的人极少,相关论著凤毛麟角。而缺乏文体自觉的新诗必然导致回到草创期新诗散漫无纪、感情过于放纵的流弊。痛切于此,吕进先生执着于新诗文体学的探索,先后出版了《新诗文体学》和《中国现代诗学》两部影响甚广的诗学著作。尤其是后者,第一次全面系统地梳理、廓清了近百年来新诗的许多本体问题,纠偏认识,颠覆"定论",科学而富有建设性地提出了别于前人的诗观,突破了习见的"抒情"说、"精炼"说。在抒情诗的生成、分类、界说等均有新说,形成了系统、连贯、原创的诗学体系,从而奠定了他在诗歌界、学术界的重要地位,成为当代诗学研究之执牛耳者。十多年的实践证明,这些真知灼见,切合新诗理论和新诗创作实际。因此,可以说吕进先生的《中国现代诗学》是自闻一多的《诗的格律》之后对中国新诗的本体建设最重要的诗学著作。这部著作理论寻绎与实证分析相结合,宏观审视与微观剖析相结合,不做玄虚蹈空之论,有理有据,直抵诗的本质,进一步完善了中国新诗文体学的建设,从而引导诗人在创作时注重诗艺追求,使诗真正为诗而并非"白话"。八十年代后期,诗坛无序无体,诗歌的太阳裂成碎片。随之西方后现代文化的勃兴,已然成为中国后新时期文学的重要组成部分。新诗诞生以来的一切范式和成规全被颠覆,整个诗坛鱼目混珠、泥沙俱下,一片混乱。在林林总总令人目不暇接的旗号宣言和林立诗派中,重在诗体破坏而并非建设,在反传统、反文化、反理性等喧嚣中,追求非诗的形式,使诗变成垃圾和口水,诗歌进入狂欢时节和消费时代。

面对诗坛的种种闹剧,针对许多年青诗人以破坏诗体形式为快的现象,吕进先生在新世纪以来多次倡导"新诗的二次革命"。他在《论新诗的诗体重建》(见《中外诗歌研究》2008年第2期)一文中认为:"提升自由诗,成形格律体新诗,增多诗体,是新诗诗体重建的三项美学使命。"并进一步指出:"诗体的基本美学要素是音乐性,诗体重建的基本使命是重建诗歌的音乐性。"而"诗的音乐性的中心是节奏",这就十分敏锐、准确地抓住新诗形式的本质特征,其核心就是新诗格律化问题。这是个老生常谈的问题。闻一多、何其芳和林庚等都极为重视和强调新诗格律化的重要性。吕进先生事实上是在前人的基础上将之发扬光大,赋之以新的内涵,以匡正无序无体、斑驳杂陈的诗坛,使诗回归常态,回归本体。这种一以贯之的探索令人钦佩。

在注重新诗本体建设的同时,吕进先生并没有自闭于"象牙之塔",脱离实践进行灰色理论的研究。正相反,他密切关注每一时期每一阶段的诗歌创作态势和诗歌理论与批评的前沿动态,对一些重要的诗人诗作、重要的诗歌现象做即时性、追踪性的研究,并将之放置中国传统诗学、西方现代主义诗歌和百年汉诗演变的宏观背景下进行整体性的比较观照,较好地完成了对诗人和诗歌现象文学史意义的科学把握和历史定位。从中发现、扶持新人,纠正偏差和引导诗歌健康发展。这其中有对傅天琳、李钢等一大批诗人的推介,通过对他们诗歌的理性分析,促进他们不断超越自我,从山城走向全国,成为新时期颇具影响力的诗人。从这个意义上说,吕进先生不愧是一位在场的诗歌精神领袖或者是一位诗歌伯乐、诗歌判官。事实上,八十年代以来,西师的新诗所,成为全国各地万千文学青年向往的圣地,成为新时期以来新诗研究者心中的殿堂。因为从这西南边陲发出的诗歌声音,传统与现代兼具,现代主义与现实主义相融合,既富于个性,又兼容大度,得到大多数人认同,既有先锋性,又极具权威力。自然而然,新诗所就成为公认的中国新诗研究的重镇。

吕进先生不但在诗歌理论研究领域有重大建树,还培养了一大批诗学俊杰,这其中有驰名诗坛的诗人、诗歌理论家和诗歌批评家,可以说他的高足遍及江南塞北和海内外。人们所熟悉的王珂、江弱水、李震、蒋登科、杨四平、翟大炳、何锐、江锡铨等响亮的名字均出自他门下。他不仅以渊博的知识、严谨的治学态度征服自己的弟子,而且以高尚的情操和崇高的人格魅力感染着他的弟子,力求他们人品与文品相统一。他常对弟子们说:"以入世的双手,创造事业,轰轰烈烈;以出世的双眼,看淡名利,清清白白。"这应该说是他人生真实的写照,也是一个人文知识分子所向往的理想人生境界。的确,人文知识分子不能为学术而学术,为求知而求知,应经世致用,大济苍生,建功立业。思想与学术合则美,分则俱伤。缺少思想的学术与匮乏学理的思想均为无根的空谈,两者完美融合,为学人的最高境界。吕进先生的大学问背后,有穿越时代的深邃关怀。这种精神品格,对九十年代以来士林人格萎靡不啻是旱天惊雷。

陈敢:中国新诗研究所1992级访问学者,现为广西师范学院教授。本文原载《中外诗歌研究》,2008年第4期。

墨水和油水
——中国新诗研究所学习生活的琐忆

姚家育

西南师大中国新诗研究所是吕老师一手创办起来的,迄今整整二十年,作为中国新诗研究的重镇,它为中国新诗研究培养的人才和对中国新诗研究做出的贡献,在学术界和诗学界是有目共睹的,前贤和学长多有撰文,此不赘述。我作为吕老师的学生,在新诗所学习和生活了三年,所受教育和启发多多,非三言两语能尽,在这里我只想回味一下我们97级研究生学习生活的若干细节,再次感受老师给予我们的关爱。因是细节,全凭记忆写来,拉拉杂杂,语无伦次,曰之琐忆,不甚精确乃至错漏之处,请老师和各位学长海涵。

我们97级研究生,吕老师带了李应志、李蓉和我三人,陈老师带了黄仁强和刘松锋两人,共五人。在新诗所给我们开课的老师除吕老师和陈老师之外,还有毛翰老师、王毅老师、蒋登科老师、向天渊老师。毛老师主讲新诗鉴赏,蒋老师主讲现代诗论,王老师主讲二十世纪前半叶现代主义诗歌,其中分析穆旦和冯至的诗歌真是精彩,于细微处见功夫。

新诗所,吕老师开课比较多,上吕老师的课是最大的享受。吕老师的课主要是讨论课,课堂气氛非常活跃。课前吕老师要求我们阅读亚里士多德的《诗学》,莱辛的《拉奥孔》,黑格尔的《美学》,王国维的《人间词话》,朱光潜的《诗论》,袁行霈和孟二冬、丁放的《中国诗学通论》,还有吕老师自己的专著《中国现代诗学》等。吕老师要求我们写读书笔记,且要上交,要评审。这些读书笔记我现在还保存着,吕老师评阅后都给了或短或长的点评。比如我读《中国诗学通论》一书写了1万多字的读书心得,吕老师的点评是这样的:“这一部通论虽然有其不足,在综述和语言上都显出略有平庸之嫌,但毕竟是对中国历代诗学的大搜集、大爬梳、大整理。对这部洋洋85万言的著作,得有较细的纲要笔记,以利今后的资料查找。”又如在我读黑格尔《美学》三卷下册的读书笔记中,吕老师这样点评:“还需要舒展的思考。几份笔记都注意到了黑格尔老人关于诗人‘教全民族把口张开来说话’的言说。但应留心‘仿佛’一词。可以与西方的‘诗人是世间万物的命名者’、东方的‘不学诗,无以言’联系起来思考。”再如在我的《中国现代诗学》读书笔记中,吕老师在“诗不可学也,诗本性情”这句话下面画了一条又大又粗的红杠,做了批注:“不是这个意思”。这份笔记的评审,吕老师只写了一个很大方很秀气的“阅”字,然后署了日期:“99.1.4”。老师给学生上课,指导学生读书是正常的事,但如此细心地评阅学生的读书笔记,是不多见的。当初我们把吕老师的做法和中文系的一些研究生说了,他们都有些惊讶。

第二年的第二个学期,吕老师为我们开设了一门非常独特的课程:独立研究。学期初吕老师主要讲学位(学术)论文的选题,学术成果的清理,文献资料的查找,学术论文的要求和规范等。这些讲清楚之后,吕老师让我们泡图书馆。这门课程的考试是要求在学期末通过学位论文的开题报告。我们三人都如期完成了任务:李应志研究象征主义诗学理论;李蓉研究二十世纪女性诗歌;我研究臧克家的新诗。我们这一届,因为李应志作为新诗所研究生教育二年半制改革的试点对象,所以吕老师在李应志身上颇费心血,毕业论文从选题到提纲的拟定到观点的推敲反复揉过几次,吕老师总能看出破绽,揪住不放,我和李蓉都紧张兮兮的,替李应志捏汗。比如李应志对中西诗歌的“象征”与“兴”进行比较的时候,吕老师追问两者在哲学文化层面上有什么区别,最后吕老师提醒李应志中国传统文化中“天人合一”观念对诗歌创作的影响,要求把问题想得细一点,深一点,不能简单比附,更不能非此即彼,注意问题的复杂性。李应志毕业论文的答辩主持老师是孙绍振教授,对论文评价很高,应该说这和吕老师的精心指导紧密相关。吕老师之所以“斤斤计较”,因为他反复说过毕业论文的质量体现学位点的教学质量,是衡量学生科研能力和学术潜质的综合考察。独立研究过程中,我写臧克家,很多资料也是向吕老师借的,比如《臧克家文集》六卷本等,一摞一摞的书我从吕老师家搬回宿舍。老实说,臧克家的诗文,我逐字逐句地看过好几遍,但进去了出不来,所以论文写得很一般,只有论述押韵的部分得到了主持答辩的已故教授龙泉明老师的首肯,说我读书心细。李蓉写二十世纪女性诗歌，尤其是九十年代女性先锋诗歌，用女权主义来解读，吕老师不太赞同，提醒李蓉看一篇郑敏教授的文章，说女性最大的光辉是母性。这里不妨把话题延伸一下，吕老师对第三代诗歌或先锋诗歌总体上评价不高是事实，但不是一棍子打死的，只是对过高的延誉持保留看法。记得李志元师兄是研究第三代诗歌的，论文答辩的时候因为观点的问题一度比较尴尬，但最后还是通过答辩。后来李师兄毕业了，吕老师有一次对我们说，李志元有才气，所以最后还是顺利通过答辩。李师兄可能到现在都不知道，吕老师背后夸他呢。我总感觉吕老师对学生的爱往往是一种无言的沉默，很少当着学生的面夸。在我印象中，他夸过傅宗洪师兄、王毅老师，然后就是李志元师兄。吕老师心中有不快也是沉默的，只是脸色无光额头暗，有些伤心的样子。有一次我在吕老师面前提到杨四平师兄，吕老师就是这样子，后来我看了杨师兄写冉庄诗歌评论的后记，没有提到吕老师半个字，刹那间我明白了吕老师为什么有些伤心。这事我在佛山还和傅宗洪师兄谈过，总觉得四平师兄有些粗心大意，长在师门不言谢说不过去的。

独立研究的终极成果是开题报告，是吕老师培养学生独立研究能力的实践性课程，也是吕老师所授课程中最富魅力的，因为学生学到的不是书本知识，而是科研的门道和能力；同时又是吕老师自己最累人的课程。我记得吕老师多次对我们说："你们把开题报告过了，我也可以睡个好觉了。"如果说讲授"中国现代诗学"课程时，吕老师总是眉飞色舞，会心而笑，那么上独立研究课程时，针对学生的汇报吕老师沉默居多，只是不时鼓励点拨一下，诸如"科研是地狱之门""文章不是肥猪""论文就是打井"等。也许是吕老师看论文看得太累了，他给我们上课的时候时不时冒出这句话"文章不是肥猪"，对此我印象深刻。后来很长一段时间我才悟到这也是吕老师为文为人的一个原则：为文要言不烦，烦言不要，独存精中；为人清清爽爽，干干净净，一尘不染。假如有人问我吕老师给我最深刻的印象是什么，我用两个字回答：干净。

如果说吕老师的课谈笑风生激扬文字，以领悟见长，那么陈老师的课知识细密，逻辑严谨，以功力见优。前者偏重于"诗"，后者偏重于"学"，一动一静，相得益彰。我记得陈老师给我们上过两门课：中外诗歌比较、现代西方文论和哲学。课前陈老师要我们阅读很多很多的参考书，提出很多很多的思考题，大家上图书馆分头找，然后整理答案。上课的时候陈老师提问多，人人有份，我属于比较懒的学生,很害怕。提问和回答完后,陈老师做总结性的陈述,这是课堂最出彩的时候,大家认真做笔记,生怕漏掉一个字。陈老师的课给我的感觉是,学生累,老师更累,但学好了收获大。李应志和李蓉学得好,所以毕业前有论文发表在重要刊物上,日后两位考上博士,应该说得益于陈老师的课不少。而我学得最差。陈老师是我平生少见的上课非常认真的老师,这里讲一个细节。陈老师讲二十世纪西方文论与哲学时,每到艰深之处,不时用两根手指头敲着脑袋,微微闭着眼睛,拼命想,使劲讲,有时会持续十来分钟,讲课之认真可见一斑。陈老师的课很少提早下课,多数情况下还会延时,以至于我们回到宿舍时其他系的研究生都吃完饭了,我们才敲着饭钵奔赴食堂。陈老师的课和陈老师的文章一样,不重文采重实证,条分缕析,绵密扎实。陈老师是一个心地非常和善的老师,不存一丝敷衍,他的善良、真诚如同他的体弱一样看得见,摸得着。有一次李志元师兄问我陈老师怎么样,我说陈老师给了学生一桶水,我们做学生的却没有给老师一杯水。李师兄深表赞同。

新诗所的课程主要由本所的老师承担,但吕老师还延请了中文系的骨干老师给我们开课,或让我们和中文系的研究生一起听课。李怡老师开设了“古典诗歌传统和中国新诗”这门课,那真是雄辩滔滔,才气横溢,借用苏轼的一句话来说,就是“文如万斛泉涌,不择地皆可出。在平地滔滔汩汩,虽一日千里无难”。王泉根老师给我们开设了“中国传统文化与中国现代文学”的课程,开了书目,讲授了七八次课,因忙于筹备和举办吴宓国际学术研讨会,课程时而中断。在我印象中,王老师非常推崇郑逸梅的文笔,说那真是古朴典雅,他自己逢郑逸梅的书必买。王老师也很看重丰子恺的散文,说是童心与佛心的结合。我们还选修了胡润森老师讲授戏剧理论的课程,胡老师身体瘦弱,精神矍铄,不苟言笑,令人敬畏,后来这门课从教室移至他家中,新诗所只有李应志善始善终修完了这门课。教育系的刘兆吉老师在吕老师的恳请下,以八十岁的高龄给我们开设了“文艺心理学”课程,上课前吕老师向我们打过招呼,说刘老师年纪大,身体弱,大家不要指望老师在课堂上讲多少,但他肯定会讲一些西南联大的掌故,这是你们在其他地方学不到的。事实正是如此。刘老师推崇美育,他认同儒家诗教,反复强调“诗,发乎情,止乎礼仪”,在课堂上讲了很多关于穆旦的逸事,关于闻一多的掌故,关于《西南采风录》成书的艰辛,这些东西我都认真做了笔记,可惜到了佛山后,这个笔记本丢了。比我们低一年级的张德明后来写了文章,发表在杏园的内部报刊上。上刘老师的课很开心,开心得课间休息的时候真想在他家门口的泥地上打个滚。吕老师对刘老师非常敬重,有一次过元旦,我们做学生的买了鲜花和礼物给吕老师贺新年,进了门,吕老师对我们说进错门了,我们一时摸不着头脑,好一阵子才晃过神来,原来吕老师要我们先去看望刘老师,于是我们把原先备给吕老师的礼物敬献给了刘老师,再两手空空回来看望吕老师,吕老师和师母笑得很开心,我们也傻乎乎地笑了。

除了正常上课,吕老师还经常给我们"开小灶"。知名的专家学者来新诗所主持论文答辩、访学讲学时,吕老师总要这些专家名流为自己的学生做学术讲座。我记得读研的那三年,武汉大学的龙泉明教授、南京大学的丁帆教授、福建师大的孙绍振教授等为我们做过精彩讲演。1998年10月28日,是星期三,当天上午,吕老师请了中文系的代迅博士来新诗所讲课,代老师结合自己做学问的经验,主要讲了如何读书搞科研,他反复强调"从哲学家那里找思想,从历史学家那里找材料"。吕老师也在旁边认真听、做记录,字朴如拙,字小如虱。代老师回答了我们的提问后,吕老师非常幽默地对我们说:"你们萝卜白菜吃了,黄油面包也吃了,是不是该拉屎了。"意思是要我们多写东西。吕老师还说希望我们今后不要做鸡蛋教授,意思是煮鸡蛋、炒鸡蛋、蒸鸡蛋,不是重复自己就是重复他人,做学问没有前沿意识。吕老师这些话说在八年之前,我现在还记得清清楚楚。吕老师对学生的关爱,是水静则深的爱,是漫不经心而又灵光四射的爱,手拈莲花,轻启点悟。

吕老师在教学上孜孜以求,一丝不苟,但在物质生活上非常简朴,有时候近乎残酷。尤其是师母去美国一段时间后,吕老师的一日三餐几乎乱了套:泡方便面,买炒花生。有一次是周末,星期六下午,我们三人去吕老师家搞清洁,顺便弄点好吃的。李蓉负责清洗老师的衣物、收拾厨房兼做饭菜;李应志清理杂务、擦拭家具、购物买菜;我拖洗客厅的地板;吕老师自己收拾书房。晚餐很丰盛,本来是没有酒喝的,因为吕老师平素滴酒不沾,突然吕老师说:"地板作者姚家育,是不是想喝一杯?"不知吕老师从厨房的哪个角落里摸出了一瓶茅台酒,对我和李应志说"就看你们两个的了",李应志没喝几杯,我倒是把酒全干了,现在还记得那酒倒出来的时候黏稠如丝、若断若续,按照现在的说法至少是二十年的陈酿。这不是我喝过的最贵的酒,却是最好的酒,最值得回味的酒。

说到这里,我们97级学生是最有口福的,当年新诗所在外面办了几个班,赚了点小钱。每隔个把月新诗所会请我们吃一顿。有一次吕老师对我们说,“看你们个个面黄肌瘦的,是不是读书很用功?好啊,只要有了墨水,我就给你们加油水。”接着到了周末,师生全部出动,去北碚街上吃火锅。刘松峰块儿大,个儿高,能吃。有一次毛翰老师调侃说:“要是每个人都像你,新诗所要被吃穷。”李蓉吃得少,话最多,不时给吕师母、陈师母夹菜。吃东西陈老师比吕老师还秀气。吕师母特娴静,偶尔说一句话,声音细而且甜,像溪水。吕老师自己不怎么会生活,但在有条件的情况下,对新诗所的学生很照顾的,尤其是我们这一届很幸运,吃了很多免费的午餐。当初我们没什么感觉,现在细细回味起来,才深深体会到吕老师的慈爱。

吕老师不但在学习上关心我们,而且在生活上照顾我们;不但给了我们墨水,而且给了我们油水。我们这一届师生关系非常融洽,相处非常和睦,留下了许多美好的回忆。毕业后,出于养家糊口的需要,我来到了佛山,这几年一直为生活而劳碌,在专业上了无作为,我愧对老师,我是老师最没有出息的学生,用广东话说是“篓底橙”,但只要这个橙子不变坏不变质,那就请老师原谅我。当然我也希望早日归队。我作为新诗所的学生,我对新诗所是有感情的,对吕老师更是充满感激。时隔六年之久,我回味在新诗所里的美好时光,心里非常感动和幸福。吃水不忘掘井人,是吕老师和陈老师把我们扶上马又送一程的。今后无论我们在何方,无论前方的路有多远,只要我们回头遥望,新诗所就在眼前,老师殷切的叮咛就在耳边。新诗所,我们幸福的家园,我们永远的家园。

姚家育:中国新诗研究所1997级校友,现供职于佛山广播电视大学。本文原载《中外诗歌研究》,2006年第3期。

恭贺吕进先生六十华诞

姚尧

金秋八月，桂子飘香，艳阳高照，明月当空。华灯初上，烛光摇曳，宾朋满座，弟子盈庭。六十支蜡烛，点燃六十个春秋，献给吕进先生六十华诞；六十束鲜花，盛开六十朵祝福，献给吕进先生六十花甲。祝福您，吕先生，岁岁有今朝，年年有今日，岁岁年年，今朝今日，天地祥和，美满幸福。

先生经年累月潜心诗学，孜孜不倦，笔耕不辍，著述等身，造诣精深，时贤推崇备至，声名远播海外，卓为一代宗师。面对这座巍峨的高山，面对这位非凡的智者，我们投以敬慕的目光，值此今宵良辰，我们祝您生日快乐！

先生高风高节，淡泊自守，不猎奇逐名，不谄俗求利，真率自然，无遮无掩，心无尘渣，通透旷达。先生宅心仁厚，重以身教，罕以言责，奖掖提携，推毂后进。先生以自己的诗化人格为学生树立一座丰碑，竖起一面旗帜，成为学生读书问业、修身养性的楷模。面对这位蔼然仁者，绝俗圣者，尽管千言万语也不足以表达心中的谢意，但我们还是要说：谢谢您，先生！

早春的雷声隐隐约约，新世纪的脚步风风火火。沙场秋点兵，挥师过江河。

祝福您，吕先生，共和国和您同庆，孔圣人和您同生，新世纪和您同行。

伟大领袖毛主席万寿无疆，新诗所和吕先生光芒万丈。

姚尧：本名姚家育。

无题

李应志

的确,我根本无法想象
去打捞自己已经失去的生活
我又怎能用粗糙的笔
去记录您忙碌的背影
编成的诗歌图案

那是一个殿堂
在荟文楼一个不起眼的角落
空间狭小,但想象辽阔
适于安放躁动的灵魂
您像一位神父
把他们从黄昏时分带回
并使其归于平静

您建造、守候
天花板一再变换
家具和书籍被搬来搬去
但您知晓新诗所的每一处细节和秘密
让墙壁充满诗意
让课桌饱含激情
并用智慧小心地打理门外的噪音

平平仄仄七十年
时光有着变幻不定的韵脚
但诗歌是您唯一的关键词

诗歌,是您的孩子
您了解他的头脑、身体和脾气
以及偶尔会逆反的青春期
而我们则是您的词汇和诗句
被您打磨、增删
让其合乎生活的语法
有恰当的位置和表现力

七十年是一个青年的圣经、羊皮书
人世的密码、梦想的藏身地
但却是您现实的广场
摆满鲜花、掌声,有绿树成林
您穿行其间,白发已足够光亮和纯粹
七十年,一个人已有足够的智慧
去俯视并评判一切

站在您面前
我永远是那个不谙世事的毛头青年
需要不断地看书、听讲
有未完成的笔记和练习
在新诗所的会议室吵吵嚷嚷
然后在您到来之际
屏住呼吸

像领受圣餐的孩子

我们已经习惯这样的等待——
您一边放下茶杯、讲义
一边转身推开窗户
让早晨的阳光轻轻地进来

李应志:中国新诗研究所1997级校友,现为西南大学文学院教授。本文原载《中外诗歌研究》,2008年第4期。

严师与慈父

张德明

1998年8月到2001年7月，我在西南师范大学中国新诗研究所顺利完成了硕士研究生的学业。我一直坚信，在新诗所学习的这三年是我人生道路上的一个重要的里程碑，在老师们的精心培育和自己的不懈努力下，我顺利完成从中学教师到学术研究者的角色转型。每当回忆起这个时期，我都会抑制不住内心的激动和感激之情，我在新诗研究所三年始终有一种回到“家”的感觉，而吕老师就是这个家庭中最令人尊敬和仰慕的家长。在我记忆中，吕老师既是严师，又是慈父，他在学术上对我们要求相当严格，严格得近乎苛刻，但在生活上给了我们无限的关爱，他的慈爱如雨露，滋润了我们干涸的心田；如阳光，照亮了我们前行的路途。

初入新诗所的时候，由于对研究生生活还不适应，我们有时像无头的苍蝇盲目乱转，好长时间都抓不准学习的要领与目标，时常会出现顾此失彼的尴尬境况。记得第一学期吕老师给我们开设了“中国现代诗学”这门课程，给我们开的参考书也并不繁难，就是潘颂德著的《中国现代诗论40家》，古远清著的《中国当代诗论50家》，以及杨匡汉、刘福春编的《中国现代诗论》上、下卷，再加上黑格尔的《美学》第三卷下册。不知是因为当时课程太多忙不过来，还是因为我们把更多时间用来学习英语，每逢吕老师上课我们都很紧张，因为他布置的读书任务大家都没完成，他在课堂上又喜欢引经据典，然后冷不丁地点一个同学回答：“你说说看，这是谁的观点？”每次对他的提问，大家回答得都不好，几堂课下来，吕老师显得很不高兴。有一次，高一年级的一个师姐悄悄告诉我们：“吕老师当着我们的面发脾气了，批评你们不认真学习，还说要当堂测验。”她的话果然不假，那周上课时吕老师就宣布：“下周测验，大家做好准备。”一周的准备对于我们来说确实太匆忙了，临到测验时我脑子里一片麻乱，糨糊一般。最有印象的是吕老师出了几道题，给出几段“诗论”文字，要求分别写出它们的作者和篇名，我居然把这段话“诗是歌唱生活的最高语言艺术，它通常是诗人感情的直写”的答案写成是“艾青《诗论》”。接下来一周吕老师上课时，用一种半调侃半责怪的语气说：“有同学把我的话说成是艾青《诗论》里的，让我做一次艾青也不错。”听了吕老师的话，我一下子羞红了脸。这次测验对我们的刺激很大，在吕老师的严厉敦促下，我们从此不敢浪费一分一毫时光，不断提醒自己要加倍努力学习。尽管最初有些松懈，但通过后来的努力，我感觉这一门功课还学得不错，学科论文撰成后，吕老师给了极大的肯定，后来我把它投递给一个大学学报，很快发表出来了。

严师才能出高徒，从这个角度来说，一个老师在学术上的严格要求，是对学生最大的关心、帮助和爱护。从新诗所出去的研究生中，李震、江弱水、蒋登科、王珂、王毅、段从学、杨四平等，目前都是国内诗歌研究界非常有影响的学者，他们优异成绩的取得，都可以说是在新诗所学习时与吕老师的严格要求分不开的。

吕老师在学术上对我们的要求是格外严格的，但在生活上对我们则显得非常慈爱，在各方面给了我们无微不至的关心和照顾。记得研一下学期，我由于不适应当时的饮食，有一段时间经常拉肚子，以致后来得了急性阑尾炎。刚开始我还不太警觉，觉得没什么大不了的，就在西南师大的校医院输液，后来吕老师知道了，对所里的老师说：“不能小看这个病，闹不好搞成肠粘连，那就麻烦了。”并立即安排符忠荣老师去找了一辆车，送我到北碚中医院做手术。我在中医院住院期间，所里所有的老师同学都去看望我，再一次给我亲如一家的强烈感觉。在我动完手术的第二天，吕老师也放下手中的许多活儿，从百忙中抽出时间去医院探望我。同去的还有毛翰老师。吕老师问我感觉怎样，还有什么困难没有，并交代了一些住院期间要注意的事情。我感到终身遗憾的是，吕老师刚去的时候，我还有些清醒，但碍于伤口疼痛，没有及时向吕老师说声感谢。原本指望待会儿伤痛减轻了再说，哪晓得医生给我打的麻药立马儿见效，我在恍惚之中睡了过去。等我再醒来时，吕老师已经离开医院回办公室工作去了。

那一声感谢一直藏在我的心里，但天性口拙的我直到现在都没有向吕老师亲口表达出来。再次,我想借这一篇小文,真诚地对吕老师说:“老师,我非常感谢您!是您将我带进了诗歌研究的大门,是您给了我人生的一个新的高度,在我眼里,您是最严厉的导师,也是最慈爱的父亲,我始终敬重着您,永远不忘您的恩情。”

张德明:中国新诗研究所1998级校友,现为岭南师范学院教授,南方诗歌研究中心主任。本文原载《中外诗歌研究》,2008年第4期。

吕进先生与新诗所与我们
——写在吕进先生80华诞庆贺之际

陆正兰

与西南大学新诗研究所的缘分，是我与恩师吕进先生的缘分，也是围绕着新诗所这本30多年的“著作”，与所有老师，同事及一批又一批年轻学子们的缘分。

1998年暑假，我回老家扬州探亲，顺道拜访了我16岁时新诗启蒙老师叶橹先生，交谈诗歌之余，叶橹先生兴奋地说起他的诗学好友吕进先生，谈起中国第一个新诗研究所。同年夏天，我拿着叶橹先生的推荐信，几分仰慕，几分忐忑地来到当年还叫“西师”的西南师范大学，第一次拜见了吕进先生。

“叶橹先生是从来不随便给人写推荐信的。”见面的第一句话，吕进先生让我顿感这份推荐信的重量，或许也加上我那天一身学生装打扮，多年之后，先生说他依然相信叶橹老师的推荐：这是一个用功的好学生。短暂的会晤，让我坚定了人生选择：离开当时的工作重拾文学，追随这位思想深远、气度超凡的老师，走一条纯净的诗歌研究学术道路。

或许是吕老师对我的严格要求吧，把原本报考他的我，分配给了一个才华横溢的年轻导师管教。最有趣的是，这位和我年龄相仿的王毅先生，竟是半年前，我在四川外国语学院的英语培训班上，坐在我后排的同学。这种同学关系毫不知情地被转化成师生关系，这似乎是一种挑战。

记得王毅先生从伊利诺伊大学访学回来，在一次文学批评理论课上，要求学生用新批评方法分析一篇英语短文，我的大胆发言，终于舒展了他的眉头：我文学上的悟性，并不低于和他在同一个班学英语的能力。于是，这三年亦师亦友，严格又活跃的学习和思考，为我的学术研究打下了很好的基础。

而在这过程中，吕进先生一直在背后不断地督促并提携我。研究生课程学习第二年，因我的兴趣所然，在专门刊登当代歌词作品和研究文章的《词刊》杂志上，发表了我的第一篇关于歌词研究的文章。先生看出我的特长所在，鼓励我在这一领域钻研。以后的十多年来，我能专心致志地从事歌词研究，并取得一些成果，与先生最早的鼓励密不可分。

2002年，我毕业留校任教，一年后攻读博士学位，在博士论文选题上，为能否将现当代歌词作为博士论文研究对象，先生和我进行了多次讨论。在很多学者眼光中，当代歌词在文化领域是属于大众的，因而常被视为无研究意义。正如先生在由他指导的我的博士论文基础上写成的专著《歌词学》中序言所说，“这是需要相当的功底，更需要相当的理论勇气的”。与其说，挑战成规的学术勇气铸成了我的一本书，还不如说，得益于先生高瞻的学术眼光，及其宽容学生进行学术冒险的胸襟所发出的光芒。

博士学习阶段，先生从为我主持的规模很大的博士论文开题会，到后来请以严格著称的陆耀东为主席的博士论文答辩会，其中点点滴滴的指导和关心，都深深蕴藏了先生巨大的付出。先生待我，犹如一个严厉而慈祥的父亲，在陪一个孩子成长：担心她的鲁莽，又窃喜她的锋芒。

2009年底，因为家庭原因，我调离新诗所。临走前，内心深处的不舍，犹如解冻的河流。在2010年元旦晚会上，一向愿意慷慨琴艺而不愿出卖歌喉的我，站在台上，为新诗所的同事和同学们唱了一首《祈祷》。这首歌中有一句我很喜欢的歌词：“让时光懂得去倒流，叫青春不开溜。”

歌总是唱着不老的梦想和祝福。谁都知道，时光不会倒流，青春也无法常在。在新诗所学习和工作的十年，既长也短，却是我生命中最美好的年华。

吕先生常说：“我一生最重要的著作是新诗所，而不是我个人著作。”我想，这种思想深深地烙印在每个新诗所成员的心中，正因为如此，作为一个学术团体，和其他机构相比，少了很多世俗和繁杂，无论老师还是学生，都多了一份纯真和融和。工作和学习在其中的每个人，都好像是这本书中的一章，一页，勤恳而踏实。而先生作为“主编”，身先士卒，他对新诗所的精心呵护，散发着一种迷人的力量，带领大家合作奋进。

记得2004年秋天，新诗所召开“华文诗学名家国际学术论坛”，来自世界各地及国内学者一百多人。会议筹备期间，我被分配组织一场“月亮里的歌声”

诗乐晚会。与我一起工作的是2003级的18个同学,他们分成多个小组,有的负责演员的表演训练,有的负责文稿策划,有的负责舞台背景和服装,还有专门负责财务和后勤的。同学们个个尽心尽职,开动脑筋,尽量花最少的钱办最好的事。至今我还记得一些令我感动的细节,当班长刘丽娜问同学白杰为什么不接她的电话时,他说:“多走一段路就看到你了,为什么要多花一毛钱的电话费呢?”在晚会结束时,我提议给大家发一点电话费等补助时,竟没有一个同学肯要。而在一份临时账单上,当时负责财务的两位同学连买一个馒头的钱都认认真真地写得清清楚楚。

炫耀的舞台上,没有他们的身影,而舞台背后,同学们的激动不亚于来宾们观看后的阵阵掌声。同学们告诉我,他们的要求并不高,仅仅在节目单的最后一行小字上,写上他们班级的名字,好让他们珍藏。在他们心中,在新诗所三年的学习中,能参加到如此大规模的国际会议组织活动,把自己融入这团体,贡献出自己的一份智慧和力量,是一段多么难忘的体验啊。

学生和老师的精神状态,是一个团队品质的最好反映。如今新诗所的队伍越来越大,每年从新诗所毕业的学生越来越多,新诗所的精神在年轻有为的熊辉所长带领下继续演绎,它的意义也在无限播撒。

我相信,每个像我一样,从新诗所走出去的人,每个受益于吕先生教导的学生,无论何时何地,想起先生,想起新诗所,就如亮起记忆中的一盏灯。显,不显,它都在发光,照着我们来时路,也照着去往路。

陆正兰:中国新诗研究所1999级硕士校友,2003级博士校友。

致吕进先生

冬婴

我是一个小人物,在一个小地方
工作,写诗,养家度日
生活是一间铁屋,而写诗是一扇窗口
洞开蓝天,涌现白云
并映照一副著名的身影
那便是您——吕进先生,我的老师
您是诗歌圣地的一朵祥云
日日夜夜,隔山隔水
氤氲在我出神入化的仰望里

不说您遍及世界的诗意的足迹
不说您造就的一座诗歌的顶峰
单是课堂上您纵横驰骋的口才
鞭辟入里的解析,以及对诗歌革命性的引领
就让人明目醒智,慨叹不已
更有日常生活中俯下身来的问候
对学生每一缕心思的关切和焦虑
电话里汩汩流淌的温热的语气
无不把世界缩小
缩小为一个诗意的家庭

您是这个家庭最高的标志
更是诗歌王国里又一面光彩夺目的旗帜
您的每一刻沉思都是历史性的
您的每一丝笑意都能润泽天地
一颗诗性的灵魂,一个辉煌的生命
在诗歌的峰顶俯仰生姿
您抬首,我们穿越了千年的烟云
您俯视,我们就有了诗意的父亲

冬婴:本名梁平,中国新诗研究所2000级校友,现为长江师范学院中文系教授。本文原载《中外诗歌研究》,2008年第4期。

给最敬爱的吕进老师
——贺吕进老师七十大寿

王艳玲

那时余秋
果子熟了
菊花开了
恩师笑了

一瞬间
谈笑风生
如沐春风
愁殆尽

如今深秋
果子又熟
菊花再开
恩师续笑

一刹那
欢声笑语
遥祝恩师
生日快乐

王艳玲:中国新诗研究所2000级校友,现供职于青岛某高校。本文原载《中外诗歌研究》,2008年第4期。

住在小城北碚的超凡学者

熊辉

“如其你早几年。也许就是现在,到道骞司德的乡下,你或许碰得到《裘德》的作者,一个和善可亲的老者,穿着短裤便服,精神飒爽的……在街道上闲暇地走着,招呼着,答话着,你如其过去问他卫撒克士小说里的名胜,他就欣欣地从详指点讲解;回头他一扬手,已经跳上了他的自行车,按着车铃,向人丛里去了。”这是当年徐志摩在《谒见哈代的一个下午》中想象的英国著名诗人哈代的形象,该画面让我想到了爱散步的吕进先生。重庆的秋天是美丽的,那里此刻正飘溢着橘子的香味,零碎的蝉鸣让人对逐渐远去的夏日生出几丝留念。在黄昏时分的北碚街头散步,你兴许也会看见一个高个子,戴着眼镜穿着短裤便服快步走过,将超凡的学者气质留在熙熙攘攘的人群中。

对中国乃至世界华语诗坛而言,吕进这个名字并不陌生。在韩国,我所在的大学中文系的好几位老师一听说我来自西南大学中国新诗研究所,便不约而同地说:“你是吕进先生的学生吧?”当时就有种自豪感和文化身份的认同感,因为吕进先生的国际知名度,因为吕先生是我的老师。仔细想来,吕先生能有今天如此广泛的知名度和影响力,实与他非凡的学术成就分不开。作为“世界诗歌黄金王冠”的获得者,作为担任全国文学奖、鲁迅文学奖的多届评委,作为国家有突出贡献的专家级学者,从上世纪80年代致力于新诗研究开始,吕进先生在学术上取得了令人仰慕的成就。从1982年出版《新诗的创作与鉴赏》到2007年出版《中国现代诗体论》,他一共出版和编著了22部著作;从主持国家社科项目“中国新诗文体学”“文化转型与中国新诗”到如今在研的重庆市教委社科规划重点项目“20世纪中国现代诗学大辞典”,他一共主持了11项省部级以上课题;同时,在《文学评论》《文艺研究》等权威期刊上发表了近100

篇富有学术见地的文章。能够取得这样的成就,用臧克家的话说:"吕进同志,从少年时代就发表诗作,以诗人之心论诗,自然知其意义与甘苦。"

然而,吕进先生对个人成就十分淡然。他曾说:"我此生最重要的科研成果不是著作,而是中国新诗研究所。在它出世后的二十几年里,为了它的生存、成长与壮大,我付出了全部的心血。可以说,中国新诗研究所已经成了我的生命的一部分。"吕进先生为什么如此看重中国新诗研究所呢?我想主要基于如下两个原因。首先,中国新诗研究所可以称得上中国新诗研究的"摇篮",它把吕进先生的学术成就推衍到了整个中国诗学界。新诗研究所从1985年起就以方敬、邹绛、吕进为导师招收各体文学的硕士生,1996年江苏省学位委员会批准吕进在苏州大学招收博士生。20多年来,新诗研究所培养的一大批访问学者、博士生和硕士生如今已成为活跃在诗坛上的知名诗评家和诗人,成为活跃在学术界的知名学者和专家,成为活跃在文学教育界的知名骨干教师。其次,中国新诗研究所形成了自己独到的学术研究思路,它无限延伸了吕进先生的学术思想。20世纪下半叶,由于诗歌观念的更新和诗歌创作氛围的空前浓厚,新诗的理论建设也出现了新的局面。在繁复的诗歌历史、诗歌流派、诗歌创作、诗歌鉴赏以及诗歌文体的研究中,以吕进为代表的"上园派"摒弃了传统派"狭隘的民族意识"、封闭型的诗学构架以及静止的传统观,摒弃了崛起派的偏激性、反叛性和诗学根基的不稳定性。他们采取务实和兼容的态度,以对新诗的宽容和变革为出发点,主张"坚定地继承本民族的优秀诗歌传统,但主张传统的现代转换;大胆地借鉴西方的艺术经验,但主张西方艺术经验的本土化转换"。从而,在多元并存的语境中逐渐形成了一套有学术性和生命力的诗学建构体系,该研究思路"具有开阔而厚实的诗学基础,也使其诗学主张具有广泛的适应性"。今天,各种理论思潮和研究方法层出不穷,但新诗研究所的研究思路却依然清晰,该所的学人们正在"转换"思路的启示下,围绕着中国新诗的诗体重建、诗歌精神重建和诗歌传播方式重建,卓有成效地开展着学术研究。

像吕进这样知名的学者往往会让人敬而远之。但实际上,吕进先生和蔼可亲的品性很容易让人接近。我1996年进入西南师范大学外语系学习,由于喜欢文学,隔着不同的专业我也听说了西师有个诗评家叫吕进。四年后,我有幸被保送到中国新诗研究所读研究生,开始正式和吕老师有了接触。2003年,我研究生毕业后留在所里工作,成了吕进先生的同事。从远距离仰视到近距离接触,从学生到同事,我感觉吕进先生为人的谦和态度与他高大的学术形象形成巨大的反差。每次听他滔滔不绝地讲述生活中的奇闻轶事,听他分析学术和工作问题,听他语重心长地嘱咐年轻人,我仿佛觉得就是在和朋友聊天,和同行探讨学问,和父辈谈论理想和人生,学术身份和年龄的差距全然消失。在新诗所工作的这几年时间里,我为了自己的发展和实际生活需要经常外出,但不管我是在国内读书还是到国外参加交换项目,新诗所一直都把我视为"全职工作人员",在待遇和学术机会上充分考虑到我的需要,使我很感动。假期回校见到吕进先生和他夫人李老师,他们总是关切地叮嘱我在外一定要注意身体,不要节约经济而丢掉了健康,句句话都让我感到温暖。

作为老师,吕进先生是严厉的,他要求学生必看几本书并做读书笔记,然后学期末检查读书笔记。虽然当时熬了夜受了苦,但多年以后回顾自己的研究生生涯,印象最深刻的还是在吕老师课上认识的莱辛、黑格尔和朱光潜等人。作为同事,吕进先生是友好的,每次开会或举行活动,他都会幽默风趣地拿我们这批年轻人"开涮",主动拉近和我们的关系,使我在大师级的学者面前不再拘束。作为学术长者,吕进先生是关怀的,他常把所里的年轻老师聚集在一起搞课题研究,不仅增进了研究所里的学术凝聚力,而且有助于提高年轻人的科研能力;他有时会给年轻老师提供展示研究成果的机会,要么鼓励到海外参加学术活动,要么提供发表文章的机会。作为领导,吕进先生是"利他"的,他常说领导应该注意每个老师的所思所想,尽力去解决他们最迫切的需求;在实际生活中,所里老师遇到什么困难,他都会竭力帮助。有人曾说,凡是在新诗研究所工作过的人,都或多或少地得到过吕老师的帮助,我想这是对他为人为师直观真实的评价。

吕进先生的治学和为人形象地诠释了大师风采,他的学术和工作生涯随着退休时间的临近也即将在高潮中画上圆满句号。人们常用"春蚕到死丝方尽,蜡炬成灰泪始干"来写照敬重的师长。70岁以后,吕进先生也许将退休离开自己热爱的新诗研究和教育事业,但他蚕丝吐尽春未老,新的生活才刚刚拉开帷幕;烛泪成灰秋更浓,他经营的新诗研究所和培养的学生一定会在今后的岁月里取得丰硕的学术成果。

远在异乡的我谨以此文献给吕进先生的七十华诞,祝福我敬重的师长生日快乐!

熊辉:中国新诗研究所2000级校友,现供职于西南大学中国新诗研究所。本文原载《中外诗歌研究》,2008年第4期,选入时有改动。

我们一起走过
——献给吕进老师七十诞辰

容小明

一辆单车
轻轻飞过我的身旁
那是您矫健飘逸的身姿
那是我第一次见您
在西师　在重庆

九二年
一个诗歌爱好者
第三次考研
因二分之差
没能成为您的学生
我伤心　难过
从此一蹶不振

是您
亲笔给我写信,说
哀莫大于心死
只要心不死
希望就会前行
就是这希望呵

十二年后
使我的梦想得以成真
我们一起走过
记得您幽默风趣的欢声笑语
记得您笔力深厚的谈古论今
记得您课堂内外的举手投足
记得您为人处世的单纯天真
诗呵　使您不曾老去
诗呵　使您永远年轻

老师　过去
我因诗而爱您
现在
我因您而爱诗

容小明：中国新诗研究所研究生课程进修班2000级校友，2003年获得硕士学位，现为贵州民族学院预科部教授。本文原载《中外诗歌研究》，2008年第4期。

永远阳光的吕老师

曹丙燕

从80年代至今,在新诗界,无论是从事创作的还是从事理论的,几乎没有人不知道吕进先生;知道吕进先生的人,几乎没有不对他的学问和人格称道的。所以能够跟着吕老师读书,我认为是幸运、自豪和快乐的。吕老师渊博的知识、深邃的思想、坦荡正直的人格,是我治学和做人的楷模,让我终身受益。不过作为学生让我感受更深刻、更真实、更生动的,是吕老师的细致周到、亲切善良,是吕老师带给人的温暖、轻松和快乐。

2000年我考取了新诗所的硕士研究生,由于家庭突如其来的变故,我毅然选择了放弃学业。在我不知情的情况下,吕老师为我办理了保留学籍,并且亲自打电话到我的宿舍说:"等困难过去了,再来新诗所。"语言不足以表达我的感恩和感动,这件事、这句话我一直铭记在心,不仅温暖着那时的我,给我前行的动力,也成为我今后跨越每一次人生障碍的动力。2001年9月我如期来到新诗所,吕老师见到我很高兴地说:"曹丙燕,你终于来了!我们都在担心你今年究竟能不能来呢。"脱口而出的一句话,让我这个怯生生的新生感受到回家般的温暖,原来我早就成了新诗所的牵挂!

跟着吕老师读书的日子是充实而快乐的。吕老师总是那样亲切、快乐、阳光,拥有博学的知识、幽默的谈吐、平等的态度、时时迸发出的哲理性的语言。听吕老师讲课是件很享受的事情,即便是抽象的诗学理论也能被吕老师讲得深入浅出、妙趣横生。跟吕老师聊天更是件享受的事情,用"如沐春风"来形容是恰如其分的。尽管吕老师的工作很忙,我们还是有很多机会去拜访吕老师。吕老师出国讲学回来了,我们要去拜访;过节了我们要去拜访;就连吕老师买新房子了我们也要去拜访。我们可以谈诗歌,也可以聊时尚;可以谈文人,也可以说明星;可以讨论理论,也可以侃侃小吃。总之,每次聊天都是轻松快乐的,从来没有因为吕老师是渊博的学者而感到拘谨;也没有因为几十岁的年龄差距而产生代沟。转眼毕业已经四年多了,和吕老师偶尔的一个电话或者短信,那种熟悉的温暖、轻松和快乐,让我恍惚觉得自己依然生活在吕老师身边。前些天在网上看到吕老师在某大学做报告的照片,70岁的吕老师依然是那样精神饱满、笑容可掬。

以前听过吕老师这样一个故事:有一次吕老师经过一个刚退休的校领导的楼下,看到他家阳台上摆着花,吕老师回家就给他打了电话,说:“您的花养得可真好啊。”吕老师说他和那个校领导并没打过几次交道,只是觉得一个忙碌的人突然闲下来肯定很寂寞,打电话就是为了和他聊聊天。我想吕老师就是那种心中充满阳光的人,照亮自己,也温暖别人。所以吕老师自己总是那样快乐,对别人总是那样细致周到、亲切善良。吕老师很快也要退休了,但是我相信心中充满阳光的人是不会寂寞,何况还有那么多的人尊敬他、爱戴他!

愿吕老师健康、快乐,永远充满阳光!

曹丙燕:中国新诗研究所2001级校友,现供职于山东科技大学。本文原载《中外诗歌研究》,2008年第4期。

不老的松树
——贺吕进恩师七十华诞

颜同林

我还认得,你挺拔的身姿
撑起伞的天空,抑或梦想
纵然,你化作了
一棵松树,在我的窗前

风雨倦了,你仍不言
数十年拉扯大一条道路
通往春天,通往上园
旁边,青苔的天阶
碰响不老的琴弦

颜同林:中国新诗研究所2001级校友,现为贵州师范大学文学院教授,博士生导师。本文原载《中外诗歌研究》,2008年第4期。

声音

李冰封

重庆北碚，西南的一座小城，是我读研究生的地方。“北碚，是重庆的后花园，很美，很适合居住，也很适合做学问。”时隔三年了，初见面时恩师吕进先生对北碚的评价依然回荡在我的耳边。

对北碚和新诗所的感觉一直是难以用语言去具体描绘的。从最初的一无所知，到选择，到后来的融入，再到喜欢，到感情的沉积，再到离开之后的怀念，一切都那么自然，又那么铭心。我注定与西南的一所小城有着冥冥的联系——妈妈在我研究生考试之前，曾经怀着一颗虔诚的心拿着我的生辰八字去拜访一位懂《周易》的师傅，希望知道自己的女儿的去向。那位大师很确定地告诉她，我一定会往西南方向走(当然这是我考取研究生之后妈妈才告诉我的)。这个小小的插曲我从未给吕老师谈起过，我怕他又会笑我单纯、透明。但今天我愿意把这个秘密写在老师的七十大寿来临之时。

真的是非常庆幸，能够遇到恩师吕进先生。他对于我三年的研究生生涯，以及我以后的人生都有很大的影响。吕进先生的学问是众所周知的，他的为人更是我们一直仰慕的，但还有一些细节是外人不知只有我们这些弟子熟悉的。吕老师的声音是最独特的，最与众不同的，无论是在课堂还是在平日，无论是高兴还是严肃，他的声音总是透露着一种率真，一种睿智，一种真性情，从不掩饰，从不保留，却又令人深深回味、仔细思索，现在想来，那就是诗人的情怀，诗评家的深度，每一种声音都是真实的，又有着一定的意义，让你有所想，有所思，有所悟。

初见恩师是很曲折也很戏剧化的。2002年5月，22岁的我从山东来到重庆，参加研究生入学复试。复试之后很想和同学一起去见见从未谋面的导师，吕老师就怕穷学生破费，所以婉转地拒绝了我们的请求。可是我们两个山东姑娘傻乎乎地觉得见不了导师怎么可以安心回去呢,所以又由我“打扰”了导师一次,“吕老师,我们是从山东来的,特别特别远,来一趟不容易啊,见不到您我们怎么回去啊……”话没说完,电话那头就传来了非常爽朗的笑声:“噢,对啊,我忘记了,你们是从很远的地方来的,那,你们就过来吧,哈哈……”第一次与导师的接触就是他的温和的话语和开怀的笑声,晚上见到吕老师才知道,确实是“声如其人”:清瘦,儒雅,温和,幽默。初次见面就打消了所有想象中对名人的顾虑,吕老师是热情的,是健谈的,是广博的,又是平和诙谐的。因为是在晚上,又因为是初次见到导师,所以不敢一直抬起头,但是却清晰地记住了这个声音,只是也只能属于吕老师的声音。入学之后和吕老师的交往也越来越多,师生之情也越来越浓,对吕老师的敬仰也越来越深。

人的一生中,有一些事情是过去了就会被遗忘的,有一些回忆却是永久的。应该说关于中国新诗研究所的回忆是我一生都无法抹去的。在这里不仅潜心地读了一些书,第一次系统地学习了有关诗歌理论的知识,更重要的是吕老师对我的熏陶,影响了我的性格,教给我做事做学问的方式,这些在我工作之后有了更加深切的体会。吕老师的课是无人能比的,老师讲课的方式非常独特。应该说很少有人像吕老师这样将枯燥的诗论讲得如此出神入化。第一年上公共课的时候,他每次都是准时进入课堂,进来之后就马上开始,语速较快,不大有停顿,声音抑扬顿挫,引经据典,口若悬河,进入佳境时手舞足蹈,感觉头发丝几乎都要竖起来了,我们沉浸在诗评的海洋里时,吕老师的声音戛然而止:“时间到了,下课。”“啊……”随着我们很不甘心的一声长叹,吕老师拿起他的黑色的公文包就结束了让人留恋的讲授——他是从不拖堂,占用课余时间的。等到第二年和第三年分方向上课的时候,我们更是享受到了其他方向同学得不到的“高级待遇”:去导师的家里上课。吕老师简直就是把这些弟子看作孩子。到了之后先喝点饮料或咖啡,汇报一下近期的生活,然后在宽大明亮的客厅里上课,最让人向往的是在经过老师的批准之后还可以进入期待已久的书房看看。课后也是大家喜欢的时间。记不清有几次了,什么“冷锅鱼”,什么“鹅掌门”,什么“德庄”,什么“骑龙”……有时是吕老师带领我们,有时我们敬爱的师母也参加,边吃边聊边乐,浓浓的师生情谊真的是令人非常难忘。在钟水饺的一幕是在新诗所广为流传的一件趣事。进入钟水饺之前,我便自诩为能吃饺子的山东人,当时吕老师就“窃喜”,当场就给我一人点了三碗。但是当我吃完第一份就再也不能吃进其他时，所有的人全笑了。虽然只是一个趣事，但老师对学生的关心，学生对老师的真诚，师生之间的亲密无间却是一览无余。现在在山东每次路过饺子馆，我耳边都会响起欢快的笑声，心中无限感慨，何日再叙师生情怀！

吕老师给人的最初印象可能是“冷”，接触久了会觉得“暖”，接触深了，还能感觉到“严”——严肃、严格、严谨。他曾经郑重地在课堂上慨叹并批判世风的不正，比如对“跑”字的精辟阐释——用脚走路，还不能忘记带钱包，这饱含着一名老知识分子对国家和民族的担忧。他也曾严厉地批评我，而且毫不留情，因我年轻时的幼稚和对时光的不珍惜。当时我也哭过，也不解过，但今天自己做了老师之后，承担了为人师表的责任之后才深深地体会了那份关切。老师又是非常严谨的，一丝疏漏也不放过。在吕老师的指导下，我的硕士论文从研二就开始着手准备，是关于闻一多先生的，几乎所有的资料、书籍全是从吕老师的书房借来的，《闻一多全集》(12本)、《闻一多评论》等书籍资料，甚至网上有关闻一多的评论都从吕老师的电脑里全部打印出来了。吕老师甚至在去美国访学的期间也不忘关心我的论文，从美国打来越洋电话，从题目的确定，主题的确定，文献的引用到小小标点的运用，都一一耐心指导我：一次次的否定，一次次的更改，一个小小的创新……我第一次静下心来读了这么多书，第一次知道做学问的艰辛。最后这篇论文的初稿得以在2004年闻一多国际学术研讨会上做了大会发言，在我毕业回到山东的第三年，我的硕士论文在吕老师的推荐下又被评为重庆市优秀硕士论文，这其中，凝聚了吕老师的多少心血！吕老师的每一种严都是一种别样的声音，令我在偷懒之时胆怯，令我在从俗之前退缩。

每一位在新诗所生活过的人都会留下属于自己的声音。新诗所容纳了太多不同的音部。吕进老师是新诗所里一个最独特、最宝贵的音符，他和我们的每一种声音都有碰撞、交流和融合，但他又是独立的，他的每一次弹指，都是绝然不俗的节奏，或是欢快，或是深沉，或是奔放，或是轻盈，每一个音部都记载了一个美好的故事。我深深地怀念新诗所，也深深地怀念这种声音——教我真实，教我安心做学问，教我自信和勇气，更教我做人和做事的真理。

李冰封：中国新诗研究所2002级校友，现供职于山东财经大学。本文原载《中外诗歌研究》，2008年第4期。

诗神的守护者
——记我的导师吕进先生

雷斌

一个诗人:守护着诗歌的梦想

初次见到吕进先生,是在2002年的西南师大研究生入学典礼上。他是我报考的导师,我也被他收下了,但我们之前从没有见过面。我是从主席台的名牌上认识他的,他穿着短裤和短衫,和主席台上的其他老师、领导不一样。只有他一个人穿着短裤,看上去是一个很随和的人,但随后他的讲话令每一个人为之震撼。他要求我们每一个研究生要"创造诗意的人生",不用讲稿,出口成章,语言之精练,给我们燥热的心,带来了一股清新的风。当时那么热的天气,整个音乐厅非常安静,在座的人都被他的演讲所吸引,他为我们的研究生生活上了精彩第一课。

随着接触的增多,我们越来越觉得他是一个诗人。一件很平常的事儿,他谈起来总给人感觉不一样。首先是他语言很丰富,谈起话来就显得幽默、自然、风趣,这得益于他的诗人天赋,他总是以诗人的方式看待这个世界和身边发生的事情,这使我们觉得在他的生活里,没有什么能使他不愉快,能使他不快乐。其实了解他的人就知道,他很早就开始了文学的写作,特别是诗歌的写作,虽然他不以诗人著称,但他是一个真正的诗人,只是他不喜欢张扬。2004年香港银河出版社出版了《吕进短诗选》,收录了他的24首诗。据柏拉图说,一个人过了35岁还在写诗,那才是一个真正的诗人。他2005年游历北欧,每到一处,写诗留念,比如《哥本哈根》:

尖屋顶在琥珀色的落叶上
美丽的童话,商人的海港
灰姑娘的王妃
足球的灰姑娘
美人鱼的惆怅
安徒生的故乡

现代汉语的清新、鲜活原来就在我们的生活里。在诗人的眼里,落叶、童话、历史和其中的人物,完美交织在一起,有多重文本发酵的诗歌效果。他写诗是他个人对诗的热爱,不是为写诗而写诗。他一生都在做一个诗人做的事情:守住诗歌的梦想。他曾经给我们讲,一个人要有正确的"得失观",我很受启发。在我看来,他失去了很多名誉、头衔,但他得到了诗神的眷顾:他的洒脱、他的睿智、他的诗人气质无不散发着诗的明媚鲜艳。

一个学者:守护着诗神的居所

吕进先生是以研究中国新诗的学者而闻名海内外的,最令他骄傲的成就是西南大学的中国新诗研究所。没有他对诗歌的炽热追求,没有他对诗歌艺术的衷心嗜好,新诗所不会有今天在国内外的影响,也许早就合并到其他的学院去了。是他的影响,是他的坚持,是他对名利的淡泊,这个诗神的居所在今天才那么令世人瞩目。

他是一个诗人,所以他对诗歌的理解是真诚的、执着的。他反对伪诗,更反对伪诗学,提出了现代诗学的"三大重建"和中国新诗"二次革命"等重大的诗学前沿理论。他对我们这些研究新诗的学生更是严格要求,对我们的学术论文提出了他著名的"四新牙膏"理论:要有新题目、新观点、新材料、新阐述。他以最大的热忱关注着诗歌的发展。随着中国社会的全面转型,消费文化对诗人和诗歌的影响已经无处不在了。面对诗坛的现状,他不悲观,他在批评中渗透了诗歌的价值、人生意义的理性之光,他坚持着诗歌的精神价值,他相信诗中有路,就像海德格尔所说:"林业工和护林人识得这些路。他们懂得什么叫做在林中路上。"他所做的一切,回答了诗人荷尔德林提出的问题:"贫乏时代,诗人何为?”二十多年来,他一直守护着诗神的居所,再也没有改变。新诗所的二十年,也是中国新诗发展迅速而多变的二十年,不同的时代,诗歌有着不同的遭遇。但只要抛开了个人私心、名利,诗歌的写作或许又会焕发和激动人们寂寞的心灵,深入到人生的幽深之处,开启和照亮心灵,当诗神到来,我们又鼓翼展翅。

在读研究生期间,我最难忘的是他对我的鼓励和他的治学态度。学习不到一年时间,吕老师就鼓励了我,就连研三的师兄都说:“我们读了三年,吕老师都没有表扬过我们,你才来半年,吕老师就表扬你了。”其实我也只是喜欢读书,喜欢诗歌,平日喜欢思索有关诗歌艺术的理论问题,吕老师觉察了,鼓励了我。对学生来讲,老师的鼓励总是最珍贵的。老师治学严谨,他对我的毕业论文,一个词语一个句子地改,连标点的用法都予以纠正。我好理论思考,但有时会陷入迷途,吕老师是严师,我的毕业论文几易其稿,没有他的批评,我是很难完成的。离开新诗所近一年了,先生带给我们的他的知识,他的诗心、他对诗歌的理想,还有那学术的薪火,已成为我们生命的一部分,在我们从新诗所走出来的学子中相传。

雷斌:中国新诗研究所2002级校友,现供职于四川文理学院。本文原载《中外诗歌研究》,2006年第2期。

一个诗人和诗神的守护者
——献给尊师吕进先生七十华诞

雷斌

诗人的诞生有一种神秘
我们难以把握,只能深深地领会
七十年前,一个诗人的诞生
也是一种神秘,一种机缘
让我们今天围坐在他的四周
和他面对面地凝望
倾听他从一个时代的深处
和我们谈话

他是儿时梦想的守护者
一生不曾离开他的梦想
他,也是梦想的传播者
他越过海峡
葡萄园留下他不灭的种子
在北美,在灰姑娘的故乡
在安徒生的国度
在西班牙
他的足迹所到的地方
中国新诗的火种,被他播下
他因此,在异乡戴上诗歌的皇冠

他以学者闻名,在长江边上
他建立起诗神的居所
他是诗神的守护者
他的梦想与长江的浪涛始终如一
和他谈话,读他的书
读他的诗
我们一次次在新的阶梯上听到
他在一个民族的血液流动的声音里
有关诗歌革命和建设的呐喊
他用心智和梦想垒起诗神的居所
在记忆和时间的墙壁上
我们感受到他诗意人生朴素的闪光
甚于美,甚于爱
更甚于那些无谓的功名和莫名的喧嚣

本文原载《中外诗歌研究》,2008年第4期。

会发短信的吕老师

宋星

吕老师会发短信应该是在我们这一届学生进校以后。

每每跟人说起我的硕士生导师会给我们发短信，人家都倍感惊讶，然后加上一句："你的导师好可爱。"没错，会发短信的吕老师青春、诗意、充满活力。短信之类属于现代信息社会的快餐文化，然而，吕老师从不回避这些东西，相反，邮件、短信成了像我这样不善于与导师直接面对面交流的学生所喜欢的形式。

吕老师的短信很"短"。在刚进校的那段时间里，和吕老师的短信仅限于节日问候祝福、上课通知之类。记得刚收到吕老师节日短信，按捺不住的激动之情羡煞旁人。打开短信却发现，内容很短，节日短信一般四个字："节日快乐！"通知之类仅写明时间地点。后来我们发现，这是吕老师的风格，与他的邮件、谈话一脉相承。记得刚开始几封邮件，吕老师的回复就一个字："行！"令我揣惴不安好久，虽然所商事宜得到他认可，可是简短得一点说明都没有，心中难免不安。直到有一次吕老师笑谈到他的儿媳妇把他称作"行行先生"，方才释怀，原来这是吕老师的习惯。这如同先生一贯的行为方式，行云流水、简洁明快，绝不拖泥带水。而休闲娱乐短信不属此类，我们会时不时收到来自吕老师的流行短信，诸如过圣诞、元旦，他的短信祝福我们"吃完蛋炒饭吃饭炒蛋"，然后"剩蛋圆蛋快乐"。那年愚人节，一大早收到吕老师短信，他郑重其事地告知我们："据教育部可靠消息，西南师范大学改称北碚师范大学，简称北师大。"这恐怕是吕老师给予我们的最大一"愚"，远比别的泛泛骗术来得睿智而幽默。待回复一条："我所听说的是改为北碚大学，简称北大。"估计吕老师已在手机的那头哈哈爽朗一笑，自己也已睡意全无，起床佯装看书罢。

吕老师的短信很“早”。念书的时候有个习惯，手机彻夜不关，也许是为了等待某个午夜梦回的问候。然而，等来的往往是清晨五点吕老师的短信。当还在梦乡，短信声响，吕老师的短信令我睡意全无，一面斟酌怎么回复，一面自责，先生已起是不是我们也该早起做功课。但往往回复之后翻个身又蒙头大睡，大可不必担心吕老师还会短信来问候是否起床，因为先生的短信往往只有一条，我称之为“去无踪影”。其实，很有可能吕老师短信一发就沉浸到工作当中去了，于回复全然不理会。我们后来知道，吕老师起得很早，清晨五点至九点是他的工作时间，这也是先生这么多年保持的一个良好的习惯。后来与吕老师谈到这个问题，他也很郑重地告诉我们，这是他“之所以成为吕进”的重要原因，先生这番话令我们所有人汗颜。吕老师这个好习惯我也尝试着借鉴和学习，然而晨起于我实在是件难事，所以依然由着惰性熬夜，在阅尽娱乐休闲、观尽韩剧大片之后读得只言片语，谋得些许文字，第二天往往黑着大眼圈，全无先生在连续工作四五个小时之后的神清气爽。有同学有熬夜的习惯，且一熬就到第二天凌晨，我与她开玩笑说：“吕老师都要起床了，你还不睡啊？”这位同学也是勤奋努力做事极为认真之人。于是我知道，大凡勤奋且有才之人往往都有自己独特的学习工作习惯，而像我等日常起居与常人无异者，往往资质平平，成绩也就平平。

吕老师的短信“难回”。吕老师的短信以幽默开心的居多。刚进校时，出于先生大名的威慑力，心中对他充满敬畏，以至于听说吕老师去了美国，很长一段时间没有先生的耳提面命，心中窃喜。这话无意间传入先生耳中，落得一个“最怕吕老师”的名声。在后来跟随先生学习的过程中，开始明白他爽朗的笑声是出自他最真心的放松和开心；他给我们买饭后冰淇淋是把我们当作嘴馋的小孩；他为我们每一个学生准备圣诞帽是让我们回归童心，尽情狂欢……后来不怕吕老师了，真的不怕了，可是，敬畏依然存在。

作为先生的嫡传弟子，生怕学业不能过关给他蒙羞，于是勤奋尽力，无奈成效勉强，就连短信回复也成了大问题。吕老师的短信真的很难回复！难回原因有二。一为节日应该学生祝福在先，结果往往被先生一大早抢先了。多不好意思，我必然得多多斟词酌句再回复。有一次过节之前，我想一定要抢个早，就在头天晚上发出祝福，心想吕老师一般休息得早，这个时候应该关机休息，不会吵到他，等他明早一开手机就收到祝福，多好。谁知还没得意完，吕老师已经回复！那真的是彻底无语！从此怯怯！

二为先生的短信能起到一种催人奋进的作用！临近毕业那年，吕老师与我们早早定下开题报告之后，给了足够的时间去完成，到春节过后才交初稿。题一开，我立马松了劲，佯装找资料、做准备，混过九月秋阳，度过重庆温暖而美丽的冬天，转眼便是元旦佳节，当时我已撤回老家，初稿完成大半却毛糙不堪，还需花大力气打磨完成，但却开始提前享受过年的气氛。结果，吕老师的节日问候如约而至，依旧短短四个字："元旦快乐！"而因为心中有愧，在我看来，那是吕老师在催我的稿子了啊。怎么回？怎么回？我惴惴不敢报上论文实情，只得敷衍问候了事，然后开始拿出文稿发奋用功。时隔不足一月即农历新年，吕老师问候我"春节快乐"，同样的，我从里面读到了"稿子快交"的催促。半月后正月十五，"元宵快乐"最终促成了我的初稿按时完成！后来我向吕老师抗议，说："吕老师啊，您的短信声声敲在我心上啊！"吕老师哈哈大笑避而不答。我想，这是我收到的最温馨的鞭策和最令人紧张的问候了，然而，学位论文的评优让我深深地感受到先生的良苦用心。

毕业了上班了，所幸留在重庆，我还可以时时回到新诗所，抚摸我所熟悉的一切，这里曾经让我那么留恋；我还可以去看望尊敬的吕老师，听听他爽朗的笑声，感受他的睿智与活力；还可以时时与吕老师"短信传书"。而且我有一个新的发现，吕老师的短信有了"嫡系传人"：长栋师弟会偶尔在一些重要时节短信问候。毕业一周年，他会简短问候，等我分外兴奋地共忆当年同窗岁月感叹今朝无可奈何花落去时，他已默不作声从此没有消息。又事隔一年半载，蓦地来一句"近况如何？常见到吕老师否？甚是想念"，我给回复一个"你的短信颇得吕老师真传"，同样去无踪影，不过我估计，他也在短信的那头窃喜吧。

宋星：中国新诗研究所2003级校友，现供职于重庆建筑工程职业学院。本文原载《中外诗歌研究》，2008年第4期。

恩师如父
——与吕进导师二三事

刘丽娜

我不是个好学生,却碰到了世界上最好的老师——吕进恩师。这是我终身的幸事。

拜师与“赶出师门”

考研时,大学老师曹安娜和师姐王艳玲极力推荐我报考吕进老师的研究生:“他是诗评界的泰斗,无论做人,还是做学问,你跟他能学到很多终身受用的东西。”我试着给吕老师寄去一封自荐信,随信附上我本科时的一篇诗评,没想到很快收到了吕进老师的回信,信是印刷体的,文末署着他的手写的名字——“丽娜:你的信收到了。我很愿意带你这样的硕士生。预祝你考试成功。除了专业课,在外语应试上也要下功夫。新诗研究所的山东人比较多。明年招1个博士生,19个硕士生,可能又会招些山东学生进来。加油吧!请代问曹安娜老师好。”

我多么兴奋,诗评界的泰斗给我回信了!这成了我考研时的最大动力。师从吕老师之后,我才知道,吕老师每天早上5点左右起床,研究学问,还要处理很多信件和公共事务。以后的通信,他的回复都是简短的,大概只有这次,信的内容最长——这该是一位慈师对仰慕他的学生最大的鼓励!

但是,当时,我也有些疑惑:为什么回信是印刷体的呢?后来,我才知道,用电脑写文章、接收电子邮件,吕老师驾轻就熟,连QQ都难不倒他。

师从吕进老师后,我叫他“师父”,他叫我“小徒弟”。因为觉得他更像一位父亲,虽有严厉的一面,更多的却是父亲的关爱。

转眼研二下学期了，要准备毕业论文了。一日，吕进老师告诉我，他不指导我写毕业论文了。对我而言，这不啻晴天霹雳——吕老师把我赶出师门了。这件事全怪我。当年的黄毛丫头，很任性、不懂事。事后吕老师告诉我，让我转投梁笑梅老师门下写毕业论文，是他给我上的一堂成长课。过于桀骜不驯的我，太把吕老师当父亲看了，他说什么我都反驳，好的坏的都听不进去，俨然一派叛逆子弟的模样。他怕我将来踏上社会吃亏，提前给了我个教训，让我记住：学生时期的一切辉煌终究都会随着毕业而远逝，只有做人，做一个谦逊、尊重他人、听得进不同意见、不断进步的人，才是立世立业的根本。

一本书、一顿饭和一份刊物

研一上学期，吕老师在海外讲学，通过电子邮件，我拜托吕老师捎一份美国原版的《国家地理》杂志。那时，我只是在开学时见过吕老师一面。没想到，等吕老师从海外回来，他真的送我一本原版的美国《国家地理》杂志。大家都有旅行的经验，旅途劳顿，行装不免沉重。吕老师却为学生捎了一本沉甸甸的书。那本书现在立在我家书橱最显眼的位置，那是老师对学生、父亲对女儿最无私、最细心周到的爱。

第一次寒假后回到重庆，还在火车上，吕老师发短信说，到了重庆到他家吃晚饭好了。去了吕老师家，他亲手做了几道菜。虽然吃的什么，我早已忘记了，但是，对于一个刚刚读研的学生，导师那么忙，能在他家里吃饭，而且是导师亲手做的，至今令我感动。

2005年，吕老师决定重新恢复“五月诗社”，复社大会吸引了众多本科生和研究生。然而重新办起《五月》诗刊，却不是件容易的事。第一期刊物几乎全是吕老师自掏腰包出的，三四千元的费用，他无偿奉献。这一切，都是因为对诗歌的爱，为了给学生们营造诗意的氛围。其实，像这样的事他做过无数，对吕老师来说，诗意的栖居，对生活充满爱，对周围的人充满信任和爱护，是最自然不过的。

山东人、所有学生的导师、尊重选择

吕老师跟山东人结下了不解之缘，正如他在回复我的信中所说，新诗研究所的山东人比较多。光我那届研究生中就有4个山东人。据我所知,这还有段渊源。吕老师的第一篇诗评是位山东读者最先回复的,大概当年的吕老师也很兴奋,从此记住了山东人。幸好,我们这些山东人都没有让他失望。

吕进老师的“师门”观念很淡薄。对他而言,所有新诗所的学生都是他的学生,他关心每一个学生的学习和生活。大家对于吕老师也愿意敞开心扉。家境贫寒的,吕老师想方设法、不动声色地帮助她;谁要是有了男女朋友,也愿意带给吕老师看看,让吕老师把把关。所以每年的节日,吕老师家总是最热闹,几乎所有的同学都到他家拜节。记得2005年的圣诞节,他给每位同学备了一顶红色的圣诞老人帽子,他自己也戴上,他家里站满了人——去的人实在太多,坐不开了。

毕业时,我选择了记者行业。跟几位同门向吕老师辞行时,吕老师问起将来的打算,几位同门中,两位留在高校,说有机会要继续深造,考博;一位进了企业;我则说,将来就算是考博,大概也会考新闻学专业的,然后有机会再进高校当老师吧。说这番话时,我有些心虚,怕吕老师责备我毕业后的工作跟诗歌无关。孰料,吕老师反而赞叹我的想法好,嘱咐我千万不要放松英语学习,无论是考博还是工作,都用得着。我一直记得吕老师的话,工作两年了,不管有多忙,坚持学习英语。

师母

不得不说说师母——李老师。她和吕老师就像慈母严父。尤其是我们犯错误了,惹吕老师生气了,心里那个怕,打电话给吕老师,他不在,李老师接的,她就会安慰我们,心里顿觉踏实。

李老师是清华最好的专业毕业的。她对学习很看重。我好奇心重,注意力不集中,什么都愿意尝试。一次,我跟着同学去吕老师家修电脑,见我对电脑探寻的样子,李老师提醒我说,要学着集中精力,做好一件事。我把这用在工作中了,很管用的。

李老师和吕老师的婚姻关系也让我羡慕。研究学问之余,吕老师会上街买菜、购物,回家做饭。记得一次,李老师出国即将回家,吕老师特意买了漂亮的胸针放在她的床头柜上,打算给李老师一个惊喜。李老师喜欢看韩剧,吕老师就去音像店租，去的次数多了，音像店的老板都认识吕老师了，早早给吕老师备好他需要——实际是，李老师感兴趣的影碟。

在我未上研究生之前，“学术泰斗”在我的想象中，该是不苟言笑，大概生活也有些单调和枯燥的吧。师从吕老师后，我彻底转变了看法。吕老师是个浪漫的人，他喜欢听歌、喜欢唱歌，有时候，去他家，会看见他坐在电视机前，跟着音乐频道的歌哼唱。《老鼠爱大米》、“黑鸭子组合”……他都知道。所以新诗所才有歌词研究学。他会跟学生们一起去爬缙云山，徒步上山，一路上跟大家摆龙门阵，逗大家大笑。他的家里陈列着他从各国带回来的纪念品。他还有一个QQ号叫“诗意的栖居”，这用在他身上是最合适不过的了。

写这篇文章的时候，我的眼睛几次湿润，太想恩师了。当年的任性、不懂事，当年的快乐，当年的受惠于恩师，一件件事情浮于眼前。一日为师，终身为父，用在我和吕进老师之间，是最恰当的了。最想说一句：谢谢恩师！您辛苦了！

刘丽娜，中国新诗研究所2003级校友，现供职于青岛日报报业集团。本文原载《中外诗歌研究》，2008年第4期。

秋·生日

郭芙秀

9月28日
是一个多么美丽的日子
缙云薄雾升腾
嘉陵秋水微凉
田野即将奉上果实饱满
等待滴入酒的甘甜

是谁在远方向此眺望
年轻的学子啊
急不可待地背叛青春
哗啦啦翻过三年
又哗啦啦奔向远方

如今为何感到疲倦
为何感到忧伤
为何在深夜
想起诗歌
想起追不回的三年时光

9月28日
是一个多么美丽的日子

缙云秋泉甘洌
嘉陵薄暮微凉
夜色即将奉上烛火
烛火也在祝贺桃李芬芳

有多少颗桃李
就有多少叶风筝
有多少叶风筝
就有多少根线
牵在吕老师手中
今夜让我们在千万个地方
共同举杯
祝愿恩师健康
祝愿我们能重聚于
诗歌的殿堂

郭芙秀:中国新诗研究所2003级校友,现供职于广东省政协。本文原载《中外诗歌研究》,2008年第4期。

思念长青

——写在恩师吕进70岁生日之际

刘晓飞

有您,我的记忆跨越版图
眷顾了西南一隅
那里便成了家乡

有您,我的生命朝着山城弯了一个明亮的弧度
几片鲜艳的花
在我的注目中蓬勃在一个叫北碚的小城

有您,豁达成了一种质感铮铮的风度
晴朗弥漫空间
温暖溜过心尖

有您,我一睹侠士风骨
仗义执言,麻辣畅快
神态间飘逸着火锅的味道

年华故去,岁月更迭
有您,我嗅到思念的碎片气息长青
与时间无关

刘晓飞:中国新诗研究所2003级校友,现供职于天津某大学。本文原载《中外诗歌研究》,2008年第4期。

从生活，到诗歌
——为恩师吕进先生七十华诞而作

姚春光

从一九三九，到二零零八
从抗战的炮火中
到奥运的歌声下
岁月在您的记忆里
刻下七十道年轮
您在诗歌的田野上
把有韵的畦垄耙了又耙

从成都，到重庆
嘉陵江畔，缙云山下
在小城北碚，在如诗
如画的西南师大
您撒下了诗歌春天的种子
——中国新诗研究所
终日以汗水和星光浇灌
看她发芽、开花
看她含着笑，一天天壮大

从冬天，到春天
从银杏叶儿黄

到四十多度的炎夏
您始终保持着写作的姿态
如候鸟飞过秋天般坚定
小小的笔尖点燃了
一朵朵照亮心灵的火把

每一支火把都弥散着芬芳
那些古香古色的汉字散落
在北碚温馨的小路上
在俄罗斯、日本、新西兰
在韩国、丹麦、美利坚
一如您朴素的脚印
从容,淡定,向着光明

从北方,到南方
从东边的海,到西部的草场
您已把诗歌的火种播下
桃李虽不言,师恩永难忘
在长春,在北京,在深圳
在杭州,在济南,在临沧
都有学生铭记您的教导
从昨天,到明天
先生的风范长留心上

从生活,到诗歌
您一丝不苟
您飘逸洒脱
以诗歌的态势生活
用生活的姿态写作

朝向七十级更高的台阶挺进
向着更高的天空——放歌

姚春光:中国新诗研究所2004级校友,现供职于杭州经济学院。本文原载《中外诗歌研究》,2008年第4期。

炭火:感恩添柴人

陶永莉

黑夜是冬天掩藏的故事
夜里的炉火熊熊燃烧着
炭火通红,渴望着热心的添柴人

添柴人
从大山深处
找来枯叶枝桠
从天涯海角
寻出石油煤炭

薪薪相印
冬天的炭火
向上,向上
燃烧,再燃烧

陶永莉:中国新诗研究所2005级校友,现供职于重庆邮电大学。本文原载《中外诗歌研究》,2008年第4期。

心语

侯少隽

有一处精神家园
在西南
登高遥望
朦胧中层叠的云山
不见你的容颜
埋藏心间
有一抹心灵想念
在西师
俯首苦恋
思念中浓墨的绿海
隐约你的娇容
深藏心田
有一坛怒放鲜花
在新诗所
低眉凝视
视野里斑斓的花意
绚烂你的繁荣
桃李满园

有一缕丝长牵挂
在山西

举头望月
双眸里闪动的泪花
折射我的记忆
思念母校
有一颗感恩赤心
在晋北
敲击键盘
指缝间流出的心意
代表我的心情
感谢恩师
有一份真心祝福
在忻州
寄情电脑
屏幕上跳跃的符号
送上我的祝福
华诞快乐

侯少隽:中国新诗研究所2005级校友,现供职于山西省忻州师范学院。本文原载《中外诗歌研究》,2008年第4期。

又见吕进先生

王丽

离开校园两年,远离重庆,远离曾经对我言传身教的老师们。在这两年之内,还陆陆续续见到一些同学朋友,但一直未与吕进先生谋面。

11日晚,在远望楼,远远地,看到他的背影,那熟悉的背影。“吕老师!”我不由得喊出。

几年不见,他依然精神矍铄,风趣健谈,和他在一起相处,永远都是轻松快乐的。“两张口”,这是他对自己姓氏的解释。有时想想,他真像有两张口。和他在一起,从来不怕没有话题,也从来不怕冷场,欢声笑语始终在他及身边的每一位人周围洋溢,“冷场”似乎从来不存在于吕氏辞典中。一个个很深刻的道理,就在他那一张一闭风趣的口中化解得那样无形和简单。

“送大家一本母鸡下的鸭蛋。”大笑中,我们无措。原来,新近出版的《吕进诗文选》被先生这样称呼。翻看其中的一些篇章,读书期间的一幕一幕再次浮现在眼前。文章中,提到很多曾经仰慕的诗人、作家,也有曾经听到过的只作笑料的故事,但再次翻看这本书,再次读这些人物和事件,体会到的不再是表面肤浅的认识,而是对生命的感悟,对理想的追求,是守住梦想的再阐释。

喜欢看理论书籍,最早是因为看不懂。但看吕进先生的理论书籍,从来没有看不懂的感觉,一如他的演讲,风趣易懂。先生所有的理论书籍,总能将一个个难解的话题论得风趣、幽默,深入浅出。诗论抛开了西方理论的艰涩,将诗话的语言带入了理论之中。诗话诗论,这样评价吕进先生的诗歌理论研究一点也不为过。从诗论中学习诗歌,读懂诗歌理论。

就是这样一个简单得好像从来没有“长大”的“老吕”帮助每一位学子成长。“无论遇到多么不开心的事,只要简单对待,不开心就会变得开心。”这是永远开心的吕先生对我们提出疑问的解答。是呀,吕先生居高处不胜寒,肯定也不会完全心得意满,总会有不开心、不顺利的事,但他从来不向困难屈服,从来不让困难看到他的畏惧,总是与笑脸和笑声相伴行进在大路上。

“许世旭先生去世了,我写了篇悼念的文章……”都说老人怕言老,但吕先生一直笑谈死生,从来都是直面人生。许先生去世了,与吕先生爽约了,不能按期赴吕先生之约而先期去另一个世界享受诗歌的盛宴。吕先生仍旧用乐观、爽朗的语言笑谈许先生的轶闻趣事,好像许先生就坐在我们周围,他的音容笑貌是那样的真切:一句“李在美”让所有人明白许先生是个典型的中国通,而忽略他的韩国国籍;几十年前在昏暗的灯光下围坐吃火锅的情形;参加世界华文诗学论坛的一幕;吕先生七十大寿时送的“贺礼”……

“《人民日报》没有刊登《哭韩国诗人许世旭先生》……”吕先生的文章因为投稿内容不符合报纸要求而被拒。这对于我们这些好面子之人来说,是从来都不愿提及的事,但从先生的口中我们并没有听出任何谨慎、做作和难堪。坦诚、真诚、简单是他成功的基础。就是基于这样的性格,先生在文人相轻的诗歌界口碑甚好,也结交了不少的朋友。在长江后浪推前浪的诗歌界,先生盛名远扬,无论是新诗界老前辈还是新的诗友,都喜欢以先生为师,与先生为友,新诗所的学子们无一不对先生推崇备至。

亦师亦友。学子在向先生学习诗歌的同时,也学习做人、做事,以先生为标杆,与先生为友。先生的故事不胜枚举,人格魅力在交往中不断张扬。马克思曾经说,他可能有很多敌人,但没有一个私敌。将辩证法融入诗歌理论的吕先生应该也是如此。

王丽:中国新诗研究所2005级校友,现供职于北京印钞有限公司。本文原载《中外诗歌研究》,2011年第2期。

春风化雨显恩泽　桃李天下哺芬芳
——吕进教授七十华诞庆典侧记

张晨曦

谢师恩，精心筹划庆华诞

“停车坐爱枫林晚，霜叶红于二月花。”

金秋九月，重庆，北碚，一家新开张的五星级酒店大厅内流光溢彩，大门两旁摆放的几个大花篮特别醒目，喜笑颜开的客人络绎不绝。

原来，9月28日是吕进教授的六十九岁生日，这个庆典可是新诗所师生共同等候的一个节日啊！说来也巧，至圣先师孔子居然也是9月28日出生的，这更带给人无限的诗的遐想。

来自全国各地的中国新诗研究所的博士和硕士毕业生，访问学者，研究生进修班的学员，一个个喜气洋洋。他们都是放下手边的工作赶回来的。从北京赶来的陈敢、段从学，从金华赶来的李蓉，从宁波赶来的钱志富，从福州赶来的王珂，从青岛赶来的刘丽娜，从四川赶来的傅宗洪、黄曙光、周建军、李卫涛……当然还有重庆的众多学生。一百多位学生不辞辛苦，回到了老师身边，团团围坐，谈笑风生。在西南大学文学院担任副教授的李应志博士是吕进教授指导的硕士生，也是重庆市首批优秀硕士论文奖的获得者。这天，他正发着高烧在医院输液，但心却时刻离不开恩师的生日庆典。当他毅然拔掉针头，拖着病体来到会场时，那份对恩师的情意也深深地打动着每一位在座的嘉宾。是啊，对他们来说，感受先生的智慧和风趣，是这一生中不可多得的精神享受。更何况是这样一个值得终生铭记的日子！

在由红色绸缎铺就的报到处，学生们写下一段又一段感言和祝福：

——吕老师,您的人格,您的诗歌,影响着作为学生的我们!

——吕老师,我不是您的好学生,您却是我最敬重最仰慕的老师,大师!

——祝福王冠诗人永远年轻,永远是我们可以依傍的参天大树。

——您在学术上有着很深的造诣,但在生活中却是一位非常风趣、可亲的人。我们爱您!

——敬爱吕老师,随时随地给予我们真诚的爱;喜欢吕老师,话语中总有诗情与诗意。来到重庆,来到西南大学,来到吕老师身边,才真正懂得了什么是诗意的栖居。

——守住梦想,守住心上的阳光;跟随吕进,走向新诗的希望。

国外的学子也寄回了他们的深情:加拿大的胡兴、美国的龙波兰、澳大利亚的柳杨……

筹备组的预设只是在重庆工作的毕业生聚会,既不请外地的,也不请在读的,更不打扰重庆市和学校领导,但是,"满园春色关不住",这一消息终究是封锁不住的。在获悉吕进教授生日庆典后,学校和市文联领导也都在百忙之中赶来贺寿。西南大学党委书记黄蓉生来了,校长王小佳来了,常务副校长宋乃庆来了,副校长李明、陈时见来了,重庆市文联党组书记王超也来了。在读学生或创作诗文,或编排节目,或折叠千纸鹤……都希望能以各自的才艺为庆典增光添彩,传达对恩师最美好的祝愿。

吕进先生是新诗所的创始人,这当然是新诗所的喜庆。同时由于吕进先生的诗学成就,这也是国内外中国现代诗学界的一大盛事。台湾的《葡萄园》诗刊社,韩国的许世旭,日本的岩佐昌暲,俄罗斯的卡拉别相,美国的非马、程宝林、王性初,泰国的曾心,澳大利亚的何与怀,一个个华文诗学名家闻讯也纷纷遥致祝贺。

吕进先生的为人与为学将一个"师者"形象大写在了我们的心中。东北诗人阿红为我们诠释了一个他者(社会)对于恩师的评价:"吕进,以他对中国古典与现当代诗歌诗论的广识,以他对世界诗史与著名诗歌理论的博知,以他对哲学、心理学、创造思维学的理会,以他敏锐的领悟、独立的思考,以他虽不算多却深有体味的创作经验,呕心沥血,运筹帷幄,终于为中国现代诗学创造了一个新的颇为完整的理论体系。"

为了办好这次盛大的聚会，以吕进教授的博士生开门弟子、新诗所现任所长的蒋登科教授，在重庆工作的新诗所毕业生刘松锋、李应志、黄仁强以及新诗所办公室主任左凤丽等组成的筹备小组，早在一个月前就为庆典进行了精心的策划和准备。他们邀请专家设计制作了吕进先生的铜像，作为生日的特别献礼。恩师的大寿，让许多已经离开重庆的新诗所学生又一次将真心的祝福洒在这片凝聚着吕进先生心血的校园里。他们纷纷从全国各地乃至海外发来贺信贺电，寄来贺卡，表达自己对先生的一份情感，无论远近，对恩师的情都是一样深厚，一样诚挚。

承师情，欢聚一堂贺寿宴

由于9月28日繁忙的吕进先生还在河南出席中国诗歌文化节，所以庆典移到了29日。终于等到了那个丹桂飘香的日子了。29日上午，10点，在“桃香李艳慧枝满庭惠天下，诗才诗思泽光盈堂益后生”楹联的掩映下，庆典正式拉开了序幕。

从四川外语学院赶来的胡登全、从贵州大学赶来的闫玉担任男女主持人，深情地将吕进先生“以出世的双眼审视、以入世的双手创造”的“诗意人生”娓娓道来。闫玉当时患有重感冒，是师恩的感召使她坚持着站到了舞台上，深情地述说着点点师恩。紧接着，幻灯片在音乐的流淌中无言地述说了先生对缪斯之神的一路守望。在那些逐渐晕染的时光底片上，光阴倒流，先生生命中多少的辉煌与灿烂历历在目：1963年大学毕业留校任教，1987年由讲师破格晋升为教授，1996年担任中国现当代文学博士生导师，将新诗研究所打造为与世界交流中国现代诗学前沿理论和培养诗坛后续力量的重要基地；他是国家人事部命名的国家级有突出贡献的专家，四川省劳动模范，四川省十大优秀园丁，中共重庆市委命名的重庆市优秀共产党员；他还是韩国世界诗歌研究会副会长，第一位获得世界诗歌黄金王冠的中国学者，重庆市文联荣誉主席，中国闻一多研究会副会长，重庆市现当代文学研究会会长……这是一条漫漫人生路的见证，一个丰富人生的简易画卷，正是这些岁月的沉淀成就了今天的吕进教授。冰心曾在《成功的花》里这样写道：“成功的花，人们只惊慕她现时的明艳；然而当初她的芽儿，浸透了奋斗的泪泉，洒遍了牺牲的血雨。”是啊，在吕进教授辉煌人生的背后,承载了多少鲜为人知的汗水与沉重!吕进教授守望缪斯之路的执着与坚韧,正是我们后生所要仰望和学习的。

西南大学校长王小佳教授虽然是一位农学家,却也是一位诗人。他和吕进教授的诗歌交往少说也有二十年的历史。他以学生身份致辞,盛赞了吕先生作为学者在诗歌领域的建树;作为新诗研究所创办人,将学术研究和教育结合以及在为人为学方面的成就;作为管理者和社会活动家,在以人为本、发扬民主多方面也取得了累累的硕果。动情之处王校长感叹道:吕进教授本身就是一笔财富,一座令人敬仰的山峰。最后他深情地朗诵了自己为吕先生创作的诗歌《有一尊铜像》——一片赤子之心,加上热情诚恳的祝词赢得了阵阵真挚的掌声。对为重庆文学艺术的发展做出突出贡献的重庆市文联荣誉主席吕进教授,市文联王超书记的致辞尽显风致:在敬祝先生生日快乐的同时纵笔勾勒了吕进主席为市文联工作的开展所取得的突出成就与重要影响力,表达贺意的同时满溢着对吕进教授的崇敬之情。随后是来自四面八方的弟子代表讲话,其中有宁波大学副教授钱志富,他代表博士生致辞,这些跟随了恩师多年的学生们从吕老师苦难的童年讲起,经历了种种磨难依然执着,直到如今成就斐然,这一路的风霜清晰地将一笔笔财富记录了下来,足以雕镂人心。吕进先生以其献身缪斯的苦斗精神,在中国诗坛开创了半壁江山;而对于学生来说,先生更令人难以忘怀的是作为教师的声声嘱咐,句句叮咛!西华师范大学文学院教授、教务处副处长傅宗洪博士代表硕士生发言,他褒扬了先生严谨自律、随和包容的人格风范,和以出世态度建构人世人生的积极理念,这正是先生诗歌的魅力所在,也是先生引领学生进入了诗美殿堂的重要基点。广西师院中文系陈敢副教授代表访问学者发言,他主要概括了吕进先生对中国新诗的三点贡献:一、对中国新诗文体的进一步完善,创立了中国现代诗学;二、没有学院派的局限,密切关注诗坛动态,发现新人,拯衰起弊,是在场的诗歌精神领袖;三、培养了大量的诗歌高级人才,高尚的道德情操与人格魅力时时处处感染着他的弟子。重庆市纪委常委、监察局副局长李宪女士代表研究生课程班学员发言,对先生多年辛勤耕耘,默默奉献表示深切的问候,认为桃李芬芳来源于教师风范的演绎和诗人气质的熏陶。表达了“昨天我们以吕进老师和新诗研究所为荣,不久的将来新诗研究所和吕老师以我们为荣”的愿望。从他们的致辞中,我们深深体味到了先生教书育人的丰硕成果和人格魅力。

庆典自始至终都高潮不断。最激动人心的还是先生的铜像揭幕仪式。揭幕嘉宾由新诗研究所硕士毕业生、福建师大博士生导师王珂教授和新诗研究所访问学者、四川大学博士生导师靳明全教授担任。吕进先生的铜像在一阵热烈的掌声中亮相，那庄重而慈祥的表情正是先生辛苦耕耘几十年，悉得百味人生后的淡然与镇定，是先生那严谨治学、宽厚为人的人生写照！随后，八层生日蛋糕闪亮登场，在主宾合唱的生日快乐的祝福声中，在象征七十年辉煌的生日烛火映照下，吕进先生默默许下心愿，气氛达到了一个小高潮，也迎来了精神矍铄的寿星致辞。在这欢庆的场合，吕进先生简朴的话语表达的依然是他的淡泊明志，是他的高风亮节，是他对所挚爱的诗歌事业不尽的眷恋和"鞠躬尽瘁，死而后已"的决心。简单的发言深深地打动和感染了在场的每一个人，经久不息的掌声传达着大家发自心底的对吕进先生的景仰和爱戴。2006级六位关门弟子簇拥着先生，送上火红的玫瑰和深切的祝福，中国新诗研究所所长蒋登科教授代表筹备小组宣读发来贺信、贺礼的单位和个人名单，那一串长长的名单就是缀满在先生这棵枝繁叶茂的大树上的累累果实。

解师意，文艺汇演献寿星

多才多艺的众弟子将他们精心准备的精彩的文艺节目献给老师，热忱地表达自己对恩师的一生不变的爱与永世久长的祝福。吕进先生的诗学研究具有中西合璧的非凡气质，曾广泛吸收古代诗学的精髓。众所周知，唐代是中国古代诗歌的巅峰，名篇佳句流芳千古，《春江花月夜》号称孤篇压倒全唐，是其中极富才情的华章。余晓静同学通过舞蹈《春江花月夜》将诗与舞完美地结合起来，婀娜多姿的身影翩翩起舞，演绎着古典的多姿，诠释着花好月圆，传达了美好的生日祝福。吕进先生是俄语专业出身，《喀秋莎》便是他曾翻译的一首俄罗斯诗歌。它是苏联著名诗人伊萨科夫斯基的名作，具有活泼欢快的节奏和异域民族风情，适合在这喜庆的日子上演。三位白衣白裙的翩翩少女演绎完这曲俄罗斯民歌，赢得了阵阵喝彩。重庆师范大学的近十位弟子的节目也十分感人。吕进先生一生与缪斯结缘，表演环节上自然少不了诗歌的现身。新诗所毕业生周蓉用满溢深情的语言朗诵了2002级研究生、四川文理学院中文系教师雷斌写给恩师吕进的生日献诗《一个诗人和诗神的守护者》；张国飞、纪颜颜朗诵了新诗所1988级硕士研究生,现为江苏盐城师范学院文学院教授、院长的义海博士的献诗《秋天出生的人》。人未来,心意到,一首首充满着感恩与祝贺之情的诗歌纷纷从各地诞生,他们是从这里走出去的诗人用最真挚的心传递的祝福。这些远方寄来的诗作无一不表达了莘莘学子对吕进先生的一片敬仰与爱戴之情。歌舞中间,西南大学常务副校长宋乃庆教授代表学校为吕进先生颁发中国新诗研究所名誉所长的聘书,这是对吕进先生在新诗所风雨兼程22载佳绩的肯定,并期待将其所确立的优良学术传统承续下去。

2006级的六位研究生有幸成为吕进教授的关门弟子,为了感谢恩师的关心和爱护,六位平时文静的孩子,此时此刻真情流露,倾情合唱富有深意的《好大一棵树》,并穿插了他们如泣如诉的内心表白——"老师,我们爱你",在歌声中与先生一一热烈拥抱,泪花在师生眼里闪烁,感动在来宾心中涌动……《守住梦想》是吕进老师的一首在学生中广为流传的诗歌,2003级博士研究生、新诗研究所教师陆正兰副教授特地为其谱曲,组成了有李正、常晶、宋星、梁磊、周蓉、张晓静、张晨曦、梁光焰、赵东、任岩岩、赵强、肖照东、张国飞、魏来、贺庆、赖春莲等人参与的小合唱队,歌声飘扬,仿佛在表现先生这几十年来一直执着与缪斯相守的心声与心中始终坚持不变的理想,"守住梦想,守住人生的翅膀;守住梦想,守住心上的阳光……"

十五年前吕进教授曾在莫斯科大学做高级访问学者,对俄罗斯的风土人情有着自己独特的体验,《莫斯科郊外的晚上》是吕进先生钟爱的歌曲之一,曹迪、纪颜颜、韦林利三人的演唱,唤回了吕进先生心中对俄罗斯的美好记忆。正像一首俄罗斯歌曲唱的那样:"当我们想起年轻的时光,当年的歌声又在荡漾。"在欢快的节奏中,吕进先生情不自禁地走上舞台与学生同台用俄语献歌,仿佛又恢复了年轻时的激情与欢悦!这一独具俄罗斯风情的表演将整个庆典推向了另一个高潮!

整台文艺汇演,都与吕进先生的生命历程息息相关,将他拉回到了自己曾经的青春年少,曾经的豪情满怀,让他在欢庆华诞的时候还能回忆起过往欢乐的时光。

最后由礼仪小姐收集了大家为寿星即兴写的祝贺词,作为献给吕进先生的一份特别的生日礼物。庆典结束后,大家在酒店外合影留念并到西餐厅就餐,"一生大笑能几回,斗酒相逢须醉倒",西南大学党委书记黄蓉生教授满怀激情地登台致祝酒词。她肯定了吕进教授在中国新诗研究中的重要地位及其在海内外学术界享有的崇高声誉,高度赞扬了吕进教授为学为人为师的高风亮节,并提议大家共同举杯为吕进教授祝福!

庆典在一片欢歌笑语中落下了帷幕,画上了圆满的感叹号!庆典虽然结束了,却给我们留下了无尽的回味!这是一次值得珍藏的诗人的盛会,既是吕先生个人的荣誉殿堂,也是对诗人这个称号的崇高尊荣!

张晨曦:中国新诗研究所2007级校友,现居成都。本文原载《中外诗歌研究》,2008年第4期。

品高儒雅亦吾师
——记吕进先生

杨东伟

如果严格按照师门传承的辈分论起来,吕进先生可以算得上是我真正的祖师爷了——我的硕士导师是熊辉教授,熊老师的硕士导师是蒋登科教授,蒋登科老师的导师则是吕进先生。按照向天渊老师的说法:有三代人以上的薪火承传就可以称得上一个传统。在中国新诗研究所的学术脉络里,吕进先生位于传统的顶端,而我这个徒孙则有幸忝列末端。但最有意味的事情是,这个本来按照线性逻辑发展的传统,它的顶端和末端却在某一时刻发生了奇妙的交汇。于我而言,与吕进先生相识,就像火柴突然被擦亮,就像心中燃起了温暖的篝火,升起了指路的明灯,这既是一种缘分,也是一种幸运。

当我于2014年负笈山城,进入中国新诗研究所攻读硕士学位之时,吕进先生刚刚退休,不再给硕士生开设和教授课程。作为晚辈的我不免觉得十分遗憾,因为本科时代就时常听闻吕进先生在诗歌界的大名,也读过先生的《新诗的创作与鉴赏》等诗学著作,更为感佩的是先生对于新诗理论体系的建构与阐释的功力之深厚。而当最有机会接近先生之时,却无缘在课堂上聆听教诲、领略其风姿,真是有古人所谓的"君生我未生,我生君已老"的喟叹,不过这种"错过"不是发生在一对相爱的恋人身上,而是一个求知若渴的晚生问学于长辈而不得的无限遗憾与失落。为了弥补这缺憾,我还曾跟同门的师兄一起商议过,是否能找个合适的时间一起去拜见吕进先生,但最终因为我的怯懦之心,也因为得知吕先生退休之后仍然忙于学术活动而无暇分身,所以这个计划也最终被搁浅了。那时我常想,可能真的无缘见到先生吧。不过我却牢牢地记住了我的导师熊辉教授告诫我的话,他曾对我说:"一定要认真研读吕进老师的《中国现代诗学》等诗学著作，因为他是当代为数不多的能真正领悟西方诗学理论，并以晓畅明白的语言把深奥的诗学问题讲清楚、讲透彻的理论家之一，更为重要的是他能创造性地吸收和转化西方理论，并把它们与中国新诗的发展实际结合起来。”熊老师的这些教诲进一步充实了我对吕进先生的想象，也激励我以先生为方向与标杆，不断朝向学术之峰努力攀登。既然无缘见先生，那就读他的书吧。

但有时候缘分说来就来，既让你意外，又让你欣喜。2015年1月，远在美国康奈尔大学访学的熊辉老师交给了我一项重要任务，让我帮忙校对吕进先生最新的散文集《落日故人情》，并嘱咐我一定要仔细且认真地完成这项工作。我自然欣然接受，因为这样既可以跟吕进先生取得联系，而且先生的新书我还可以先睹为快，何乐而不为呢？接下来的时间我就沉浸在阅读的欢乐里，我竟然在书中发现了一个完全不一样的吕进先生！之前阅读的大多都是先生的理论著作，论说的绵密生动，诗性的严肃一直是先生留在我脑海里的印象，但没想到写散文的先生彻底变了模样，完全没有一般老者固有的高高在上和颐指气使，而是笔下生风，情感蕴积，有时笑料迭出、谐趣幽默，活像一个老顽童，有时又深情款款，活脱脱一个素衣少年。但无论是怀念文坛故人、师长旧友，还是忆想过往教书办学的经历，这都是一个诗人满怀着温情与敬意、感激与怀念在书写这世上的情与事，处处荡漾着生命的喜悦与感动。从先生的散文中读出了这么多不一样的情感与气脉，这就愈发增强了我心中想见见这位老人家的欲望。这到底是一个怎么样的人呢？竟然让我觉得有些着迷了。

在校对这本书稿的过程中，我跟吕老师有过几次简短的邮件往来，虽然都是关于新书封面及照片选样的商讨，但都能明显感受到先生的认真与执着。在这期间，我将校对完毕的纸质稿送到先生家里请他审核，这是我第一次见到他。瘦高的先生开门迎接我，脸上堆满了笑容，显得是那么亲切温和，毫无老学究式的架子与气派，这让忐忑不安的我一下子就平静了下来。先生是健谈的，他询问了我的专业与籍贯，然后就讲起了曾经指导过的跟我同籍的学生，一些有趣的往事不断地从先生的口中蹦出，有时讲完故事的先生自己也情不自禁地哈哈大笑起来，房间里充满了欢乐的气氛，而我就像一个听故事的少年，听得津津有味、心驰神往，也像突然打开了一本奇妙无比的书，越发觉得这真是一个有趣好玩儿的“老头”。一老一少就这样相遇了，从此我的人生地图上就多了一位可亲可敬的长辈。我以为先生总是这样可爱而随意,但一讲起学术和书稿之事,他就立马严肃起来。令我印象深刻的例子是,由于责任编辑不懂诗学理论,将书稿中的“普适性”改成了“普世性”,而先生在校核之时又改了回来,并且郑重地告诉我说,编辑不懂这两个词的意义,但是你在论文写作的时候一定不要弄混这两个词,一定注意概念的清晰和用词的准确。这让我又一次领略到一位严谨的学者对待学术的一丝不苟,甚至近乎苛刻,也促使我反思自己在论文的写作之中是否也曾这样严格要求自己。这就是我与吕进先生的“人生初见”,在轻松与严谨中自由切换,不仅实现了我一直以来想拜见先生的愿望,也让我见到了一个不拘一格的老人的独特风采,真是何其幸哉!

后来我与吕进先生的交往就逐渐多了起来,每逢有空,我就愿意去拜访先生,听他讲故事聊人生。虽然他依旧忙于学术、讲座和各种会议活动,但只要他在家,我每次预约去拜访,先生从没有拒绝过。从天奇花园到紫云台,先生搬了家,但拜访却从没有中断过,起先是我自己一个人去,后来就约上了同门师兄徐臻一起过去。每次在先生家里一坐就是一上午,静静地听先生聊新诗所创立的历史、发展的状况以及这期间遭遇的艰难,也让我感到需要倍加珍惜在这里学习的机会,因为这里轻松自由的学术氛围,和谐温馨的人际网络都经历了三四代学人和老师艰辛卓绝的耕耘,一切都来之不易。我还听先生聊他与学界前辈的交往,从方敬、邹绛、臧克家到谢冕、洪子诚等,从中分明见出了一部诗坛学人的交往史,更为重要的是,这让我领会到吕进先生是如何从八十年代以来在与诸位先生的交往中确立起自己的研究对象,建构起独特的诗学观念,并如何像“守住梦想”一样坚守自己的诗学主张的,而吕进先生为人为学的高风亮节,也都在这之间凸显无余。

在与先生的交往中,我所做的最有意义的事情当属《吕进学术年谱》的编纂工作了,这自然也是受我的导师熊辉教授的嘱托所完成的,当时远在美国访学的他因为手头没有足够的资料,所以只好嘱咐我来完成这项艰巨的任务。我深知工作之繁难且重要,所以丝毫不敢懈怠。除了从先生处借来最基本的资料之外,还到图书馆、新诗所资料室以及各大网络资料库中查找吕进先生发表的作品,然后进行整理和编排。这期间我曾想从源头上梳理吕进先生的出身与家庭关系,以便为后来的研究者提供更为详细可靠的资料,我尝试与先生沟通此事,没想到先生却拒绝将这一部分内容编入学术年谱之中。他告诉我,学术年谱就应该集中编写与学术活动相关的资料，其他无关紧要的就不要写进去了吧。我因遭遇拒绝而心生沮丧，但转念一想：这才是吕进先生啊！在先生的心中，诗歌与学术始终是第一位的，除此之外，其他无足轻重的、与学术无关的先生都是不怎么在意的。那一瞬间，先生在我心中的形象又高大了几分，或许这才是我在以后的学术之路中应该学习的榜样。也许终生都做不到先生那种不慕名利、毫不挂怀，但“高山仰止，景行行止，虽不能至，然心向往之”。先生对我的影响就是这样潜移默化、润物无声。

在编纂年谱的过程中，吕进先生诗人的一生和学者的一生就像画卷一样展现在我的眼前，从小学生时代在《少年报》发表作品开始，到八十年代中后期在诗歌界声名大振，组成“上园派”，并逐渐写出了《新诗的创作与鉴赏》《中国现代诗学》等一大批极具影响力的著作，再到晚年提出“新诗的三大重建”“新来者诗人”“诗家语”等极具学术眼光与洞察力的诗学命题，吕进先生一生都保持着旺盛的学术活力，将一辈子的心血都浇筑在新诗的批评与建设之上，这是许多学者所不能及的，也是我们这些晚辈值得倾其一生追随和效仿的。然而，由于时间有限，我所编纂的学术年谱最终只能完成一个粗略的版本，我深知还有许多更有价值的资料并没有收录进来，比如发表在《重庆晚报》等报纸杂志上的许多篇章都无法搜集齐备，正如先生所说：“这是一个浩大的工程和课题。”我只是做了一点点抛砖引玉的工作，更为详备的整理和考订工作则要留给后来之人了，我也十分期待有人能继续挖掘和开拓吕进先生这座学术宝库。而提及这份年谱，让我颇感欣慰的是，今年四月初我回校探望先生，他向我提及这份年谱现在也帮他起到了记忆储存的作用，有些发表过的文章他自己也记不清了，会回头来翻看这份年谱，帮他重新确认具体的时间和篇目。听到这些时，我的心里倍觉温暖，能够通过自己微不足道的努力帮助到先生，自然也是一种幸福。

从在新诗所攻读硕士期间开始与吕进先生相交，到现在为止时间并不算长，但在晚辈中人看来，这已是足够让人羡慕了，我也常常暗中窃喜自己能有此缘分。因着这份机缘，我也能够更加深入地了解这位长者，而先生的品格与风骨在我眼中也就显得愈发夺目而耀眼。

吕进先生的笑声是爽朗而自然的，他待人宽厚，常怀一颗赤子之心。纵近耄耋之年也绝不固步自封，依然开明通达，宽容地接纳他人。而对于早年间别人对他不加辨别的指责与批评,先生也并不心积怨怼。在一次聊天的过程中,先生谈起了一件事,就是1982年中国作家协会主要领导到重庆召开的诗歌座谈会,史称“重庆诗会”。那个会,对刚刚兴起的朦胧诗进行了批评。吕老师说,本来,支持朦胧诗和反对朦胧诗都是诗人的权利,但吕老师不同意这种批评,他在会上没有就此发言,还在会下与北京到会的诗人邵燕祥交换过看法。但是北京发表诗会纪要时不知怎么居然署名“吕进”,他很吃惊,他当时只是一个讲师,一个最普通的参会者啊。先生只是被无端裹挟,被“当枪使”了。谈起这段往事,先生只是轻描淡写,并没有对批评界的恶意与不满有任何怨恨。先生说:“他们只是不知晓其中的缘由与背景罢了。”是啊,心胸宽广如先生者,何其少矣!在这个睚眦必报、争权夺利的学界,能有先生这般宽容实属不易。而从先生道出的隐情中,我们也不难看出,看似充满激情与理想主义的八十年代,实质上也无处不隐藏着权力的暗箱,先生虽裹挟其中,却始终心如明镜,是非曲直他始终有一把自己的标尺。

吕进先生是无私的,他从不居功自傲,独揽功绩。在向我们谈起新诗所的创立和发展史时,先生总是说,另外两位开创者方敬与邹绛先生才是最为关键的人物。而事实上九十年代中后期以后新诗所的工作全都由吕进先生一人独立支撑,包括这期间遇到的各种危机也都是先生想法化解,但他从不把这些成果揽到自己一人身上。在先生最近为蒋登科老师的新著《重庆新诗的多元景观》所作的序言的开头,他就澄清了蒋老师的导师除他之外还有方敬、邹绛、范培松等诸位先生,这种谦逊和无私与先生一生的言行是相一致的,也是一代学人的气度与风骨。相反,在谈起自己时,先生曾说:“我这一生最引以为傲的,排在第一的并不是我的学术,而是参与创立了中国新诗研究所,为诗歌界培养了许多重要的学者和批评家。”所以,每每谈及新诗所走出的学人们,先生总是两眼放光,从江弱水、王毅、蒋登科、陆正兰、王珂诸位先生一直到现在在所里工作的梁笑梅、熊辉等老师,吕进先生都如数家珍,既讲及他们的学术成就,也向我们爆料他们在学生时代的趣事,有时甚至令人捧腹不已,先生的幽默与风趣也由此体现得淋漓尽致,而先生也由衷地为他的弟子们所取得的成绩感到高兴和自豪。至于说到先生自己,他总是不愿劳烦他人,也不愿别人为他铺张浪费,我每次去探望,他总是嘱托我不要买任何礼物。因为吕先生早已名满天下,也桃李遍天下,所以每遇大寿之日,各方领导、朋友和学生总是蜂拥而至为他操办生日宴会,先生总是悄悄躲起来。但六十和七十大寿最终没有躲过,朋友们动用了各种“诡计”,把先生“忽悠”到了早已布置好的宴会现场,这让先生又惊又气。犹记得去年6月20日,吕进先生邀请我们一班小辈儿的学生吃饭,理由是要答谢我们曾帮他搬家和校稿。美餐一顿之后,即将分别之时,先生才吐露吃饭的原委,原来今天是先生的夫人李老师的生日,吕进先生不想被各种访客和礼物打扰,只想跟我们这些小辈儿的学生一起吃吃饭、拉拉家常,轻松一下。晚年的吕进先生愈发有一种返璞归真之感,他将我们这些徒子徒孙们都当作忘年之交,愿与我们一起喝酒谈心,真诚地对待每一个人,就像一个知心好朋友。

吕进先生是有傲骨的,这让我格外地记忆犹新。他向我们谈起早年的西南大学领导班子换届之时,教育部的领导曾三番五次地找先生谈话,请他出任校长一职,但先生每次都拒绝了,他说:“我的腰有毛病,太硬太直了,很难向人弯腰。”最后这事只好作罢。在旁人看来,出任西南大学的校长可是个“肥差”,既能享有荣誉,又能“掌控”一校之权力,还能捞到“不少好处”呢!但吕进先生却毅然拒绝了,这就是他的与众不同之处!因为他在骨子里是一个真正的诗人,是一个独立的知识分子,他不会贪图权位,巴结上司,更不会趋炎附势,而这在中国是多么难能可贵!在每个人都在绞尽脑汁向权力的高层攀爬的时代,先生拒绝的姿态显得那么的不合时宜,而正是这种决绝之姿才显出吕进先生高贵的人格与令人敬佩的精神品质。与此相关的是,先生还向我们谈起过他的一段投稿经历。一次他向某著名杂志投稿,编辑竟向他索要“版面费”,这让先生大为震惊。对于学界这种阴暗的牟利行为,先生痛心疾首,从此不再向这家杂志投发文章。不是先生出不起这“版面费”,而是他不愿同流合污,更不愿助长这歪风邪气。纵使后来这家杂志主动向先生约稿,他也再也没有给过他们文章。我想,先生定是想将这彻底坚守到最后。

吕进先生是乐于提携后辈的,他对我的关怀与帮助,让我铭感五内,也终生难忘。一次去先生家里拜访,先生问及我以后有何打算,我说想去跟随武汉大学某教授攻读博士学位,先生当即就说:“我跟他挺熟的,还有些交往,我向他推荐你。”说完这些,就拿出手机给那位教授发了推荐信息,这无私的推荐真是让我感动莫名,给了迷茫中的我巨大的鼓励。虽然最终由于身体原因,我并没能按时去武汉大学参加考试,辜负了先生的一番好意,但先生对我的提携和关爱却时常回荡在我的心间,我常常记起先生的帮助是那样的主动和及时,言语和动作是那样的毫不犹豫。在我硕士毕业之际,先生还力主将新诗所专门设置的“臧克家奖学金”颁发给我,鼓励我在未来的学业之路上能不坠青云之志,更上层楼。即使来到人民大学攻读博士学位之后,吕进先生对我的关心也一直在持续,仿佛他一直都在我身边。一次他在韩国参加会议遇到我的博士导师王家新先生之后,吕先生给我发信息说:“遇到了你的导师,跟他谈到了你,已经跟他打过招呼,他会好好教导你的。”先生的言语虽然简短,但这份爱让我体味到了一种亲人的温暖。恍惚间,他已不是一位老师,而就是看着我长大,时时刻刻都关心我的爷爷,在他的呵护与关爱之下,一切都那么让人觉得安心。我想说,这一生能有幸与吕进先生相交,真好!

吕进先生是我们中国新诗研究所的开山祖师,也是当代诗坛的一部活历史,他的后半生是与改革开放以后的新诗历史共同成长的,他的学术成就与影响学界也早有定论,自不待多言。先生曾在一篇怀念邹绛先生的文章中将邹先生为人为学的一生总结为一句“人到无求品自高”。我想,这句诗同样也适用于概括吕进先生自己现在的状态。不同的是,先生仍在以全部的精力为学界、为新诗所、为晚辈后学燃烧自己,奉献自己,受先生恩惠的人也将会越来越多,这是我们之幸。杜甫在《咏怀古迹·其二》一诗中有“风流儒雅亦吾师”这样赞颂宋玉的诗句,但“风流”一词似乎跟吕进先生搭不上边,所以我斗胆将诗句改成了“品高儒雅亦吾师”,献给我所尊敬和爱戴的吕进先生。而如今,我也成为“吕家军”中的一员,接过了由吕进先生、由新诗所递给我的这把火,愿自己在以后的学术之路中能接住这“神性的抛洒”,能守住诗歌的梦想,能承续新诗所这不断的根脉!

杨东伟:中国新诗研究所2014级校友,现为中国人民大学文学院博士研究生。本文写于2018年4月16日。

吕进老师的慧瞳

徐 臻

那天下午雨后天晴，紫云台清风微凉，如同此时让人泛起几许困意的下午，我第一次拜访吕进老师。吕老师家楼下有一湾浅浅的水池，至清、无鱼，而我路过它身边，它便像一只锐眼，把我倒映在天地之间。这静谧的瞬间与川端康成《雪国》开篇描写车窗中倒映出叶子精致的五官完全不同，随着微风摇摆的影像，看不清我自己的脸，却能看见时光里摇曳的身影。

每当我揣测吕老师看遍世间冷暖的双眼中如何映出我的形象，我总认为大致就如同那一湾浅池，水浅意深。“圣人忘情，最下不及情，而情之所钟，自在吾辈。”吕老师的双眼则既有智者的“忘情”又有长者的“钟情”，这也是让我敬佩又暖心之处。

每两周往返新诗所和紫云台一次为吕老师送信，已经成了我的生活习惯，这也让我有了更多和吕老师聊天的机会。直到现在，我都很享受坐在吕老师家客厅，听老人家讲述天南地北故事的感觉，恍兮惚兮间，我似乎也能触摸到卞之琳、臧克家、邹绛、方敬等老前辈的容颜。卞之琳有一首无题诗，余音绕梁：

我在门荐上不忘记细心地踩踩
不带路上的尘土来糟蹋你房间
以感谢你必用渗墨纸轻轻地掩一下
叫字泪不玷污你写给我的信面
门荐有悲哀的印痕，渗墨纸也有
我明白海水洗得尽人间的烟火

白手绢至少可以包一些珊瑚吧
你却更爱它月台上绿旗后的挥舞

其实我对生活充满了疑问,每每回首,总像在告别时光里的一幕幕,虽然我不爱把内心的困惑灌注到言语中,但吕老师总能用慧眼识破我灵魂深处的狂风骤雨,那时的我大概就像水池边摇摇晃晃的虚像,等待一次顿悟若银河般倾泻下来。吕老师从不会跟我讲大道理,而是若无其事地将某个故事娓娓道来,话音落罢,波澜不惊,就像曲径通幽处的禅师,当我放下茶杯,已然是放下了“人间的烟火”。

在遇见吕老师之前,即使我铭记着张枣那句“只要想起一生中后悔的事,梅花便落了下来”,但未必参破了它。哪去追问什么前世今生,哪去寻找什么六道轮回,答案怎么会是生生死死里飘洒的尘埃?我只把“后悔”的“梅花”铺满了灵魂蛰居的小小房间,却忘了这首诗叫《镜中》啊。每当我看到吕老师双瞳里的自己,画面就回到初到紫云台时的池边,终于明白吕老师原来是我生命中的那扇镜子,他从没明确道出我该是什么样子,却穿透了我心中对尘世烟火的执念与摇摆,此前我哪有真正看到自己,只是迷失在虚妄的五蕴里。

真正的“净”并非我那刻意期盼梅花落满南山之时。吕老师的眼神让我明白,我自以为是的修为不过是妄念罢了。“起心着净,却生净妄,妄无处所,著者是妄。净无形相,却立净相,言是工夫。作此见者,障自本性,却被净缚。”之所以看到吕老师的眼神就联想到池中倒影,大概就是老师所见我的本性本就是摇曳而清净的,但我一直努力让自己的生命成为一面“镜湖”,这哪里是见性,分明只是束缚自己的灵魂。吕老师一直不用什么人生哲理来教育我,而是在每半个月的相见时告诉我不同的故事,此时我才了然,开悟在刹那,著言便成妄,他希望我明白的东西,说出来就不再是它们了,这要靠我自己领会。我不再惊诧吕老师眼中的自己时,才真的做到了“心念不起,名为坐;内见自性不动,名为禅”。

吕老师并非远离人间烟火的修行者,而淡漠须从浓艳场中走过,如惠能言:“心平何劳持戒,行直何用修禅?”每次他讲故事都充满幽默和激情,但语罢风影无心,又梨花落尽。

按辈分算起来,吕进老师应当是我的师祖,他总是把我这个徒孙当亲人一样对待。大约在元宵前后，我和吕老师约好某个周五见面，但吕老师记错了时间，以为我会周三到紫云台，待我解释清“误会”后，吕老师告诉我：“大概太想你了吧，所以记错了时间。”收到信息的瞬间，一阵温馨暖遍了全身，吕老师在我心中的形象更加立体而丰满了，既有智慧的双瞳，又有温热的情怀。我实在不知什么样的幸运和缘分，才让中国新诗研究所把我揽入了怀抱，让我有幸得到吕老师这样睿智之人的关照。

在即将毕业的季节里，我更加珍惜每两周一次的“访台”之行，每一次都能有不同的开悟。或许时光也会把我浸入到吕老师的故事中，当后来的同门学子到访时，我那摇曳的倒影将成为吕老师口中另一个水波不兴却字字厚重的故事，无形中，我就成为了禅意的一部分，对我而言，将是多么温暖的幸运。

那么，愿时光温柔，我于恋恋红尘中不忘吕老师的慧瞳，于念念中，自见本性清净，见诸境而心不乱。

徐臻：中国新诗研究所2015级博士研究生。本文写于2018年4月15日。

第三辑

海外青鸟

有山有水的校园里,我曾做过岛民

(韩国)许世旭

我步下重庆站的月台,是1991年2月1日清晨5点40分。我生来第一次踏上重庆的土地,这久所羡慕的渝州。重庆还在漆黑的黎明,有位嗓子大、双肩壮的人冲破拥挤的人群喊出我的名字,他就是重庆的土家族诗人冉庄。日高了,西师新诗所派了车接我,我就摇摆了将近两个小时的山路。车子停了,忽有高个子清瘦脸含笑迎我,他就是西师新诗所的所长吕进。

他把我下榻于专家楼3号,然后开始一连串的访问,带我吃饭(算是接风),邀我座谈,趁此拜见方敬先生,带我游览缙云山、北温泉、小三峡等。第二天一早,他请我吃早点时,郑重聘我为客座教授,受宠若惊,不知所措,没想到过一会儿就由钟章成校长,亲自颁予聘书。我与西师新诗所的结缘,就如斯仓促。

吃完早点,老板(自从我接聘,我一向这么戏称吕所长)命我讲座,只好遵命,题为"海峡两岸诗之发展比较",这是新诗所给我的第一张考卷。考完试,我就赶回城区,亦由冉庄兄陪我参观韩国临时政府旧址于莲花池,然后匆匆搭乘天府轮,开往三峡。那夜,我独享一碗两块钱的回锅肉饭。

回国月余,老板寄一张报纸(1991年3月21日,《重庆晚报》)到首尔来。一翻就有吕所长写的一篇应酬《迷人的许世旭》,一看题目,猜必是美言之类,但文中揭露我冒充中国人而占便宜的丢脸事儿。就是那天自成都来渝的夜快车,不按规矩买外宾特价票坐上软卧的。

当年的12月12日,我飞抵新诗所守约舌耕了。开始了整整一个月艰难而幸福的教书生涯。我所以说艰难者,有二:一则每周授课十二小时,熬过紧凑的工程;另一则住居环境之孤立,我所寄居的专家楼,虽为校园,而远隔市区,宛如市中孤岛,或如深山寺庙。唯一的邻居是门房的警卫,而从不来往,从不过问。设施也简陋，连一架电话都没有，电视更不用说了，就让异客辗转反侧于冬天永夜；尽管说寂寞是写诗最佳的土壤。

我所以说幸福者，也有二因：一则教程虽紧，受业却少，硕士班学生，仅止四名，而我们师生，亦师亦友，每逢薄暮，把酒论诗，每遇周末，游山玩水，可谓水乳交融，从来被老板昵称“四条汉子”。另一则天公造福，我所执教的一个月当中，天天披上了蒙蒙雾，时时步着迷花世界，尤其碰上了一次六十年来的大雪，使我召集“四条汉子”，借专家楼的院子打一场“死去活来”的雪仗。样样岂不是幸福岁月呢！甚至我说艰难的单身遁迹也带来难忘的怀忆。譬如每个晚上我把几十册书堆积于床角，躺下来翻翻书，陶侃运甓一样地把看完的书堆给枕头左畔，如果还不想睡，又把左畔的书翻翻，堆给右畔，这样运来运去之间，不知东方之既白也不是没有的。

还有，我是有名的馋嘴：老板请了几次火锅，我们边吃边吹牛，吃到夜半，还是没吃饱，老板还要加菜，我则装着鼓腹，匆匆起立，其实仍想继续细品。

一晃十年了。2002年11月20日起，又应邀讲学一个礼拜，这是第三次在中国新诗研究所的舌耕。所势比起十年前，大有增进，老所长升任中国诗学研究中心主任，而新任所长由年富力强的蒋教授接棒，至于空间，简直由斗室到广厦，学生更是如此。我的讲题重点，放在古典诗与新诗之融合，海峡两岸诗与传统文化关系以及韩、中新诗发展之比较。

我贪玩的天性丢不开，课余仍是诱惑几个学生，集体健行于金刀峡、钓鱼城等，谈笑之间，渐渐随和，而究竟热不到“四条汉子”他们那种小侠味儿。

临别，还是依依不舍，吕老板殷勤地说一声：“老兄！两年后，请回来！我们师生，为你祝寿。”这句话，却听不进去了。因为我一直以为那句词儿与我无关。

再过两年，就是2004年9月20日，我又回来了。这次名堂可多了。不仅出席“首届华文诗学名家国际论坛”，宣读我的论文《中国诗人，必须中国》之外，还参加梁笑梅的博士论文答辩会，而且还要我讲一次学，使尽客座教授的职守，题为《台湾军旅诗人的放逐意识》。

国际论坛结束了，新诗所的同学们似乎又在忙碌了。果然第二天晚上（9月23日），他们借国际中心的大厅，弄得五彩缤纷的礼堂，他们抓我坐上中央座辉煌的灯光下。好不舒服，简直受罪，这种“宝座”，确是生来初次。新诗所的全体师生,满座热烘烘,先从吕老板开场白,说的说,唱的唱,跳的跳,相声的相声,场面真切又感人。最后,学生们公推陆老师领我跳舞,结果我只是被她蹒跚牵走。节目不止于此,学生们折好七十只纸鹤送我。其中多少个"寿"、"福"字,令人俗气,而"这也是你的家"一句,最令我感动。对!这儿尽管没有郁金香、琥珀光,但是使我够迷醉而"不知何处是他乡"的客地呢。

附:怀北碚[①]

雾浓的日子,总是舒适
仅见我走着的几步路
仅见我站着的一块地
仅见与我携手的人
连同行的鼻子也朦胧起来

昏沉白日,染上了桌灯
淅淅霏霏的黄昏细雨中
步出专家楼的小院又拐几个角儿
远见袅袅的寒烟古驿
近见温馨的柳枝纱灯

每逢四合薄暮时,我挥着马棒
风衣飘飘地带领"四条汉子"
解渴解颜,对酒当歌之后
就把踉跄身影印给泥路上的
那师生一伙的幸福岁月

吠日的地方做客好
坡下有清瘦的高个子站着
供我一个夜也吃不饱的火锅

①许世旭:《一盏灯》,天津:百花文艺出版社,2005年。

风呼呼的清晨,电话响了
叫醒过正要步入天涯那边

许世旭(1934-2010):中国新诗研究所客座研究员。曾任韩国外语大学中文系及高丽大学中文系教授,历任韩国中语中文学会会长、韩国现代文学学会会长,共出版学术著作及创作、翻译等作品70多种。本文原载《中外诗歌研究》,2005年第4期。

吕进兄,辛苦了!

(日本)岩佐昌暲

认识吕进教授是1991年5月,那年九州中国学会年会在九州大学召开。他在会上做了演讲,演讲的题目,我已经记不清楚了,只记得是有关中国新诗的问题。九州中国学会是日本著名的,也是九州地区规模最大的中国问题研究者组织。年会每年5月在九州地区各大学轮流召开。吕进教授那次应邀来参加,据说在大会宣读论文后,还去九大箱崎校园的文学院做了学术交流。

我的记忆很朦胧。记得会后的一天他到九大六本松校园来找我,我的研究室在那里。我们在研究室里谈了关于中国新诗的一些问题,然后去大濠公园散步。大濠公园离六本松校园很近,走十几分钟就能到。那是福冈最大最漂亮的休闲公园,我们在那里照了相。现在手边没有这张照片,但吕进教授坐在公园中心湖边微笑的神态还记忆犹新。走出公园我们去了福冈最繁华的市中心——天神,我邀请他玩日本流行的弹钢球的游戏——pachinko,但我们很快就输了几百块钱。我的记忆又模糊了,记不清是哪天晚上,我们在中国留学生邓红的寓居开了一个小宴会。邓红武汉大学历史系毕业后来九大念博士,现在在大分县一所大学当副教授,是海量。我们那次好像喝了很多酒。后来怎么样,我的记忆断了。

那次交往,吕进教授给我留下了很深的印象。他很幽默,但我隐隐感到那幽默的话语里含着对日本社会十分尖锐的批评,而这批评好像又反过来激发他对自己国家的忧患意识。虽然现在记不真切这样的感觉来自他的哪些具体言论,但第一次见面,吕进教授给我的最深刻的记忆不仅是一位著名的诗论家,还是一位时刻忧虑着自己国家的知识分子。

第二次见面是93年9月。那年我被选为日本文部省在外研究员,计划3月离开日本到美国、香港和中国从事为期10个月的在外研究活动。出发之前，我已经收到西南师范大学中国新诗研究所发来的国际研讨会通知，答应参加会议并宣读论文。我大概5月或者6月在香港接到吕进教授的信，催我把宣读的论文稿寄给他。我将手写的稿子用香港中文大学的传真传给了他。结束在香港两个月的访问后，我去了北京，在北大中文系谢冕先生那里做访问学者。9月我第一次去重庆。之前到成都旅游，顺便参观乐山郭沫若故居。恰好在成都机场遇见了秋吉久纪夫的儿子秋吉收，他现在是九大语言文化研究院的副教授，当时正在九大念博士。我们一起去北碚西南师范大学。这次见面，吕进教授是以一名国际会议的主持人的身份出现的。晚上他到我的住所来找我，要我在开幕式上讲几句。这应该是福冈分手后第二次见面吧。为了开好会他做了大量的工作，这是我们局外人也看得出来的。因为他太忙，我们只能匆匆地简短交谈了几句。会议结束的那天晚上，我往他家打电话，想跟他好好聊聊，可他不在，我感觉有种丢东西的空虚。第二天一早我随其他与会者一起离开了北碚。

93年12月（或许是94年1月）他到俄罗斯访问，出国前来北大看望他在北大念书的儿子，顺便来看我。我当时住在北大勺园，外出回房间时看见门上贴着一张留言条，写着“岩佐先生，我来看你，你没在”云云。这样我失去了补偿空虚的机会。

第三次见面是04年8月在武汉大学召开的闻一多国际研讨会上。那时我们住在同一个宿舍。天天见面，天天交谈。记得他做大会发言时正好我当主持人，我非常忠实地履行主持人的职责，很严格地让发言人遵守规定的12分钟报告时间。吕进教授演讲时，我心里很着急：您这样讲下去来不及讲结论，就超过规定的时间了。怎么办呢？还是遵守会议规定的发言时间吧。于是时间一到，我立刻打断了他的话，吕进教授很吃惊地看了我一眼。晚上吃饭的时候，他装着怨恨的样子对同桌的几个人说：“我刚开口岩佐就打断了我的话。”我笑了，他也笑了，听的人都笑了。后来有时还想起这件事，这在日本的学术会议上是很正常的，可在中国也许很少见，尤其是对吕进教授这样的名人来说，是不是一件有损体面的事情呢？我直到现在还觉得很过意不去。也有对不起他的事，都与他主持新诗所召开的国际学术研讨会有关。新诗所成立以来举办过各种主题的学术研讨会，为促进诗学研究的发展，加强国际学术交流做出了很大的贡献。这些学术活动的成功当然与吕进教授在这个研究领域很深的造诣、很敏锐的目光以及卓越的组织能力分不开。许多会议我都接到了邀请函,但因为这样那样的原因没能去参加。04年在武汉,他非常盛情地邀请,甚至让我产生了“不到北碚非好汉”的念头。后来不巧又有事没能成行。这些事现在想来还有些不安的感觉。

写到这里,我很吃惊地想,我和吕进教授已经交了十五年的朋友,感觉里,我们经常见面,经常谈话。其实十五年里真正面对面交谈却只有三次。真有些不可思议。这可能是我们经常通信,特别是近几年通过电子邮件交流得比较多的缘故吧。

今年他领导的西南大学中国新诗研究所迎来了建所二十周年大庆。听到这个消息,我脑海里首先浮现的便是与吕进教授十五年的交往。上次在武汉我跟他说:“其实我没去过新诗所,不知道新诗所在西师的什么地方。”吕进教授说:“不会吧,您是新诗所的客座教授啊。”真的,我确实不知道。可我比较了解吕进这位诗人、诗歌评论家。我喜欢他的坦率、热情和幽默。他的这些性格特点是通过跟他的极平凡的交往中体会到的。我正是通过他了解新诗所的。在新诗所二十周年生日来临之际,请允许我说一声“吕进兄,辛苦了!”,以此代替祝词。

岩佐昌暲:曾任日本九州大学教授,2005年起任九州大学名誉教授,熊本学园大学教授。日本现代中国学会常任理事、日本郭沫若研究会会长、九州中国学会前会长。本文原载《中外诗歌研究》,2006年第1期。

一束缪斯灵光的聚焦

(泰国)曾心

吕进是一个有自己完整诗学体系的人,这在当今的中国诗学界并不多见。尤其是他的文体理论,非常深刻而周全,既是现代的,又是传统的。

吕进先生是我敬重的中国诗评家,我是2007年10月在第二届东南亚诗人大会上认识他的。那次会议在广东韶关举行,吕进先生为会议提交了论文《东南亚诗歌:本土与母土》。他写道:"东南亚是华文诗歌正在成熟的一个富有特色的组成部分,蕉风与华韵的交融富有艺术魅力。"在会议的闭幕式上,他又受邀为会议做学术总结。他的文章和总结讲话,给我、给到会的东南亚诗人,带来惊喜,留下深刻印象。大家都喜欢他,尊敬他。我就是从那时起和吕进先生开始交往的。我发现,他简直是桃李满天下,许多著名诗评家都出自他的门下,提到他,都对"吕老师"很仰慕,也很自豪。所以,我也跟着他的弟子叫他"吕老师"。我比他稍长,他总叫我"曾心诗兄"。见面不多,电邮很多,了解日益加深,友谊日益增长。

2009年由吕进先生担任主席的第三届华文诗学名家国际论坛在西南大学举行,我受邀出席,并在开幕式上担任五位主题讲演者之一。2010年7月,泰国留中总会文艺写作学会庆祝成立三周年,凭借我和吕进先生的友谊,留中总会请平素不太喜欢出门的他来到泰国,并做了《中国文学的诗化特征》的学术讲座。他关心我们的"小诗磨坊",为我们的年度诗选写序。

在和吕进先生的交往中,我产生了一个强烈愿望:把他那些被人评论和引用很多的著名诗学名句编成一本语录体的书,这就是《吕进诗学隽语》的来历。我和吕进先生的弟子钟小族先生,以及其他几个西南大学在读的研究生,一起努力,从几百万字的著述里花中选花,选编出了这本十来万字的书。说实话,吕进诗学体系博大精深,选编这本书是有难度的。尤其是我们考虑到,为了读者的方便,要尽量把篇幅压得简短一些,这就更是难上加难了。我们尽量努力,把它分为“诗美篇”“诗歌分类篇”“诗运篇”“诗人篇”“诗歌技法篇”和“诗歌鉴赏篇”六个部分,希望能给读者提供学习和使用吕进诗学体系的某些方便。

吕进在小学年代就开始发表诗歌,所以中国诗坛泰斗臧克家曾在《吕进的诗论与为人》一文中说:“吕进同志,从少年时代就发表诗作,以诗人之心论诗,自然知其意义与甘苦。”自儿时起的诗歌世界大大改变了吕进的现实人生。接触过他的人都有一个强烈感觉,就是他的人生的理想标杆很高,他在努力创造一个诗化人生。许多研究他的文章,都注意到他的人生风度:轻人之所重,重人之所轻。这里的“人”就是俗人、庸人,所以出现在我们面前的吕进先生总是脱俗的、乐观的、明朗的。他有一句座右铭:“心中别有欢喜事,向上应无快活人。”这个座右铭也成了他的学生们的人生指路标。也正因为别有向往,所以吕进先生心胸很宽广。对于人生中遇到的某些一般人难以忍受的另类,他完全不屑理会。新西兰诗人游子先生曾感叹说:“像吕进这样胸怀的人,是很少的。”

吕进是一个有自己完整诗学体系的人,这在当今的中国诗学界并不多见。尤其是他的文体理论,非常深刻而周全,既是现代的,又是传统的。1982年他出版《新诗的创作与鉴赏》,一时洛阳纸贵,重印3次,印数4万册,市面上仍然找不到。许多诗人,甚至现在身在海外的诗人,都在文章或博文里回忆,当年给自己引路的案头书正是这部著作。从那时到现在,可以说,吕进的著作等身,迄今已撰写和主编了近30部著作,一些著作还是多卷本,他受命于四川省人民政府担任主编的《四川百科全书》甚至有29卷之多。

几十年来,吕进在中国诗坛一直保持着强劲的影响,持久而不衰。有人说,西南大学并不在北京,但是吕进在遥远的重庆发出的声音总是受到全国诗学界的关注,这是一个当今诗坛的奇特现象。谈中国现代诗学而不知吕进,将是一个笑话。以他为领头人的“上园派”是新时期中国诗坛的与传统派、崛起派并立的重要诗学学派,已经进入两岸的文学史。进入新世纪,吕进又提出了以振衰起弊为旨归,以诗歌精神重建、诗体重建、诗歌传播方式重建“三大重建”为内容的“新诗二次革命”,掀起了新诗从“破格”转向“创格”的浪潮。

说起吕进先生,当然要说到中国新诗研究所。上个世纪80年代成都著名女诗人王尔碑曾发文说，重庆有三大宝：“火锅，长江大桥，还有中国新诗研究所。”香港著名诗人犁青也说，到新诗研究所就是“朝圣”。吕进说，他这一生最重要的科研成果不是某部书，不是某篇文章，而是中国新诗研究所。1986年的端午节，因为对新诗的守望，在吕进向学校的建议下，中国新诗研究所诞生了。这是新文学历史上第一家新诗研究机构，是西南师范大学的独立建制的系级单位。吕进出任所长，诗坛前辈臧克家、卞之琳受聘为顾问教授。在25年里，中国新诗研究所经历了不同寻常的风景，信心满满地走在寻梦之路上。从一名在读研究生到今天的一百多名在读研究生的数量变化，从于今遍布中国诗学界的毕业生的活跃与影响来看，见证了新诗所25年的不无光辉的历程。而吕进始终是中国新诗研究所的旗帜与灵魂。

新诗所出来的弟子号称“吕家军”，无一不敬爱自己的导师。在吕进先生70寿辰的时候，各国各地学生不顾导师的反对，赶回重庆祝寿，并制作了一个吕进的铜像。西南大学校长王小佳在为四卷本的《吕进文存》写的序言《删繁就简三秋树，领异标新二月花》里提到这件事：“这样的学术带头人在学校是不多的。他为学校的建设，尤其是文科的学术建设，做出了自己的贡献，也因此受到全校师生的敬重。先生七十大寿时，学生们自发地为他塑了一尊苏格拉底式的智者的铜像就是最好的例证。”我也为此写了一首诗《铜像》，刊登在《中外诗歌研究》杂志上：

新诗重镇的山城
一座龙族新诗形象的坐标
俯察
一首熟透醉人的新诗
仰观
一束缪斯灵光的聚焦

曾心：本名坚盖·塞他翁，生于泰国曼谷，毕业于厦门大学中文系，泰国华文作家协会秘书长，曾获第8届亚细安华文文学奖。本文原载《重庆晚报》，2012年3月26日。

诗学泰斗吕进

(新加坡)陈剑

认识吕进教授,已是上世纪九十年代初的事,但在八十年代就已经拜读了他的诗论宏文。我是在1979年5月首次访问中国,当时中国正式对外开放,我当时是美国技术财团的亚太副总裁,也是一个中美商贸理事会新加坡分会的副主席,带了该会的访问团受邀参加在广州举行的春交会,之后还到北京做正式访问,那股激动和兴奋劲不在话下。

访问期间,其中最激动的还是抽空到新华书店去选书,当时最最要找的是有关诗歌理论和批评的书籍。那时,到新华书店买书还颇费周章,书架整整齐齐排在离购书人有那么一两米远的柜台后面,首先必须练就火眼金睛,看清书脊上的字,然后得哀求板着晚娘脸孔的售货员帮你拿过来给你。有时,她还不是温文有礼地交到你手上,而是往你面前一丢,落在柜面上。我当时看到这情况,真来火,便找了经理人员控诉一番。他看我是外宾,态度立即转变而特别准许我入内自己到书架前选购。结果是,我总共买了27纸箱的书,用航空寄回新加坡。最开心的是买了上百本的新诗集、传统诗词的诗词论集,但新诗论集还是为数甚少。

这情况到了1980年代中期有了重大改变。这时已经结识了一些作家和诗人,并有了一些来往,也拿到难得的《诗刊》、《诗探索》、《星星》等诗刊,拜读了吕进教授的诗论文章如《新诗话》、《读诗札记》、《论新诗语言的精炼美》等篇以及他的一本不及百页的《一得诗话》。最兴奋的莫过于买到了他的第一本诗论专著《新诗的创作与鉴赏》。对我来说,这可是极为可贵的第一本系统论述新诗创作的著作。

在南洋,新加坡是华人重镇,当时华校还是极为兴盛,虽然华文书籍进口受到限制，但仍然可以买到不突出意识形态的书籍，但来来去去也就是闻一多、朱光潜等人的诗集和诗论集。此外，便是于1970年代，来自台湾诗坛为数不多的诗歌散论。对我们这些文艺青年来说，养分是极为贫乏的，所以像吕进教授的《新诗的创作与鉴赏》这样一本砖头论著，那简直就是一份大补剂。之后，便陆陆续续买到他的诗论专著如《新诗文体学》、《中国现代诗学》、《吕进诗论选》，以及最新出版的《现代诗学：辩证反思与本体建构》等专著。可惜，这些珍贵的专著在南洋书市却不易买到，或根本无人进口。我则因经常出入中国，也有专人帮我购买书籍，可以买到所需书籍，一般文友，便难于取得相关资讯。因而，我的研究室便也自然成了文友们的图书馆，吕进教授的诗论观点因而得以传播。现在，由于网络发达，文艺青年在学习途径上有了许多方便。

也在1980年初，我与香港著名诗人犁青有鉴于两岸三地与世界华文诗人的隔阂，深感有必要通过组织的方式构筑一个平台，把大家联系起来，从事互访与交流，促进彼此间的友谊与合作，我们便借业务旅游的便利，往返于中国与世界各地，与诗人们沟通，特别在大陆，必须有得力的诗人来主理其事，我的老乡野曼主持《华夏诗报》，通过掌管广州文化事宜的杜埃先生把我介绍给野曼。犁青与我便与野曼商讨组织诗社事宜，一拍即合，立即召集中国及世界众多诗人汇聚于惠州西湖举行诗会并由其中24位诗人正式成立“国际华文诗人笔会”。有了这个平台，便开始广泛联系各地诗人。吕进教授是我特邀参与国际诗人笔会的嘉宾之一，也从此建立起我们之间的友谊。后来，吕进教授一手创立的全中国第一家新诗研究所主办“华文诗学名家国际论坛”，我有幸每一届都受邀参与而得与中国当代主要诗论家相识并受教。

吕进教授与我的诗观以及对国内国际诗坛的看法和观点十分一致。许多诗人也都是我们共同的朋友。吕进的公子于国内外进修，学而有成，成为当代为数不多的金融专才，服务于国际著名金融机构并常驻新加坡。吕进教授伉俪每年一至两次必来新加坡探访其儿孙，一住就是一个月。他每回来新，我们必然相聚，我们之间的情谊更为紧密和牢固。生活上，我们其实都有过一些相似的经历。他夫人李教授曾罹患严重病痛，他不离不弃，悉心照顾，既是保姆，操持一切家务事，又是随身护士，护理当时卧床不起、行动不便的夫人，特别是手术后的护理更为费神和费力，更不说还要定期送院复检时的艰辛历程。长达经年的护理中，还从不懈怠备课、讲课的教学工作。我在爱妻罹患癌症的一年半的护理中亲自体验照顾病人的辛苦,比起吕进教授,我则幸运太多了。新加坡医疗发达,设备完善,护理到位,我免除了许多他当年遭遇的艰辛。今天,李教授虽仍有微恙,但行动自如,精神奕奕。吕进教授谈起当年照顾夫人却轻松带过,这除显示吕进教授对夫人的深深的爱之外,更昭示着吕进教授为人的谦逊。在与吕进教授众多的学子交往中,也发现他们都深深受益与折服于吕进教授渊博的学养外,更敬佩他的为人待物,他善待学子,循循善诱,却不失严格的学术要求;对同事,则极尽其扶持相助之力。他总是慷慨热忱招待任何来访者,让来者都感觉宾至如归,情同亲人。

吕进教授重要的学术成就不仅仅在于他丰盛而独到的著述与据之建立的诗歌理论,更在于他的诗歌思想。首先他十分重视传统诗学的学习研究与批判性传承,并要求在传承中实现"现代性转换"。其二,他是学外语出身的学者,熟悉西方现代诗学,在引进和借鉴西方诗学理论和实践上,他反对"生搬活剥",认为必须进行"本土化转换"。1980年代新时期,诗界在传统派与崛起派的大辩论时期,他与朱先树等人于北京上园饭店组成了后来惯称的"上园派",提出了以转换论为中心的诗论而形成为许多新诗人遵循的"上园道路"。他为中国新诗坛注入了鲜活的诗歌新思维,是中国新时期诗学独树一帜的重要贡献。此外,他后来也是区域化诗歌研究与区域诗史的开创者,成就了厚重的《20世纪重庆诗歌发展史》而深受好评。

进入21世纪,针对中国诗界现状,他与诗论权威之一的骆寒超教授一起创导了"新诗二次革命"。目的在于推动新诗的再次复兴,提倡与推动诗歌精神重建、诗体重建、诗歌传播方式重建的三大重建。此举一石激起千层浪,震撼了诗坛,引发诗界的重视和辩论,至今仍为诗坛热门话题。

吕进教授对诗歌学术教育的最大贡献是他在西南大学里首创建立起诗歌教学体系,突破大学体制,开先河创办了中国第一所新诗研究所,提供诗歌学术从学士到博士的正规学位,至今已超过三十年,培养了众多诗歌教学人才,为中国各大学培养了许多诗歌教学的师资,为百年树人的教育事业增添了新的元素,提升了新诗学术研究和创作前所未有的高度,为中国这诗歌大国做出卓越的贡献。

吕进教授数十年来孜孜耕耘,著作等身,为拓展诗歌新思维身体力行,推动新诗的向上向善发展不遗余力,为中国新诗学打造了繁茂与鲜花盛开的诗学花园,也在诗学的道路上踩下了深深的脚印。中国诗学界历来素有“南吕北谢”之称,吕进教授是当今诗坛最具影响力的诗论家之一,在中国诗坛乃至世界诗坛是一面不落的诗学旗帜。

陈剑:国际华文诗人笔会创会人及主席团成员、前新加坡作家协会理事长。

地平线
——祝吕进老师生日快乐

(英国)虹影

你隐在大理石后
可你不是石头,我看见你这一生所经之路
年轻的鹰排成队列飞行,双翅因为感动沾有泪

工匠在辛苦地工作
太阳滑入云峰
太阳升在我们手掌上,这时工匠雕刻的一个名字
被我们不停地怀想

虹影:著名旅英诗人、作家。本文原载《中外诗歌研究》,2008年第4期。

桥

(美国)非马

隔着岸
紧密相握
我们根本不知道
也不在乎
是谁
先伸出了
手

谨以此诗,遥祝吕进兄七十大寿。愿我们的友谊,如新揭幕的塑像般永固。

非马:本名马为义,美籍华人科技工作者,诗人,艺术家。著有诗集《在风城》《非马诗选》《白马集》《笃笃有声的马蹄》《非马短诗精选》《非马的诗》《非马集》等19种。本文原载《中外诗歌研究》,2008年第4期。

寿联一副

(美国)程宝林

天下桃李春华处
毕生心血秋实时

西南大学吕进教授,与我亦师亦友,时愈廿年,地跨中美。恭逢教授望七十之寿,暨雕塑揭幕大典,尊其拓展诗学、创建新诗研究所之功。晚生偏居海外,无以为贺,特撰此联,辞虽欠工,寸心可表。

程宝林:美国华文文艺界协会副会长,《美华文学》杂志执行主编。本文原载《中外诗歌研究》,2008年第4期。

恭贺吕进老师七十华诞暨塑像揭幕庆典

(美国)王性初

泰岳登高　杏坛金秋晋圣诞
寿山驰贺　诗诚丹桂擎旌旗

王性初：美国《中外论坛》杂志总编辑、美国《美华文学》杂志副主编、美国《红杉林》杂志副主编。本文原载《中外诗歌研究》，2008年第4期。

第四辑

创作评谭

读吕进先生的《中年》

张朗

你的山,我的山
组成人间的画面
山的这边是绚丽的花海
山的那边是清雅的果园

花开季节上山
春的步履,春的浪漫
一朵小花也会幻化出梦的故事
一泓小溪也会掀起诗的波澜
山路铺着惊奇
花丛掩着赞叹

花落季节下山
秋的风度,秋的蹒跚
步步都有果实的收获
步步都在迈向冬天
山路铺满感慨
果林掩着沉重

你的山,我的山
从地面出发,又回归地面

山的峰顶有花的记忆,果的召唤
它的名字就叫中年

——吕进:《中年》

吕进,1939年生,四川成都人,西南师范大学外语系毕业,现任西师中国新诗研究所所长并任博士生导师。四川省作家协会主席团委员,重庆作家协会副主席。著有诗论多种,主编《新诗三百首》。

吕进把人的一生想成是一次登山旅游,从山的这边上山,从那边下山。但每一个人一生的经历各有不同,所以他又想象每一个人登一座山——一座属于他自己的山。诗的第一行就是由这两个诗想所组成的。第一行和第二行如果用散文的句子写,就是"你的人生,我的人生;合起来就是人世的众生相"。句中的"你"字,代表除我以外的所有人。

第三、四两行,诗人又引进一个意象:人的一生宛如一年的四季。所以这两行的意思不是说山的这边是花园,那边是果园;而是说山的这边是春夏开花季节,那边是秋天果实成熟季节。

诗的第二节写少年及成年的喜悦。第三节写中年以后的哀乐:春耕夏耘的果实成熟了,有"一步一次收获"的乐,可是每往前走一步,就更接近冬天一步,所以也步步响着感叹。

第四节暗用尘归尘、土归土的典故,说出人生的必然结果,虽然无奈,但诗人用隐喻表达,所以读起来并不觉得太悲观。第三、四两行收尾,收得非常有技巧。尤其第三行,把中年写得好美,把尘土必归尘土的无奈意念冲淡了很多。

张朗:台湾著名诗人,曾主编《当代名诗人选》。本文原载台湾《大同》杂志,1997年第11期。

我为什么要主编《吕进诗学隽语》

(泰国)曾心

三年前,我到重庆参加"第三届华文诗学名家国际论坛",返回时,购了一套《吕进文存》,每套四册,共二百多万字。书很重,背得很辛苦,但确是我大半辈子从中国背回泰国最好的一套书。我把它当作"床头书",边阅读边做了语录。心想:如果我年轻十岁,我一定要把吕进诗学编成一本语录书,便于查阅,也便于推广。

平时,我工作之余,喜欢看书,也喜欢写点东西,如短篇小说、散文、诗歌、评论都有涉墨;近十年来,比较投入写小诗。对于诗歌的理论也看了不少,总觉得理论能对上号的,能指导实践写诗的很少,有的理论生搬硬套,语言枯燥,越论越玄,玄到脑子被搅得糊里糊涂。

读吕进诗论,总是心灵一亮,通灵似的感到:过去想说的话,他说了;在写作上感悟到的,他写出来了;脑子正在开动的或还没想好的,他已机灵地引出来了,甚至有些属于"只可意会,不能言传"的真趣,也被他一一"道"出来了。真了不起!妙不可言,吕进的诗论之所以能与诗人通"灵",我想,主要有三根主心骨:一是"抛弃纯概念,使用类概念";二是"在诗内谈诗","以诗人之心论诗";三是"有诗的神秘光彩,有诗一般的语言"。

去年,获得"鲁迅文学奖"的黄亚洲先生,在"第四届华文诗学名家国际论坛"上写了一首诗,题为《西南大学:新诗研究所》,诗中写道:"中国诗歌的半个灵魂,都在重庆山城"。我想,那"半个灵魂"中的"灵魂"应该就是吕进先生。

吕进诗学博大精深,体系庞大,无处不闪烁着诗心、哲理和语言的灵光。吕进的著作等身,他的书写、他的声音,影响到中国整个诗歌界,甚至越洋过海,引起世界的瞩目。因此,编写这本书难度较大,属于"工程"之类,但是和编辑们一起努力,从几百万字的著述里花中选花,金中挑金,不到一年时间,就编出了这本语录体的书。

原来在吕进诗学中,字里行间蕴蓄着一股微妙的“气”,这股“气”的飞动,氤氲凝聚出一种“神”。吕进的著作里正因为有了这股“气”,这种“神”,便很有正能量,很有震撼力和推动力。现在把它编成语录式,摘出一段段,一句句,虽没有整篇中连贯的“气”和“神”,但仍保存着点点滴滴“气”“神”的灵光。

此书在泰国出版后,继之在中国的大陆、台湾出版,引起较大的反响:有的文化网分篇分题转载,书中的《序》也先后在大陆的《重庆晚报》《诗歌月报》《三峡学院学报》,在台湾的《葡萄园》诗刊、香港的《香港散文诗》以及《东南亚诗刊》《越南华文文学》《泰华文学》等十几家报刊发表,也陆续看到一些评论和听到一些名家的看法。去年,原中国社会科学院文学所所长、著名学者、我的老同学刘再复学兄(当年他是厦门大学中文系系刊《鼓浪》主编,我从泰国前来厦门大学留学,是编辑)来泰国讲授《贾宝玉论——从佛家文化视角看宝玉》,引起轰动。我送他一本《吕进诗学隽语》,他看后高兴地对我说,书中诗论精辟,吕进是一位有才华的诗评家。这本书的形式也好,容易把理论的精髓归纳起来,传播出去。他还说,自己写了三十多本书,要读完不容易,如也能编成这样语录式的书就好了,就能让更多人了解到自己的思想。

现在,《吕进诗学隽语》在泰国和中国的大陆、台湾出版,希望它能够成为诗歌爱好者阅读的范本,给诗歌研究者带去写作的方便,这样,我们也就达到预想的目的了。

本文原载《中外诗歌研究》,2016年第1期。

守住梦想的翅膀

——评《吕进短诗选》

文晓村

吕进在中国当今的诗坛上,不但是一位非常重要的诗论家,也是一位影响非凡的诗歌教育家。这从两方面可以得到证明:

其一:著有大量的诗学理论,已出版的,有《新诗的创作与鉴赏》、《给新诗爱好者》、《一得诗话》、《新诗文体学》、《中国现代诗学》、《吕进诗论选》、《文化转型与中国新诗》、《对话与重建》、《现代诗歌文体论》、《20世纪重庆新诗发展史》等达十部之多。

其二:自1986至2002年,长期担任西南师大中国新诗研究所所长,从事实际的诗学教育与播种,影响之深远,不言而喻。

作为诗论家和诗歌教育家的吕进,在严肃的诗论写作和教学之余,对于诗歌创作,似乎也有某种程度的钟情。本年(2004年)8月,在香港《中外现代诗名家集萃》主编傅天虹的邀请下,也推出了一本中英对照的《吕进短诗选》。据说,这也是吕进至今唯一的诗选。全书收诗24首,其中半数以上的作品,在《葡萄园》、《诗刊》、《银河系》等刊物发表时,我都读过,今再阅读,如逢故友,倍感亲切。

记忆最深的是,2001年,由我轮值《中国诗歌选》主编时,曾有《银河系》诗刊第33期,采用了吕进的一首深含意趣的作品,《你的名字》,诗后作了简短的点评,现抄录如下,与读者分享。

你的名字

你的名字是夜航者前方的灯
闪耀希望,燃烧热情

你的名字是春天的雨
绿了大地,化了坚冰

你的名字是爱神的别称
温馨的约会,甜蜜的拥吻

你的名字是屋顶,关爱着我们地球上
黑皮肤、黄皮肤、白皮肤的家庭

你的名字拒绝硝烟弥漫
没有流血,没有哭声

你的名字是神话般的未来
和睦的世界,花开的梦境

将你的名字刻在我们心上
让它融进每个人的生命

将你的名字写在婴儿的微笑里
让它在二十一世纪发出人类的最强音

点评:这首两行式民歌型的作品,用词虽然热情奔放,却是一首深藏不露之作。虽然全诗用了五个“是”字,从头到尾,“你的名字”到底是什么,却没有明确地说出来。原因是这些“是”字,都是隐喻的喻词,它所带出的,不论是“夜行者前方的灯”、“春天的雨”、“屋顶”或“爱神的别称”,都是具有象征意义的比喻,而不是那个抽象的名词。这是诗美或诗歌艺术的需要。但我们从“你的名字拒绝硝烟弥漫/没有流血,没有哭声”中,似乎可以得到相当多的启示。若然,诗人高声赞美的,该是二十一世纪梦寐以求的“和平”吧。爱好和平的中华儿女啊,愿我们共同努力。

回头再看这本诗选的第一首诗:《守住梦想》。也是两行体的作品,共九节。节录首三节如下:

守住梦想,守住人生的翅膀
守住梦想,守住心上的阳光

不为一朵乌云放弃蓝天
不为一次沉船放弃海洋

荒漠中守住一方绿洲
风暴里守住一片晴朗

诗人满怀人生的希望,念念不忘的,是想要守住"梦想"的"翅膀",守住"蓝天"、"海洋",守住"绿洲"、"晴朗",字字句句,充满昂扬向上的情怀,给人生莫大的鼓舞。

再看一首八行的小诗,《既然》:

既然往昔能够成为往昔
就让过去的日子过去
一如花开以后的花落
一如春天以后的冬季

既然有冬雪就会有春雨
既然有花谢就会有花季
就让过去的日子过去
既然往昔能够成为往昔

这是一首以时间喻示人生的小品,诗人只说了几个比喻:"花开以后的花落"、"春天以后的冬季"、"有冬雪就会有春雨"、"有花谢就会有花季",暗示人生要面对现实,顺其自然,既不必怀忧丧志,也无需时时沉湎于过去。首尾各两句的回文，呼应与倒装，天衣无缝，尤见机趣。

《中年》一诗，别具风采，应是诗人的自况之作。全诗如下：

你的山，我的山
组成人间的画面
山的这边是绚丽的花海
山的那边是清雅的果园

花开季节上山
春的步履，春的浪漫
一朵小花也会幻化出梦的故事
一泓小溪也会掀起诗的波澜
山路铺满惊奇
花丛掩着赞叹

花落季节下山
秋的风度，秋的蹒跚
步步都有果实的收获
步步都在迈向冬天
山路铺满感慨
果林掩着沉重

你的山，我的山
从地面出发，又回归地面
山的峰顶有花的记忆，果的召唤
它的名字就叫中年

这首诗，以“山”为中心喻体，以“花开季节上山”、“花落季节下山”，喻示人生由青年迈入中年的历程。上山时，是“春的步履，春的浪漫/一朵小花也会幻化出梦的故事/一泓小溪也会掀起诗的波澜”；下山时，是“秋的风度，秋的蹒跚/

步步都有果实的收获/步步都在迈向冬天”。节奏轻快而又徐缓,翩翩风采中,流露出诗人自适自得的满足感,也能给读者同样的安慰,正是中年丰收的写照。

如果允许挑剔的话,第三节末句“果林掩着沉重”的“重”字,在音韵上欠谐,不知是否为手写之误?我以为应是“沉甸”较宜。因为“沉甸甸”虽为副词,缩成“沉甸”,即成抽象名词,与“沉重”义同而音异,与上下文音韵相谐。不知诗人以为然否?

其他佳篇尚多,恕不再述,留待读者朋友们慢慢地欣赏。

最后,我愿诚挚地提个建议,希望早著声誉的诗论家与诗歌教育家吕进兄,当此已经越过人生的中年,正是所谓橙黄橘红时,在诗学的正业之余,似乎也该为我们的诗神,为诗歌创作,多费一点心力,作出更多的贡献。

文晓村(1928-2007):曾任台湾《葡萄园》诗刊社长,中国诗歌艺术学会理事长,中国文艺协会、中国作家协会、台湾新诗学会理事,世界华文诗人协会常务理事,有诗集多部。本文原载《中外诗歌研究》,2005年第1期。

吕进：人与诗

蒋登科

在诗歌界与诗学界，吕进主要是以一位诗论家的身份出现的。从《新诗的创作与鉴赏》到《中国现代诗学》，从《给新诗爱好者》到《一得诗话》，从《新诗文体学》到《吕进诗论选》，从《对话与重建》到《现代诗歌文体论》，从《外国名诗鉴赏辞典》到《爱我中华诗歌鉴赏》……吕进的诗学著作和他主编的诗选、诗歌鉴赏著作，得到了诸多读者、专家的好评。但多数人并不知道他是从写诗起步的，在成都读小学的时候就是一位诗歌爱好者，而且从来没有停止过诗歌写作。他曾说，研究诗歌的人最好有一点创作经历，否则就难以真正进入诗的情境，也就很难把握诗歌艺术的真谛。他在《中年》一诗中抒写了人生的四季，中年是人生的"山峰"。他这样写年轻时诗一般的人生憧憬："花开季节上山/春的步履，春的浪漫/一朵小花也会幻化出梦的故事/一泓小溪也会掀起诗的波澜/山路铺满惊奇/花丛掩着赞叹"。这种年轻的追求一直伴随着他，以写诗、论诗等方式体现出来，从而构成了他充满诗意的人生之旅。吕进曾这样对我说起他的诗："这些都是鸡下的鸭蛋哦，和鸡蛋不能比的。"这当然是他的自谦。他对诗的执著是无可否认的。

自上世纪70年代后期他把主要精力投入到现代诗学研究后，诗歌创作在吕进那里就成了业余爱好。他写诗，仅仅是因为心中有一些感受需要表达。他不需要为了某种功利的原因"为赋新词强说愁"。发自内在的创作动机赋予了他的诗在艺术上的真实性，可以作为"诗为心声"的佐证。虽然这一特性在当下的一些"探索者"那里常常遭到讥讽、贬斥，但恰好是这种特性，使我们可以通过诗人的作品了解他的人生与艺术观念。《吕进短诗选》收入他的20多首短诗，主要是上世纪90年代以来的作品，这使我们可以从另一个侧面获得对他的人生、艺术追求的更多了解。

吕进的诗给人的第一印象是好读。诗的好读并不等同于直白、浅薄。一方面,他使用的语言与我们日常接触的语言很接近,没有为了所谓的深沉而故意杜撰、“创造”一些新语词。但作为一位诗论家,他深知诗必须具有创造性,否则就难以为诗。所以他的诗歌语言实际上是经过了诗化处理的,尤其是在语言的情绪化与音乐化等内在化方面下了不少工夫。他的《俄罗斯姑娘》,短短十行,写出了俄罗斯姑娘的美丽与气质:“不是时装将俄罗斯姑娘包装得漂亮/是她们的身姿能将任何衣裙变成时装//俄罗斯不但有贝加尔湖的闪亮/这里还是我们星球上美女的故乡//莫斯科的荧屏怎么在瞬间都破碎了/街道上到处是电视里走出的女郎//普希金的诗和乌兰诺娃的舞熏陶气质/鲜红的玫瑰和纯洁的白雪合成形象//最美的是彬彬有礼的一笑/在图书馆,在校园的林荫道上”。诗中的词语都是常见的,但经过作者的诗意组合,融合进了自己独特的体验,这些语词就从不同角度揭示了俄罗斯姑娘的美丽与教养,并蕴涵了作者对她们的赞美。尤其是第五、六行,语虽朴实,但前者说的也许主要是外表,后者说的则更多的是内涵,蕴涵着作者独特的话语机智。同时,相对整齐的节奏、自由韵式的使用,使诗篇具有了独特的韵味。另一方面,他表达的情感很朴素,都是我们能够体会但不一定能够说出的人生感悟,“离别时刻不必太伤感/离别后面一定是重逢”(《想着重逢》),“一切都会过去/但不是一切都会遗忘”(《致卡纳别相教授》),这样的诗行,几乎与我们每一个人都可以找到联系。还有爱情、友谊、祖国、文化、游踪……朴素不是浅淡,朴素是感情的本真色彩,是人生的彻悟,因而也是真理的本色。吕进的诗通过自己的心灵发现并表达一些平常但具有真理性的体验,这是他的作品耐人品味的重要原因之一。

好读的诗并不一定小气。吕进的诗其实很大气。这与他的为人有一定关系。吕进本来就是一个大气的人,他所把握的人生、艺术的方向与目标,不会因为一些不和谐的插曲、杂音而放弃:“不为一朵乌云放弃蓝天/不为一次沉船放弃海洋//荒漠中守住一方绿洲/风暴里守住一片晴朗”(《守住梦想》)。这其实就是他独特人生追求的诗意表达。吕进在其诗论中认为,人生哲学是诗的深层境界,而对人生哲学诗意概括,正是他诗歌的重要追求。他是用诗总结自己的人生。《既然》一诗是吕进对待“往昔”的态度,“既然往昔能够成为往昔/就让过去的日子过去/一如花季以后的花落/一如春天以后的冬季//既然有冬雪就会有春雨/既然有花谢就会有花开/就让过去的日子过去/既然往昔能够成为往昔”。其实也暗示了他对明天与未来的重视。他的心里时刻充满“梦想”。正因为如此,他才能在自己的人生与艺术道路上走得那样踏实、那样果敢,也最终取得了令人刮目的成就。这样的人生哲理不是随便就能够得来的,而是作者自己人生体验的艺术化。这样的追求,看似简单、随意,但要真正做到,却不是容易的事。

有人并不一定赞同诗的哲理性。这中间也许存在一些误解。哲理是哲学的日常化、生活化,当然也是艺术化。诗不是哲学著作,是艺术。诗不讲道理,也不必抒写一些所谓的深刻理念。如果把哲理与空洞的说教混为一谈,当然是另一回事。诗只是体验人生。可以说,能够把人生的真实体验以诗的方式传达出来,诗就具有了成功的基础,再加上表达方面的策略,好诗也就离成功不远了。如果能够通过独特体验发现生命的哲理或哲学,那么这样的诗往往都是好诗。李白的《静夜思》连小孩也容易背诵,但它是好诗,传唱千古。

诗贵发现。诗的发现,就是通过个人体验感受到与别人不同的、独特的对人生与世界的理解。吕进的诗在诗美发现方面是具有特色的。他发现了两个不同的香港:高高的与低低的、地上的与地下的、海面的与海底的、阳光的与夜幕的、金钱的与文化的(《香港印象》)。他发现了纽约的发达与阴暗:“欲望的深渊,金钱的王国/美元推动与指挥一切艰辛/冷冷的是人间至爱/热热的是股票行情/……曼哈顿更像一位风韵犹存的老妇/有三分傲慢,就有七分困顿”(《曼哈顿》)。他从日本的“小”发现了东京对人的约束:“一切都放在缩小镜下/窄窄的街道,矮矮的屋顶/……有如一切被塞进这个小岛/人也被塞入礼仪的小框/多想甩去皮鞋,扯掉领带/飞上蓝天,随意地舒展我的全身”(《东京》)……发现是创造的基础,没有发现就没有诗。如果说诗人有什么天赋的话,那么发现诗美的能力应该是其中最重要的方面。吕进的敏锐和他丰富的人生体验为他的诗美发现和艺术创造提供了良好的基础。但吕进更注重在诗中表现美的一面,善的一面,崇高的一面。

我们从最简单的历史与生活常识中也可以揣测,像吕进那一代人,其人生旅途肯定不是一帆风顺的;我们从他对现实中一些负面因素的揭示,可以看到他对人生与现实的认识是多面的。但他并没有刻意抒写人生之苦,尤其是没有仅仅从自己的角度去大发牢骚、指责社会、谩骂他人,当然更没有自暴自弃。诗不仅仅是发泄,诗是生命的升华。诗不仅仅是苦难,诗是苦难中的醒悟。诗是寻找,寻找不美中的美,寻找不和谐中的和谐。吕进的人生哲学是追求美:美的人生、美的理想,但他并不粉饰人生。他的诗主要提炼生活中美好的、值得传扬的因素。即使在艰难中,他也发现其中蕴涵的生命动力;即使是离别时,他也找到相逢的期待与喜悦。下面是吕进1994年初在俄罗斯写下的《书与花》中的两节:

爱花的民族,爱书的民族
为了美丽的理想有过不美丽的失误
请接受一位东方人充满信心的祝福

憔悴的俄罗斯,美丽的俄罗斯
你是一朵已经凋谢的不该凋谢的花
你是一本没有写完的世界必读书

吕进当时所感受到的可以说是俄罗斯历史上最艰难的时期,苏联解体,经济萧条,但作为诗人的吕进却从俄罗斯人的教养上发现了它的希望与未来。

诗中的吕进与现实中的吕进几乎是同一的。这样的诗,才是真诗;这样的人,才是真人。表达美,揭示人生美好的一面,正是吕进诗歌的魅力所在。在消解崇高、理想的思潮肆虐、物欲横流的今天,在提倡诗歌精神重建的今天,他的这种追求应该是具有特殊的启示意义的。

吕进所理解的美是具体的,也是抽象的。它具体,是因为它来自生活中的人与事;它抽象,是因为它上升到了一种境界,具有穿透力与普视性,能够使我们感受到更丰富的人生。异国的文化、风情,诗人的祖国、朋友、游踪,甚至一些哲理性的人生思考,在吕进那里都泛出独特的滋味,诗的滋味。《新处女公墓》其实是对人生价值的思考:“相邻的两个陵墓的主人/生前的心灵距离却可能十分遥远”,“新处女公墓安放的未必都是处女般的灵魂/参观者的共同声音是对建筑师的赞叹”,这样的诗行可以给我们不少启示,对于我们把握人生是有帮助的。有些人在生时叱咤风云,但他们留给后人的却是更多的反思,这让人想起《瞻仰列宁墓》中的诗句:“时间从不自得地坐在主席台/时间从不神气地发表电视演讲//时间的工作效率也许不高/但是它永远能作出准确的判断”，一个人，人们在他死后的态度，可以说才是真实的评价，因为“时间把一切放到应有的位置”。

在修辞、结构上，吕进的诗也很有特色。《这是什么地方?》首问尾答，循环往复，给人整体上的完美感；《既然》采用了回文方式。这些与美籍华人学者奚密所看重的中国现代诗的回旋调其实是一回事。在他的诗中，还可以见到对偶手法：“乌鸦用叫声鸣出公墓的静寂/树冠用参天遮出公墓的森严”（《新处女公墓》），“守住梦想，守住不谢的花季/守住梦想，守住迷人的远航”（《守住梦想》）；拟人手法：“文字挤着文字/思想挤着思想/从地上到天花板/每间房子都是书的海洋”（《致卡纳别相教授》）；对比手法：“人人都有教养，十分富有同情心/却不断传出抢人和杀人的新闻//人人都轻声说话，从不争吵/昔日的兄弟之间却不停地进行战争”（《俄罗斯素描》）；排比手法：“从遥远的异邦眺望你/才看得清你真实的形象/你是涛声不息的长江/你是钟情东方的太阳/你是我无处不飘香的校园/你是校园里我的书房的灯光//你是成功，你又是挫折/你是困惑，你又是希望/你是大海的浪花，不属于消失/永远开放在航船前进的地方”（《思念》）……这些手法看似平常，但在吕进那里却有特殊的作用，尤其是在建构诗的音乐性方面给人很深的印象。

从诗的篇幅看，短小是吕进诗歌的重要特征。诗不事铺陈，篇幅太长的诗往往难以形成情绪上的整一性，也就难以调动读者的参与欲。吕进的诗，追求节奏的相对整齐，读起来有韵律感。诗与音乐的关系十分密切，不注重音乐性的诗容易流于散漫、拖沓。新诗在音乐性方面存在许多缺陷，也许正是出于这一现状的忧虑，身为诗论家的吕进才试图在这方面进行更多的尝试。

本文原载：《中外诗歌研究》，2005年1期；《当代文坛》，2005年第2期。

游历中的情思:吕进诗歌片谈

熊 辉

作为对生活最具洞察力和感受力的诗人,其游历的意义就不只简单地表现为个体生命在地理层面的位移中所获得的对异域事物的新奇感,而主要地应表现为诗人的精神在游历中所获得的全新的生命思考和情感体验。吕进先生曾多次到世界各地讲学或观光,这在为他的诗歌创作带来新鲜诗意的同时也彰显出其诗歌情感的特质,那便是他的诗歌作品不是对异国风情进行"镜相"似的描摹,而是对诗人在游历中产生的独特而"陌生"的情思的艺术表达。

吕进长期将自己的心思浸泡在中国现代诗歌文体研究的理性思考中,但他创作诗歌的感性思维却依然活跃。这两种原本悖反的思维方式为什么会在吕进那里得到较好的协调呢? 原因除了与他生性爱诗作诗外,自然与他的游历体验分不开。对于像吕进那样一个富于感情和思考的人来说,每次游历到一个陌生的地方,他便会从原来的思维框架中抽身出来,以一种新的视角来思考存在的价值和意义,或者以一种"陌生"的眼光去重新打量那些在当地人心中熟视无睹的事物,由此获得一种全新的感悟和诗歌创作语境。因此,在吕进那里,游历是一种思想和视角的换位,是一种思考和启悟的萌发,也是一次获得诗意的过程。比如《东京》一诗就可见出诗人与众不同的体悟。对于那些没有到过东京或只注重物质文明的人来说,发达的工业、富足的物质产品和绮丽的岛国风光想必会让他们以为日本是一片"生活的乐土"。但当诗人亲临象征日本发达程度的城市东京以后,却发现"一切被塞进这个小岛/人也被塞入礼仪的小框",他"多想甩去皮鞋,扯掉领带/飞上蓝天,随意地舒展我的全身"。正是游历日本的体验让吕进感受到了日本压抑的生活,同时也反观到了在祖国的生活是多么自由愉快。又如很多人以苏联解体的速度来推断俄国人对苏联时期一定怀有反感情绪，但诗人在俄罗斯却分明感受到了这个国度挥之不去的“苏联情结”：“公共场所的更衣室里仍挂满裘皮大衣/大衣陈旧，挂满的是昨日的繁荣//海关上高悬双头鹰的国徽/报关单上加盖的却是‘苏联’的大印//全国仍在11月7日放假/谁都说不清这个节日现在的名称”(《俄罗斯素描》)。可见，吕进先生的游历向我们展示的不是异国风光和文化习俗，他的诗是站在精神和智慧的高度上对一个国家生活现状的诗意发现，而其游历他国的真实感受又为我们理解世界文化提供了一种全新的角度，这种在游历过程中的“发现”和新视角的获得使吕进先生的诗歌较普通的游历诗而言具备了更为浓厚的文化意味和深层的现实关怀。

吕进依靠在游历中获得的生命体验来赋予其诗歌新质的同时，也给他诗歌的情感类型带来了局限。也许是在生活中已经拥有了浓浓的情感而无需将作品作为自我情感的“弥补场”，也许是对诗歌意蕴的特殊追求而无需将作品构筑为抒发自我感情的“小天地”，吕进的诗始终给人情感不足的感觉，而且与“情”相关的题材也不多见。当然，提出这一话题似乎是强人所难，在一个本来以抒写游历体验见长的诗人那里，我们无须要求他写出同样精彩的爱情诗。尽管如此，这种缺憾并不能掩饰吕进先生诗歌内涵的丰厚意蕴，他在诗歌理论的建构中认为，个人情思只有突破小我的局囿并上升到“普视”的高度，诗情才会丰腴，而且诗歌在追求个性化表达的同时应摒弃个人化情思。从这个角度来说，具有个人化情感特点的爱情诗的缺席反而证明了吕进先生诗歌情感的艺术境界。吕进关于“爱”的普适性的倡导在《你的名字》中便得到了诗性的演绎：“你的名字”其实是“爱”，而这“爱”是航灯，为他人照亮生命的航程；是春雨，给大地带来温暖和勃勃生机；是爱情，充满了无限的温馨；是和平，没有战争和流血；是未来，带给世界无限的憧憬；是相互关爱，让每个人都觉察到温暖；是人类对爱的信仰，让爱在未来的时间里无限延伸。正是抱着这样的审美追求，吕进先生在先后游历了俄罗斯、日本、美国、欧洲诸国以及台湾、香港、澳门以后，他创作的诗歌大都是对某个民族(或区域)文化的独特审视，或者表现为诗人用友好而善良的眼光去打量外国人及外国环境(或其他民族及地区)。例如，《东京》一诗从文化的角度为我们展示了日本人的主要生活模式和压抑的生活环境；《俄罗斯姑娘》向我们描述了俄罗斯姑娘的美丽与“羞涩”；《俄罗斯大妈》则表达了诗人对热情、勤劳和有能耐的俄罗斯妇女的称颂。当诗人每次远离祖国而置身异国他乡时,难免会对祖国、家人、朋友产生强烈的思念之情,但由于主张抒发"大我"之情的缘故,诗人呈现给读者的只是对祖国的思念之情。这有如"五四"一代作家在国外强烈思念祖国一样,吕进先生所写的《思念》、《致祖国》等其实比刘大白的《教我如何不想她》等"五四"时期思念祖国的诗歌在情感的强烈度和艺术的隶属度上都要好出许多。"再美的雪花是别人的雪花/再美的姑娘是别国的风景/我在宇宙中有自己的星星"(《致祖国》)。这样的诗句,情真意切,怎能不引起读者的共鸣呢?诗人的思念不仅是对地理层面的祖国的思念,而且是对中国文化和中华民族的强烈认同感,在部分知识分子的价值观念发生改变而忽略了对祖国和民族应有的热爱意识的当下,吕进先生的诗歌的意义无疑超出了文本的艺术性和内容的独特性,体现出真挚而热烈的民族之恋。

作为一名学者,吕进常常以纯文化的观照方式去打量异国的"风景",这使他的作品显示出对单纯的物质文明的抵制和"偏见",从而获得厚重的诗意并赋予其作品内含优雅的风格。诗人在游历了美国以后写下了《曼哈顿》一诗,在这首诗中,诗人用表征都市物质繁华的车辆取代了自然的河流,用高楼取代了自然的森林,其结果是人在物质化社会中被异化为小小的"蚂蚁"。该诗向读者传达出这样的理念:物质不能为一座城市铸造永恒的亮丽色彩,都市的容颜在快速发展的物质面前定会逐渐褪色:"不见建筑工地,不见新的高楼/曼哈顿,褪色的油彩,陈年的照片//曼哈顿更像一位风韵犹存的老妇/有三分傲慢,就有七分困顿"(《曼哈顿》)。昔日繁华的都市如果失去了新的建筑就会变成"褪色的油彩",失去它依赖物质所建立起来的繁华景象。相反,一个昔日"憔悴"的都市或国度如果拥有属于自己的文化,它便拥有了走出物质困境和描绘这个城市或国度美好前程的力量。在《书与花》中,吕进这样写道:"莫斯科是书与花的世界/严寒中到处有花摊/风雪里到处在读书//……地铁车厢里是流动的读书人的队伍//……爱花的民族,爱书的民族/为了美丽的理想有过不美丽的失误/请接受一位东方人充满信心的祝福//憔悴的俄罗斯,美丽的俄罗斯/你是一朵已经凋谢的不该凋谢的花/你是一本没有写完的世界必读书"。在诗人看来,文化才是一个城市或国家保持永恒魅力的关键因素,物质带来的只是短暂的容易过时的浮华,文化才会让我们看见希望和未来。吕进作为学者在俄罗斯期间曾拜仿了一位名为卡纳别相的资深教授,留给诗人印象最深刻的仅仅是教授的学识、思想以及堆到了天花板上的书籍。而在文化拥抱的氛围中，身在他乡的诗人却似身处故乡一样熟悉和温暖："在书的环绕中，在餐桌旁/我在品尝俄罗斯、亚美尼亚/以及久违的故乡/我在享受学术的光亮"(《致卡纳别相教授》)。只有热爱文化的人才会在浓厚的学术氛围中消除"文化冲突"而回归身处故乡一样的平静心理。诗人在游历了台湾以后，也是从文化(特别是中国传统文化)的角度来抒发了两岸的亲情，比如《这是什么地方?》、《教师节》、《同心圆》等作品都是从两岸相同的文化背景中去寻求心灵的交融，去企盼"他日重逢"。吕进游历诗歌中的文化视角使他的作品比一般的游历诗歌多了一份沉重，少了一份浮华;多了一份思考，少了一份浅薄。其诗情和诗思由此而丰满。

诗歌的文体特征决定了诗具有表达情感的长处，也决定了诗人的必备素质之一就是要带着情感去观察和体悟生活。游历的经验固然可以让诗人获得诗意，而生活的阅历和人生经验同样可以让诗人获得创作的灵感和资源，因此，吕进诗歌的另外一个特点便是对生命的思考和吟唱。与前面所分析的游历诗歌一样，吕进的这类诗歌同样具有"理性"色彩，充满了智慧和哲理。生活是一个奋斗的过程，是一个不断克服艰难困苦而最终实现生命价值的过程。《守住梦想》一诗可以说是诗人以自我的生活经历来歌唱了缔造美好人生的理想。人生哲理是诗人在生活中对生命体验的一种抽象和理性思考，只有具备了丰富的人生阅历和洞察生活的能力，诗人才可能写出哲理性和艺术性俱佳的作品来。比如《往昔》这首诗，诗人在自我生活积淀的基础上向我们表达了生活的至真道理，在生命的单程旅途中，一切都会成为过去，我们应该注重的是现在："既然有冬雪就会有春雨/既然有花谢就会有花季/就让过去的日子过去/既然往昔能够成为往昔"。《中年》这首诗更是道出了生命真实的走向。我们在不同的时期会拥有不同的人生际遇，诗中的"山"便是生命的形象比拟，"山峰"是中年，少年时期"上山"，中年以后"下山"，"上山"或"下山"都有不同的感受和收获：

花开季节上山
春的步履，春的浪漫
……

花落季节下山
秋的风度,秋的蹒跚
步步都有果实的收获
步步都在迈向冬天
山路铺满感慨
果林掩着沉重

可见,吕进对生命的体验是深刻的,他丰富的人生经历再次赋予了其作品亮丽的色彩。

作为诗歌理论界的资深学者,吕进先生一直致力于中国现代新诗的文体研究。在他看来,诗歌除了诗意和境界外,还应该注重形式建设。中国新诗自诞生以来,不断有人对诗体建设提出了自己的看法,上世纪30年代,闻一多主张格律诗体,讲求形式的均齐;50年代,何其芳也倡导格律诗体,注重有规律的押韵或顿;其后,中国新诗诗体研究一直处于停滞状态。吕进先生从上世纪80年代开始,提出了自己建构中国新诗文体的理论,认为写诗应该讲求形式和韵律,讲求诗的音乐化效果。吕进是建构诗歌形式的理论倡导者和实践者,他的诗歌作品在形式上可谓“用心良苦”,充分体现了他的理论主张。从语言上看,吕进的诗歌语言大都显得明白晓畅,这在客观上消解了读者的阅读障碍,使读者很快进入诗人创设的诗歌世界。语言的浅近不是衡量诗歌好坏的标准,倘若能够用平常的语言表达出不平常的诗意,那诗歌的艺术性和诗人的创造力就会更加突出。如果我们透过这些语言领会到的是诗歌的真挚情感和深厚内涵的话,那这样的语言不更富有艺术性吗?例如《俄罗斯姑娘》中有这样的诗句:“不是时装将俄罗斯姑娘包装得漂亮/是她们的身姿能将任何衣裙变成时装”、“莫斯科的荧屏怎么在瞬间都破碎了/街道上到处是电视里走出的女郎”。可见,这些平白的语言更能让读者感受到俄罗斯姑娘的美丽,更能让这些诗句洋溢着浓浓的诗性。从形式上看,吕进十分注重诗的“音乐性”和“建筑美”,他的许多诗歌都讲求押韵,诗人“戴着镣铐”跳出的舞姿依然优美,这充分说明了形式对诗情表达的促进作用。吕进的诗歌每节大都拥有相同的诗行,且每行的字数也尽可能地做到了均齐,我们很难从他的作品中找出诗行长短不一、参差不齐的例子来,这些表明了诗人在创作时充分考虑到了诗歌形式因素并努力去实践自己的诗歌形式主张。诗人有时采用外国诗歌中的固定形式来抒发感情,比如《香港十四行》一诗采用了十四行诗的写法,充分表明了诗人在诗歌形式建构方面积极探索的姿态。此外,诗人在具体的创作过程中还比较注重采用一些修辞方法来突出诗歌的音乐化效果和艺术性效果,给读者的审美鉴赏带来愉悦。

吕进的诗是游历的特殊体验而非异国风情的"镜像"反映,是生活的哲思而非个人情感的简单抒发。吕进的诗歌创作充分实践了他的诗歌理论主张,无论是从情感、思想还是艺术的角度,都值得我们去认真品味。

本文原载:《中外诗歌研究》,2005年第3期;《重庆文艺》,2005年第2期。

论吕进的诗歌创作

刘静

精神大解放以后如何重建诗歌精神,诗体大解放以后如何重建新诗形式,这是诗坛亟待解决的两大重要课题,也是诗学界倡导“新诗二次革命”的重要内容,是新诗能否走出困境,走向辉煌的关键所在。吕进是新世纪“新诗二次革命”的领军人物,他连续发表了《三大重建:新诗,二次革命与再次复兴》、《21世纪:中国现代诗学的两个前沿问题》、《论中国现代诗学的三大重建》、《现代诗学的两个课题》等论文摇旗呐喊。难能可贵的是,他在倾力挥动理论大旗的同时,还在创作领域辛勤耕耘。他的观点是,“研究诗歌的人最好有一点创作经历,否则就难以真正进入诗的情境,也就很难把握诗歌艺术的真谛”①。2004年8月,香港银河出版社以“中外现代诗名家集萃”中英文对照系列丛书的形式,推出了《吕进短诗选》,收入吕进自上世纪90年代以来创作的短诗24首。这些诗与他的诗歌理论交相辉映,相得益彰。

新诗二次革命首先面临的是诗歌精神的重建,吕进提出:“当前诗歌精神重建的中心,是对于诗歌和社会、时代关系的科学性把握。”“诗不应充当政治和政策的工具,但是也不应与社会和时代脱离,更不应将此一隔离当作诗的‘纯度’。”②在诗歌创作中,对于现实人生的关注自然成为吕进诗歌的主旋律。他呼唤香港回归:“祖国一颗泪珠/滴落在南海海面/凝结百年痛苦/哭诉鸦片战争烽烟//祖国一块玉石/铭刻了对母亲的呼喊/饱含百年相思/神州月亮何时才圆?”(《香港十四行》)他关注世界政治风云变幻,创作了《俄罗斯素描》和《书与花》;他细心体验、深入思索异国文明,于是有了《东京》、《曼哈顿》、《狗年》等诗篇。他的诗充满了拥抱时代、关注世事的艺术精神,这与他特别强调诗歌的

①蒋登科:《吕进:人与诗》,《当代文坛》,2005年第2期。

②吕进:《三大重建:新诗,二次革命与再次复兴》,《西南师范大学学报》,2005年第1期。

“使命意识”有关。在吕进的诗歌观念中，优秀的诗歌是生命意识和使命意识的和谐，“优秀的诗人总是与时代同步、与民族同心的。……将诗从社会历史框架中取出去(如果能够取出去的话)，诗的生命之花也就枯萎了——因为诗美世界绝不是与现实世界绝缘的符号世界……从本质上讲，诗的世界就是现实世界的一种投影”①。

诗是审美观照生活的最高语言的艺术。一般来说，它回避精确、细腻的描绘，时代、社会、人生的表达由诗中所抒之情暗示、折射出来。也就是说，诗通过诗人内在世界的抒写深情关注外部世界。因此，“诗虽然直接来源于生活，但它一般并不直接反映生活，而是直接表现人的情感；诗不长于细致地叙述客观现实，而是长于细致地叙述情感浪花。换句话说，诗的内容本质在于抒情，它是生活的感情化。它通过表现人的感情去反映生活，它通过细致地叙述感情浪花去叙述客观现实”②。这是吕进关于诗歌如何反映现实的理论论述，也是对他自己诗歌创作的一种阐释。诗人对于现实人生的热爱和关注在诗歌中都化成了脉脉深情。他《致卡纳别相教授》：“一切都会过去/但不是一切都会遗忘/比如您和夫人给我的情谊/比如您住宅里飘散的书香”。他记住了《俄罗斯大妈》：“在俄罗斯，迷路时应当去问大妈/走向一位，就会有三位主动答问/还会有人调转自己的方向带路/走很远了，还感到那关切的眼睛”。在台湾他动情于《这是什么地方?》：“若说是遥远的异乡——/为什么又有一样的语言和亲情/为什么又有一样的泪水和向往?”身为著名诗论家，吕进经常到世界各地访问交流，身处异国他乡，夜深人静时分，诗人挥毫《致祖国》：“当你成为销魂的梦境/离你越远，你就越近/离你越久，你就越亲//再美的雪花是别人的雪花/再美的姑娘是别国的风景/在我宇宙中有自己的星星”，他深深地《思念》：“久久地离开你/才懂得你在我的人生中的位置/远远地离开你/才懂得乡愁的全部分量……”吕进认为：“诗通过抒情——不受客观事物外貌局限的自由抒情，从更深更广的程度上表现了客观事物本身……从内容看，诗与画泾渭分明。虽然二者都离不开抒情美，但前者是更偏重主观抒发的艺术，后者是更偏重客观描绘的艺术；前者的旨趣更在精神世界，后者的旨趣更在物质世界。”③以上诗句正是为

①吕进：《吕进诗论选》，重庆：西南师范大学出版社，1995年，第175页。
②同上，第17页。
③同上，第6页。

他的这个观点做了注脚。《吕进短诗选》均为抒情诗,但《同心圆》、《狗年》、《俄罗斯大妈》等诗中也有叙事因素。不过都做了"虚化"处理,重在表达诗人的心灵体验。在理论上吕进对此是这样阐述的:"对诗来说,'虚',则诗味出;'实',则索然无'味'。诗并不一概拒绝对客观事物的叙述。诗的品种中就还有以叙述为特点的叙事诗。抒情诗中也常常略微带有情节。但是,诗的叙述是抒情中的叙述,根本的旨趣仍在于精神世界,在于通过叙述以抒情。我们可以在叙事诗或略有情节的抒情诗中发现,凡是叙事的地方,诗里就出现'快镜头';凡是抒情的地方,诗里就出现'慢镜头';凡是涉及'事',诗就像一个专抄捷路的伶俐者;凡是涉及'情',诗就会变成一个专走弯路的慢行者"(吕进:《吕进诗论选》)。

亚里士多德指出:"诗是一切文章中最富有哲学意味的。"(华兹华斯:《抒情歌谣集·1800年版序言》)吕进认同这一观点:"在各种文学样式中,诗与哲学的血缘最近。诗是个多层面结构,它的最深层次(由此生发出各层次、各侧面)是哲学。表层结构的基础是节奏式,深层结构的基础是哲学。"(吕进:《吕进诗论选》)在他看来,浅薄的诗缺乏很深的内蕴,一般到主观体验为止,没有哲学层次。哲理美是诗美的最高境界。《中年》、《既然》、《新处女公墓》、《瞻仰列宁墓》等诗歌以抒情的旋律,借助独到的感悟,从鲜活灵动的诸物万象、人情世态中提炼出了富有启示意义的人生智慧,情与理、哲思与诗境水乳交融,让我们在分享诗人的喜悦与思索的同时,得到深刻的启迪。

诗歌形式建设是当前诗坛的重大使命。吕进认为:"总体而言,新诗的诗体重建在上个世纪里的进展比较缓慢。极端地说,不少旧体诗是有形式而无内容,而不少新诗则是有内容而无形式。""提升自由诗,成形现代格律诗,增多诗体,是诗体重建的三个美学使命。"吕进十分重视诗歌形式力量,多次强调,"诗人并不单纯是为了告诉读者一种什么体验而写诗,他还在乎用怎样的特殊的方式去表达这种体验。""对一首诗来讲,如何传达诗美体验和传达什么诗美体验至少同等重要。诗是以形式为基础的文体。离开形式,诗便会立即消失。"(吕进:《吕进诗论选》)《吕进短诗选》主要为自由诗体。关于自由诗,吕进有自己独特的看法,他直言不讳地指出,近百年的新诗危机,从诗体看,也主要是自由诗的危机。既然是诗,自由诗也当有诗的规范。如何规范?吕进从理论建设的角度提出了两大问题,第一是外节奏问题,认为"外节奏才是诗的专属,诗的定位手段"。第二大问题是篇幅问题,他提出"就美学本质而言,诗总是对短小篇幅更钟情。""意蕴的由简而繁,篇幅的由繁而简,这是自由诗站稳脚跟、繁荣发展的通途。[①]"《吕进短诗选》的出版首先昭示的当然是这位新诗理论家在篇幅方面的建设性努力。同时,在外节奏建设方面,表现出了令人感动的探索精神和令人惊喜的创作实绩。

外节奏即诗歌的外在音乐美。在吕进看来,诗是最高的语言艺术首先表现在它的音乐美:"诗歌媒介的首要特征是音乐性,这是诗歌语言与非诗歌语言的主要分界。一些论者提出的其他分界,如形象性、精炼性等,都并不准确:散文语言同样也在寻求自己文体的形象性和精炼性。只有音乐性才是诗歌独家所有。诗以音乐性的语言给读者以审美愉悦,抽掉音乐性,诗就变成干枯的水果。"[②]他曾十分忧郁地指出:"音乐性,是中国古诗的优势,也是中国新诗的贫弱。""中国新诗在音乐性方面的艺术实践和理论建设都不够理想。"[③]《吕进短诗选》中的自由诗,除《东京》、《曼哈顿》、《俄罗斯大妈》、《狗年》四首用韵较宽外,其他的都在韵脚安排方面精雕细琢,音韵铿锵。吕进还探索用"头韵",如《思念》:"你是涛声不息的长江/你是钟情东方的太阳/你是我无处不飘香的校园/你是校园里我的书房的灯光//你是成功,你又是挫折/你是困惑,你又是希望/你是大海的浪花,不属于消失/永远开放在航船前进的地方"。一连串句子用"你"字领起,酣畅淋漓。其实注重押韵只是吕进外节奏艺术探索的一个方面,他的诗歌最值得称道的应该是多层次的节奏安排。在《吕进短诗选》中这样的例子俯拾皆是。我们以《守住梦想》为例:

守住梦想,守住人生的翅膀
守住梦想,守住心上的阳光

不为一朵乌云放弃蓝天
不为一次沉船放弃海洋

---

①吕进:《三大重建:新诗,二次革命与再次复兴》,《西南师范大学学报》,2005年第1期。
②吕进:《吕进诗论选》,西南师范大学出版社,1995年,第114页。
③同上,第48-49页。

荒漠中守住一方绿洲
风暴里守住一片晴朗

守住一句承诺
守住久别的造访

守住一封远方的信
守住爱的目光

守住鲜花的呼唤
守住明天的太阳

纵有严寒,守住梦想的花
也会在冰天雪地里开放

纵有险关,守住梦想的江
也会浩浩荡荡地奔向远方

守住梦想,守住不谢的花季
守住梦想,守住迷人的远航

这首诗在偶句严格押韵的基础上,诗节首尾复沓,形成双重循环的节奏形式,在此基础上,使人又将每一诗节安排为对偶句式,同时中间三节写成以“守住”一词领航的相同句式,形成排比型诗节。第七、八诗节也精心营造为音顿、句读等都完全一致的对偶型诗节。这还不够,诗人让“守住”这一主题词反反复复出现在几乎每一诗节中,使其铿锵的音响在整首诗中回荡,既强化情感内蕴,又形成鲜明的节奏重音。如此交错往复的音韵安排,怎不使这首诗读来琅琅上口,绵绵传情。《你的名字》前六节全部使用相同的格律形式,即第一句为“你的名字是……”第二句为四顿半读句式,最后两节则换格为“将你的名字……/让它……”这样的排比句式,节奏整齐又活泼灵动,同时“你的名字”这一主题音在每一诗行中回旋。《既然》以回文诗的形式复沓成诗的基础节奏，中间夹入两对对偶诗行强化音乐感。《中年》首尾诗行以“你的山，我的山”相呼应，中间两诗节使用了相同的格律诗行，并且用“花开季节上山”和“花落季节下山”形成对偶，使节奏不仅表现在形式上，也蕴含在诗的情绪中。

吕进认为，“所谓音乐性，就外在而言，指诗的节奏。韵式、段式也只是节奏的表现和加强节奏的手段而已：韵式是节奏的听觉化，段式是节奏的视觉化，它们使读者产生节律化、非指称化的审美期待”。[①]在理论上，吕进十分重视诗的分行效果，把它作为加强音乐性和视觉美感的手段：“由节奏与音韵所规范，除了散文诗以外，诗歌又都分行排列，用以加强它的音乐美。与引起鉴赏者听觉上的美感的同时，又给予鉴赏者视觉上的美感。……听觉美感与视觉美感的交叉，外在的音乐美与内在的抒情美的融合，使诗的语言成为最优美的语言，使得散文语言相形见绌。”[②]《吕进短诗选》除一首十四行、三首杂行诗、三首三行诗外，均为形式相对匀称整齐的二行诗和四行诗。诗行根据内容表达的需要从二行到八行不等，其中又以二行和四行最多。吕进喜欢偶数诗行的排列形式，这种偶数建行形式本身就因为对称而呈现出一种视觉节奏。

《吕进短诗选》多为十至二十行之间的小诗，要在有限的诗行里尽可能地容纳博大精深的思想和丰富细腻的感情，甚至勾勒栩栩如生的艺术形象，开拓美妙的艺术境界，首先就需要语言的高度凝练。吕进曾将诗人誉为与语言搏斗并且征服语言的人。《曼哈顿》、《东京》等诗以十行左右的诗句，准确地传达出诗人对于异国异邦文化的独特感受和体验，可谓“一语百情”、“片言明百意”。吕进善于选择一两个主题词来浓缩、概括诗意，增强语言的弹性。如《瞻仰列宁墓》选取“时间”为诗眼，讴歌列宁的思想、不朽的精神，构思十分巧妙。《书与花》以“书”与“花”这两个字来赞叹和惋惜这个伟大的民族：“你是一朵已经凋谢的不该凋谢的花/你是一本没有写完的世界必读书”。吕进认为：“诗歌语言一般不屑理会散文的语言秩序，它在内视世界随意跳跃与歌唱。但是，‘随意性’又应该有另外一个解释：‘随’顺诗‘意’。诗歌语言得接受诗的语言秩序的裁判。”[③]“独特的陌生的词序是诗歌艺术媒介的有力手段。对词序的主

①吕进：《吕进诗论选》，重庆：西南师范大学出版社，1995年，第115页。

②同上，第27页。

③同上，第69页。

动性摆脱,常常产生佳句。”[①]《吕进短诗选》采用的都是日常口语,但通过巧妙的“陌生化”组合,形成浓郁的诗味:“是照片像人? /还是人像照片?”“是诗篇像人/还是人像诗篇?”(《相会台北》)将日常语言嵌入“是……还是……”的句型中,既形成节奏感,又含蓄委婉地传示了诗人对友人的思念之情和对友人诗篇的赞美之意。在诗中运用对顶句式既是吕进增强诗歌节奏的重要手段,也是将日常语言转化为诗歌语言的重要方法。如《香港印象》:“有一个高高的香港/有一个低低的香港/座座高山是大厦/条条峡谷是街巷”。《东京》写道:“大大的是东京/小小的是日本”。吕进说诗人是给世界万物重新命名的人。他曾明确指出,“诗中语言的指称功能已经微不足道。重要的是语言的表情功能。它主要不是外在世界的叙述,而是内心世界的叙述。”[②]所以他这样赞叹美丽的《俄罗斯姑娘》:“莫斯科的荧屏怎么在瞬间都破碎了/街道上到处是电视里走出的女郎”。在他眼中,饱经沧桑的《俄罗斯大妈》是俄罗斯的“苹果”、“俄罗斯的历史”和“良心”。

最后值得一提的是吕进的诗歌风格。在诗论中他认为,“在欢快与愁怨中间,诗常常宁愿选择(国家的或个人的)愁怨。……欢快是直线的、轻扬的,愁怨是往复回旋的;……所以愁怨之词易工,所谓‘国家不幸诗家幸’,‘诗穷而后工’。……在中国新诗史上,愁怨的名篇最多”[③]。他在离别时《想着重逢》,在严寒时《守住梦想》。许多诗读后都给人一种向上的力量,令人振奋。读了《吕进短诗选》,我体会到乐观、开朗也是一种很美很美的诗境。

刘静:中国新诗研究所2000年访问学者,现为重庆师范大学文学院教授。本文原载:《中外诗歌研究》,2005年第4期;《当代文坛》,2006年第2期。

---

①吕进:《吕进诗论选》,重庆:西南师范大学出版社,1995年,第40页。

②同上,第38页。

③同上,第108-109页。

吕进诗美世界中的俄罗斯面影

刘静 方宏蕾 陈剑雨

从俄语专业学习到苏俄诗歌译介，从大学时代的憧憬到九十年代合作交流，吕进与俄罗斯结下了不解之缘。俄罗斯也成为其诗论与创作的一个重要源泉。作为当代卓越的诗论家，吕进非常关注别林斯基、普列汉诺夫等苏俄理论家的诗论，同时较多采用马雅可夫斯基、普希金等的作品作为阐述其诗论的典范诗例。此外，吕进的文学创作也对俄罗斯表现出了浓厚的兴趣，如直接展示俄罗斯风情的诗歌约占其创作相当的分量，而有关俄罗斯见闻的散文随笔也有多篇。在这些作品中，吕进以诗性的眼光审视俄罗斯的历史文化和社会现状，赞美俄罗斯人民的美好品质，对当代俄罗斯命运表现出深切关注，并在俄罗斯形象及中俄文化差异中对自我进行了反观与审视。

一、俄罗斯文化的诗意审美

1958年，吕进由成都七中考入西南师范大学外语系，主修俄语。据他回忆：“念大学的时候，记得‘精读课’是用的北京外语学院编的课本。有一篇课文《莫斯科大学》，配了一张莫斯科大学主楼的照片，好巍峨，好气派！”①从那个时候起，莫斯科大学就成为吕进憧憬和向往的学术圣地。三十余年后，梦想变为现实，1993年10月到1994年4月，吕进赴莫斯科大学担任高级访问学者，与谢曼诺夫教授一起，进行了为期近半年的合作研究。而访学期间的居住地正是当年让他赞叹不已的莫斯科大学主楼：“当时我做梦也没有想到，在若干年以后，主楼的一个窗户后面就住着我。”②

①吕进：《吕进诗文选·莫斯科大学风貌》，北京：中国文联出版社，2009年，第162页。
②同上。

俄语是吕进的本科专业,但文学与诗歌是他的梦想,从小学时代起,他就开始发表作品了。“从儿时开始打造的诗美天地”,大大改变了他的人生。吕进认为“诗会教人远离世俗,守住梦想。一个生活在诗的世界的人,对诗外世界就有了别一番打量。这种打量,为我树立了理想人格的目标和典范;这种打量,使我别有向往,得以洒脱地直面那些难免令人不愉快的人和事,得以轻松地度过这一生中那些不轻松的岁月;这种打量使我常常‘忽略’一些诗外世界不应忽略的事。诗浸润了我一生”[①]。正是因为拥有这种诗性的目光和诗意的人生态度,他笔下的俄罗斯及俄罗斯人民都披上了诗的霞光。

1.艰苦岁月中的书与花

1993年是苏联解体后俄罗斯独立的第二年,此时俄罗斯政局跌宕起伏,社会矛盾空前,十月流血事件、经济危机、通货膨胀、新议会选举等,整个俄罗斯处于国家体制转轨的剧烈阵痛中。而即使在这样动荡不安的社会环境中,吕进笔下的俄罗斯人民仍然保持着诗意的栖居。

在诗歌《书与花》中,诗人这样描绘:“莫斯科是书与花的世界/严寒中到处有花摊/风雪里到处在读书”,在恶劣的自然环境和社会环境中,俄罗斯人民始终保持着对鲜花的喜爱和对知识的追求,“好像不知道每一站只有几分钟/好像不听见车轮隆隆的足步/地铁车厢里是流动的读书人的队伍”,“好像不知道物价在向上飞/好像不知道气温在向下落/鲜花打扮着二千平方公里的首都”,诗人眼里的俄罗斯人民,淡定从容,志趣高雅,超越世俗。蒋登科在评论《书与花》时说:“吕进当时所感受到的可以说是俄罗斯历史上最艰难的时期,苏联解体,经济萧条,但作为诗人的吕进却从俄罗斯人的教养上发现了它的希望与未来。”[②]

在散文《书籍与鲜花》中,吕进再次提到:“俄罗斯人是爱书的民族,爱花的民族。莫斯科是书籍和鲜花的城市,连每一个地铁车站,都无一例外地摆着许多书摊和花摊。”“地铁车厢里,没有人大声说话,没有人吃东西;多数人都在静静地读书。”“公共汽车和电车也像一个流动的图书馆。”俄罗斯人爱鲜花、爱读书,这是众所周知的,但是在那样动荡和艰苦的环境中,仍然保持这种高雅的

①蒋登科:《吕进:人与诗》,载吕进:《吕进文存·第一卷》,重庆:西南师范大学出版社,2009年,第15页。

②同上,第500页。

追求,这种修养不得不让人佩服和赞叹。俄罗斯人民的这种精神追求与崇尚诗美世界的吕进不谋而合,因而在诗人的注视下,俄罗斯人民的生活更加富有诗情画意。

2.俄罗斯的“苹果”与“苹果花”

在吕进笔下,俄罗斯姑娘的美丽是自然无雕饰的:“不是时装将俄罗斯姑娘包装得漂亮/是她们的身姿能将任何衣裙变成时装”。她们不光有美丽的外表,而且深受俄罗斯民族文化的熏陶,气质非凡:“普希金的诗和乌兰诺娃的舞熏陶气质/鲜红的玫瑰和纯净的白雪合成形象”,她们温文尔雅,笑靥如花,令人怦然心动,“最美的是彬彬有礼的一笑/在图书馆,在校园里的林荫道上”。

如果说吕进笔下的俄罗斯姑娘呈现的是一种天生丽质与良好修养的美,那么他笔下的俄罗斯大妈则更多表现的是一种俄罗斯人性美。吕进将俄罗斯姑娘比作美丽的苹果花,而将俄罗斯大妈比作北方的苹果,“花朵消隐,树枝低垂/俄罗斯大妈就是北国的苹果/战火硝烟中的卡佳和丹妮娅/如今人们尊称她们的名字和父称”,俄罗斯大妈曾经也是美丽的花,她们经历了硝烟弥漫的战争年代,生活的锤炼,岁月的雕琢,使她们身上多了一份历史的厚重。俄罗斯大妈还代表着俄罗斯女性的刚毅和顽强:“俄罗斯大妈高高的,壮壮的/在冬天戴着皮帽穿着大衣/挺着胸脯走路,带着庄重神情/像涂了唇膏、描了眉毛的将军”。诗人笔下的俄罗斯大妈是和善而热心肠的:“一次邂逅就会结识一位大妈/每位大妈都会向你打开内心/讲战争,讲家庭,讲退休金/讲对中国人的好感与友情/还会将家庭地址写给你/嘱咐你方便时一定光临”;“在俄罗斯,迷路时应当去问大妈/走向一位,就会有三位主动答问/还会有人调转自己的方向带路/走很远了,还感到那关切的眼睛”。

俄罗斯大妈也是中苏中俄两国友好关系的见证。中华人民共和国成立初期,中苏关系曾经经历过一段蜜月时期,以后多年曲折,直到80年代末才由对抗走向睦邻友好。因此,老一辈俄罗斯人对中国人保持着热情与好感,这也是俄罗斯大妈让吕进感到无比亲切的原因。俄罗斯大妈带给诗人亲人般的温暖,诗人也将深情投向她们,“在俄罗斯,我最难忘的是大妈/在俄罗斯,我最同情的是大妈”,诗人还将俄罗斯大妈比作“俄罗斯会说话的历史”,将俄罗斯大妈视为“俄罗斯的美丽与良心”。

3.历史哲思与现实包容

近代以来的俄罗斯历史可以说是一部动荡的民族发展史,从二月革命推翻沙皇统治到十月革命苏维埃政权建立,从1924年苏联成立到1992年苏联解体,历史的舞台不断变换,俄罗斯人民在深重的苦难中艰难生存。对于俄罗斯百年历史,吕进没有进行是非评判,而是用哲人般的目光冷静审视,即使是对万人景仰的领袖人物,也秉持理性的态度,相信时间是检验一切的标尺:“最好对这世界的什么东西也别崇拜/但是聪明的人却应懂得崇拜时间”,“时间的工作效率也许不高/但是它永远能作出准确的判断”,诗人坚信“时间把一切放到应有的位置/哪怕有时需要十年、百年、千年”(《瞻仰列宁墓》)。

带给诗人同样历史厚重感的还有新处女公墓:“尽管只是莫斯科的一处公园/包容的却是整个俄罗斯的空间”(《新处女公墓》)。在诗人看来,这里是“俄罗斯人心里的圣地和精神家园”,“走进公墓,就像走进了俄罗斯的历史”,“这里完全是一个艺术的世界”。[①]“作家的墓碑是书本的浮雕/音乐家的墓碑是优雅的琴弦/图波列夫的墓碑是飞翔的抽象/王明的墓碑含含糊糊没有特点/赫鲁晓夫的墓碑半黑半百/建筑师在对亡者作艺术的发言”(《新处女公墓》)。同样,长眠在这里的人物不需要人来刻意评判,时间足以说明一切,“有的陵墓的积雪总有人拂去/严冬中红玫瑰在寒风中璀璨/有的陵墓被雪厚厚地覆盖/墓碑上相片很大,却没有供奉的花圈”(《新处女公墓》)。在这些诗文作品中看似没有诗人明确的态度,而字里行间透露出诗人时刻以诗性的目光扫描着周围的一切。

相对于俄罗斯的历史,诗人更关注社会现实。吕进是怀着无比的向往前往俄罗斯学术交流的,俄罗斯人民的高尚品质和生活趣味使他由衷地赞叹,俄罗斯人对中国的友好使诗人感受到如在故乡的温暖。但是处于过渡时期的俄罗斯也着实存在着许多社会问题,甚至吕进也亲身经历了一些惊扰,对于这些问题,诗人同样以客观理性的态度加以评判,在诗作《俄罗斯素描》中,诗人这样写道:“人人都有教养,十分富有同情心/却不断传出抢人和杀人的新闻/人人都轻声说话,从不争吵/昔日的兄弟之间却不停地进行战争”,可见,诗人并没有因为某些负面事件而否定俄罗斯人民的整体品质和修养。同时,对处于转型

---

① 吕进:《落日故人情·新处女公墓》,成都:巴蜀书社,2015年,第56—59页。

期俄罗斯人民的迷茫和困惑表示深切的同情:“海关上高悬双头鹰的国徽/报关单上加盖的却是‘苏联’的大印/全国仍在11月7日放假/谁都说不清这个节日现在的名称”。

二、诗论中的苏俄因素

吕进发表的一系列关于新诗重建的文章,如《三大重建:新诗,二次革命与再次复兴》、《论中国现代诗学的三大重建》等,从内容到形式深入探讨了新诗重建的方法和途径。其诗论在向传统寻根的同时,还广泛汲取了西方诗论,尤其是苏俄诗论家的相关理论,同时大量援引苏俄诗人的诗歌为例进行理论阐释,因此,其诗论与苏俄显现出极大的亲缘性。

1.诗人的使命与诗的本质

“诗歌精神的重建”是新诗二次革命首先要解决的问题,吕进提出“当前诗歌精神重建的中心 ,是对于诗歌和社会、时代关系的科学性把握”[①]。对于诗人与时代社会的关系,吕进认为“优秀的诗歌是生命意识和使命意识的和谐”[②]。而这与苏俄理论家如别林斯基在论述文学与时代的关系时主张的“日益要求文学要体现时代精神,推动社会的进步”[③]的观点极为一致。由诗歌的精神重建缘起,吕进十分注重诗人的使命感,并注重援引苏俄诗论的相关论述,如“别林斯基说得好:‘在构成真正的诗人的许多条件中,当代性应居其一。诗人比任何时候都应该是自己时代的产儿。’”[④]吕进借此批判只抒发自己哀愁的诗人,主张诗人要将自己的命运与时代命运相联结。除了别林斯基,吕进还援引了卢那察尔斯基与高尔基等人的观点:“诗人‘不要把自己集中在自己身上,而要把全世界集中在自己身上’。(高尔基)”[⑤]“诗人应该说出许许多多人所关心的事情,他非抛弃自己身上的猥琐的东西不可。洗掉这一切灰尘以后,他才能出现在万目睽睽的听众面前。(卢那察尔斯基)”[⑥]在《新诗的创作与鉴赏》一书

①吕进:《吕进文存·第四卷》,重庆:西南师范大学出版社,2009年,第252页。

②刘静:《论吕进的诗歌创作》,《当代文坛》,2006年第2期。

③杨冬:《文学理论:从柏拉图到德里达》,北京:北京大学出版社,2009年,第138页 。

④吕进:《吕进文存·第一卷》,重庆:西南师范大学出版社,2009年,第135页。

⑤同上,第132页。

⑥同上,第132页。

的第四章“社会主义新诗”中，吕进集中讨论了诗人与时代关系，在同一章节中，作者援引了诸多苏联文论家对诗人与时代关系的见解。可见对苏俄诗歌理论的借鉴，成为吕进新诗重建理论的重要路径。

从诗人与时代的关系出发，吕进认为诗人应当具有使命感；从诗与现实生活的关系着眼，则提出了“诗歌的本质是抒情”的观点。“‘诗虽然直接来源于生活，但它一般并不直接反映生活，而是直接表现人的情感；诗不长于细致地叙述客观现实，而是长于细致地叙述情感浪花。换句话说，诗的内容本质在于抒情，它是生活的感情化。它通过表现人的感情去反映生活；它通过细致地叙述感情浪花去叙述客观现实。’这是吕进关于诗歌如何反映现实的理论论述，也是对他自己诗歌创作的一种阐释。”[①]吕进认为，苏俄诗人的创作反映出的诗歌观念即为诗歌以抒情来反映现实，例如普希金、莱蒙托夫以及马雅可夫斯基，他们都以抒情诗的方式表现了俄国的现实生活。

吕进关于“诗的本质是抒情”的论述更多地体现在他对苏俄诗歌的评析中，而苏俄的叙事诗是他关注的重点，甚至作为重要支撑材料。如《吕进文存》中列举了普希金的叙事诗《波尔瓦塔》，认为诗人在分配叙事与抒情的比重时，出现了“快镜头”与“慢镜头”；马雅可夫斯基创作的《列宁》力求摆脱“事”的束缚，努力规避政治的叙述，力求在叙事中表现出情感来；另一篇高尔基的《海燕》，作者貌似叙述海燕经历的一系列事件，但实则表达的是对革命的渴望与激情。吕进在列举分析了一系列苏俄诗歌后提出：“诗的叙述是抒情中的叙述，根本旨趣仍在于精神世界，在于通过叙述以抒情”[②]。

2.诗的韵律与分行技巧

“诗歌形式的重建”是中国现代新诗寻求发展的重中之重，回顾新诗发展历程，几代诗人的探索都没能解决“新诗规范化”的问题。“提升自由诗，成形现代格律诗，增多诗体，是新诗重建的三个美学使命”[③]。关于自由诗的提升，吕进认为当把握其形式美学，自由诗的形式美学在于“内节奏”与“外节奏”；关于现代格律诗吕进认为“成形的关键是诗语的音乐性”[④]，提倡“有规律的韵式和

①刘静：《论吕进的诗歌创作》，《当代文坛》，2006年第2期。

②吕进：《吕进文存·第一卷》，重庆：西南师范大学出版社，2009年，第52页。

③同上，第256页。

④同上，第258页。

段式”[①]。由此可见，诗的韵律与诗的分行技巧是自由诗与格律诗诗体重建的重要内容。

诗歌的基本审美属性之一是能吟诵，诗不是只能默读的文学，这是诗区别于其他文学样式最显著的特征。在韵律方面，吕进同样较多地借鉴了苏俄诗论。在论述韵律对于诗的重要性时，他借用了马雅可夫斯基的话“节奏是诗的基本力量之所在”[②]。马雅可夫斯基在创作过程中便十分讲求韵律，一首诗往往多次易稿。吕进还指出了国人因翻译问题认为马雅可夫斯基不讲音韵的错误观点。

就韵律与诗歌思想的关系而言，吕进认为韵律是诗思的点缀，诗思是韵律的内蕴。俄苏诗人如苏玛洛科夫、普希金等人的诗歌创作便表现了诗歌思想与韵律之间的关系。吕进在其论述中也有相关引证：“18世纪的俄国著名诗人苏玛洛科夫也说：不应该让我们的思想成为韵脚的俘虏，而要使韵脚成为我们的奴隶。”[③]“普希金说，音韵应当‘带着严格的思想’而奔流”[④]，可见，吕进对这两位苏俄诗人的观点都极其认同。

韵律是诗的内在节奏，而诗的外节奏具有可视化的特点，这一外在节奏形式便是分行。“在理论上，吕进十分重视诗的分行效果，把它作为加强音乐性和视觉美感的手段。”[⑤]在论及诗行诗节的划分时，吕进引用了马雅可夫斯基《放声歌唱》的序诗：“我公开检阅/我这些战斗的诗歌/它们那整齐的行列/在检字工人手下前进。”来说明诗节的有序化与诗节的整体性。而在诗歌创作实践中，“吕进喜欢偶数诗行的排列形式，这种偶数建行形式本身就因为对称而呈现出一种视觉节奏 ”[⑥]。可见，苏俄诗论中关于诗节的匀称与整体理念对吕进是有启发的。

3.诗歌语言的凝练与“陌生化”

吕进对诗歌语言建设颇多精妙的见解，如“语言的高度凝练”、“独特的陌

---

①吕进：《吕进文存·第四卷》，重庆：西南师范大学出版社，2009年，第258页。

②马雅可夫斯基：《怎样作诗》，转引自吕进：《吕进文存·第一卷》，重庆：西南师范大学出版社，2009年，第90页。

③吕进：《吕进文存·第一卷》，重庆：西南师范大学出版社，2009年，第94页。

④同上，第100页。

⑤刘静：《论吕进的诗歌创作》，《当代文坛》，2006年第2期。

⑥同上。

生的词序”等。这些观点都可以在苏俄诗论中找到渊源,如俄罗斯诗歌流派阿克梅派的诗论主张之一便是“语言形象要精确凝练”[①],别林斯基也强调诗歌语言的凝练,俄国形式主义提倡“陌生化”等。关于“语言的高度凝练”,吕进认为“别林斯基对此说得很好:‘除非让人去读诗人笔下所产生的那篇东西,如果是换一种转述或用散文翻译的话,它就会变成丑剧和僵死的幼虫’”[②],吕进认为诗歌的弹性技巧可以增强诗歌语言的凝练,而对于弹性技巧提法的来源,吕进说:“德国美学家黑格尔、俄国文学理论家别林斯基都论及过诗的弹性技巧。”[③]

在论述“独特的陌生的词序”这一观点时,吕进引用别林斯基《论文学》中的话,“朴素的语言不是诗歌的独一无二的确实标志。但是,精制的语法却永远是缺乏诗意的可靠标志”[④]等来说明诗意的获得需要打破语法常规,“诗家语”与日常语言间存在显著差别,并论述了特殊词序对诗意产生的重要性。吕进还追溯了“陌生化”命题的来源——俄国形式主义,并探讨了“陌生化”的原理与期望达到的效果。

总体而言,苏俄诗论参与了吕进诗论的大部分建构,在四卷本《吕进文存》中总能瞥见“别林斯基”、“普希金”、“高尔基”等人思想的光辉,他们的智慧在吕进诗论体系中虽未占据中心地位,却是吕进诗论中不可忽视的存在。

三、俄罗斯回望中的自我审视与理论建构

1.艺术经验的本土转换

如前所述,吕进在其诗歌理论建构中,较多地借鉴和援引了苏俄相关理论,但他对苏俄的借鉴并不是照搬,也没有食洋不化,而是结合汉语语法的特点以及中国诗坛的具体实践,在借鉴的同时进行了发展和超越。

别林斯基有关诗歌用词弹性的观点是吕进“弹性技巧”的来源之一。别林斯基提出“弹性”一词是为了论述“铿锵的华美的辞藻还不算是诗歌”[⑤],他评价

①任光宣主编:《21世纪外国文学系列教材·俄罗斯文学简史》,北京:北京大学出版社,2006年,第200页。

②吕进:《吕进文存·第二卷》,重庆:西南师范大学出版社,2009年,第174页。

③同上,2009年,第127页。

④吕进:《吕进文存·第四卷》,重庆:西南师范大学出版社,2009年,第178页。

⑤(俄)别林斯基:《别林斯基选集·第一卷》,满涛译,上海:上海文艺出版社,1963年,第234页。

普希金的《安德烈·舍尼埃》时，同时提的还有语言的“硬性”，纵观别林斯基上下文之间的联系，此“硬性”指辞藻不含诗意，“弹性”是指辞藻饱含诗意。可见，在别林斯基看来，“弹性”只是用词技巧。吕进《论诗的弹性技巧》一文仍主张词当具备弹性特征，但他将弹性技巧扩大到诗歌语言的词汇、词序、造句等各个层面，同时将诗歌的“弹性技巧”与汉语语法特点紧密结合。吕进认识到：“汉语语法不十分严密，这正为弹性技巧提供了用武之地”。别林斯基就俄语的特点发现了词汇的“弹性”，而吕进则结合汉语语法的特点发现了“词类跳跃，词序反常，造句奇特”[①]等带来的新的“弹性”现象。如汉语中形容词与动词的词类转换，以及类似“语病”现象的奇特造句。汉语语法的灵活特点使诗味油然而生，吕进正是基于此极大地拓展了诗歌语言的弹性技巧。

另外，在借鉴苏俄诗论中有关诗歌韵律观念的同时，吕进也进行了民族化创造。受马雅可夫斯基独具特色的俄罗斯民族“重音诗体”启发，吕进认为中国新诗的音乐美除了依靠节奏和韵式以外，还当考虑汉语的韵脚，而韵脚则较多地体现了汉语的特点。汉语的押韵讲求“相似的音质在一定位置的复现”[②]，汉语一字一音，通常处于诗行末尾的字韵母相同或者相似即可构成押韵。吕进提倡“十三辙”韵，从而规范诗的韵脚，反对用方言和虚字押韵。吕进关于韵脚的观点是真正基于汉语特点的考量。吕进基于汉语语法特点对苏俄诗论的再创造，实践了他对“西方艺术经验的本土化转换”[③]的主张。他认为学习西方经验的最终目的在于为中国的新诗重建指路。

在关于诗应当具有思想内涵方面，吕进同样表现出对苏俄诗论的深化。在论述诗歌思想时，吕进引用了马雅可夫斯基的诗：“真正的/诗人/会从/朦胧的火星中/吹出/明亮的思想”[④]。肯定了诗人以小见大，从日常生活琐事中发掘深刻思想的示范意义。他同时还结合鲁迅《热风》中的观点，“鲁迅曾提出美术作品应当‘是表记中国民族知能最高点的标本，不是水平线以下的思想的平均分数’”[⑤]，鲁迅这句话旨在说明美术家不仅仅是用熟练的技法创作作品，更重要的是在作品中表现其人格与思想。这是针对当时美术界学习了西洋画的技巧

①吕进：《吕进文存·第二卷》，重庆：西南师范大学出版社，2009年，第132页。

②吕进：《吕进文存·第一卷》，重庆：西南师范大学出版社，2009年，第95页。

③吕进：《吕进文存·第四卷》，重庆：西南师范大学出版社，2009年，第25页。

④吕进：《吕进文存·第一卷》，重庆：西南师范大学出版社，2009年，第80页。

⑤同上。

却表现粗俗的内容,缺乏思想的现状而提出的。联系中国诗坛的现状,吕进认为诗歌思想应当"超出时代'思想的平均分数',高于时代'朦胧的火星',对人生有更深理解,对时代有更深评价。"[①]这表现了吕进将马雅可夫斯基与鲁迅观点相融合,强调诗人责任感及对改变中国诗坛现状的期望。在具体阐释诗歌以形象表达思想这一理论时,吕进引用苏联"智力诗派"诗人马尔丁诺夫的诗作《水》,同时还引用了黑格尔关于"诗的创造活动却是真理和现实世界在现实现象本身中的和解"论述。从马尔丁诺夫的诗到黑格尔的理论,体现了吕进对苏俄文学现象由特殊性到普遍性的升华与整合。

吕进将苏俄诗论,诗歌创作与中国诗坛的发展现状相结合,有着多方面的考虑,主要归结为两点。其一,借鉴西方思辨性诗论以期中国诗论的转变。吕进在题为《中国新诗研究:历史与现状》一文中提及中国以往诗歌评论都是经验之谈,很少有思辨性的公式与概念。吕进所属的"上园派"既主张继承传统,又主张借鉴西方经验。在借鉴西方经验时,吕进十分欣赏思辨性的概念化诗论观点,而黑格尔的理论基础具有一种思辨性,在接受苏俄诗论的同时,兼采黑格尔的观点有助于中国诗论的"转化"。其二,吕进认为,诗在社会转型期中拥有疗救的功效,而现今社会重物质轻精神,出现一种精神与道德的"失范状态",与鲁迅"救救孩子"的观点相似,吕进发出了要在精神上挽救道德失范的呼喊,表达了让诗歌艺术承担起精神疗救责任的期盼。

2.俄罗斯镜像中的反观与寻找

莫斯科大学访学经历使吕进切身感受到了俄罗斯文化的魅力与俄罗斯人民的质朴和热情,他用诗的目光审美俄罗斯,也在俄罗斯文化镜像中对自我进行了反观与寻找。比较同时期其他作家、学者、访问者如孟庆和、孙进舟、矛地、秦生贤、华江等对俄罗斯见闻的描述,他们虽然也有提及俄罗斯人对教育和艺术的重视,但更多关注的是俄罗斯的现实社会问题。如通货膨胀造成的卢布贬值,惊心动魄的"马匪"抢劫勒索事件,俄罗斯酒鬼问题,等等。总之,在上述叙述者眼里,当时的俄罗斯处于经济发展相对落后,社会秩序相对混乱的状态中。这也符合我们根据俄罗斯政治历史变更和社会发展规律对其发展情况的推断。

---

①吕进:《吕进文存·第一卷》,重庆:西南师范大学出版社,2009年,第80页。

而吕进文学世界中为我们呈现的俄罗斯则与以上诸位访问者描述的俄罗斯表现出显著的差异。在他笔下,俄罗斯人民虽然处于动荡不安的社会环境中,但仍然保持着高雅的生活趣味,拥有着高度的文明和自律。吕进尤其关注的是俄罗斯学术界,他们的大学拥有浓厚的学术氛围,他们的学者拥有雄厚的学术修养。可以说,吕进笔下的俄罗斯是一个充满诗意和文化的近乎乌托邦的世界,是他所崇尚和追求的理想世界。这种对俄罗斯的近乎乌托邦化的描述,在很大程度上超越了当时国人对俄罗斯的集体想象。而由此我们可以体会到吕进对中国文化的某种反观和审视。中国是一个具有几千年历史文明的古国,但尤其在当下,对文化的重视可以说远远不如俄罗斯,大学的学术氛围也与俄罗斯有着明显的差距。不光是学术界,吕进笔下俄罗斯普通民众的形象也是对中国民众自我的一种反观。中国是一个礼仪之邦,儒家文化所推崇的"仁、义、礼、智、信"一度被我们视为经典和信条,然而在现代社会中这些却渐渐被忽视和丢弃,越来越多地走向了物欲横流的泥潭,这不得不引起吕进的忧虑和反思。

由对中国文化和学术的反思,吕进进一步延伸到对中国"官本位"文化的批判,他多次在诗文作品中提到自己在访学俄罗斯期间体会到的中俄文化的一大差异即是对"身份"的衡量大相径庭。在俄罗斯,人们对作家、学者和教授等知识分子表现出极大的尊重和仰慕,"在俄罗斯,可以说全社会都敬重学者、教授,就好像我的一些同胞对着一掷千金的'大款'和一曲千金的港台歌星'发烧'一样"。[①]而"在有几千年历史的中国,'身份'更集中在'官位'上,'教授'、'作家'之类算不得什么"[②]。以至于吕进的朋友用"这是吕所长"来向别人介绍他,而对这种称呼吕进表示难以接受。这种巨大的差异首先要追溯到中俄两国知识分子与国家权力机构的历史文化传统上,在俄罗斯,知识分子的首要特质是个体的自由与独立性,俄罗斯"知识界的形成需要大学知识与自由思维和自由的处世态度的结合。"[③]因而只有像普希金那样的"基本靠稿费生活,但在创作中不受稿费的左右,走着自由之路,'孤独地生活着'"[④]的人才是当之无愧

①吕进:《吕进诗文选·莫斯科之冬》,北京:中国文联出版社,2009年,第161页。
②吕进:《吕进诗文选·趣说中西的文化差》,北京:中国文联出版社,2009年,第149页。
③(俄)德·李哈乔夫:《谈谈俄罗斯知识分子》,陆人豪译,《俄罗斯文艺》,2002年6月,第51页。
④同上,第52页。

的知识分子。在俄罗斯，无论何时，都有相当一部分知识分子保持着自己的精神独立性，坚持获知、深究、反抗。他们传递的是诸如人格、良心、人的尊严、诚实、高尚等概念。因而俄罗斯人对知识分子的尊重，在某种程度上可以说是对成千上万名知识分子的纪念。因此，即使是在今天“在俄罗斯，学术上取得成就比下海赚钱对年轻人更有吸引力”①。

而在国内，自古以来读书与做官就有着直接的联系，大多数人读书就是为了做官，文学和文化则被视为是为官之人的一种修养或者是业余爱好，甚至推崇一种“非职业化”的艺术工作观念，忽视纯艺术工作者的地位和价值。这也是在今天的中国知识分子依然不受尊重的根源之一。这种文化根源反过来使中国的大学及学术界陷入发展的歧途，“它不固守学本位文化，固守文化批判和社会关怀的使命，而是热衷于官本位文化。学校里没有自由思想、学术创造的清新风气，没有专家学者的发言余地，而是崇尚行政级别，崇尚官位。下级只看上级，而不是尊重学术，尊重学者，尊重教育发展的规律。官员用做官的思路、做官的套路来指挥学校建设和学术建设，把学校变成一个副部级或厅局级的官场”②。吕进进一步感慨：“今天的大学已经和经典意义的大学渐行渐远。”

吕进访学俄罗斯，接受俄罗斯文化的熏陶，对俄罗斯人文、历史及自然风情进行诗意的描绘，在近乎乌托邦化的俄罗斯形象及中俄文化的差异中对本国文化及自我进行反观和审视，与此同时，异邦游历体验也唤醒他的家国情感。因为正是离开的时间和距离引发了诗人对祖国的深深思念，“当你成为销魂的梦境/离你越远，你就越近/离你越久，你就越亲”（《致祖国》），“从遥远的异邦眺望你/才看得清你真实的形象/你是涛声不息的长江/你是钟情东方的太阳/你是我无处不飘香的校园/你是校园里我的书房的灯光”，“久久地离开你/才懂得你在我的人生中的位置/远远地离开你/才懂得乡愁的全部分量……”（《思念》）。但是即使行走万里，诗人也不忘对祖国远远祝福，“东方的祖国，狗年的故乡/请接受遥远的我对你狗年的祝愿”（《狗年》）。即使经历了异域的风情万种，诗人钟情的依然是祖国的文化和风景，“再美的雪花是别人的雪花/再美的姑娘是别国的风景/我在宇宙中有自己的星星”；是思念将时间拉长，“五个小时

①吕进：《吕进诗文选·莫斯科大学风貌》，北京：中国文联出版社，2009年，第164页。

②引文见诗评家叶櫓的博客，吕进于2014年9月13日在中国新诗研究所为他75岁生日举行的祝寿会上的讲话。

是如此巨大的时差/这里还在夜半/远方已是早晨”;是相思激起无限柔情,“相思是一种难治的痛/总会感到你美丽的眼睛/于是在异邦我有了温暖、憧憬与柔情”(《致祖国》)。祖国是养育诗人的那片最初的土壤,是诗人梦想开始的地方。诗人对祖国的情感在异国游历中得到确认和增强。可以说,正是在俄罗斯异邦游历中吕进重新认识和寻找到了自我。

综上所述,从俄语到俄罗斯诗歌及俄罗斯诗论,吕进徜徉在俄罗斯文化的海洋中,他以诗歌与散文建构起自我心目中的诗意俄罗斯,同时在借鉴苏俄诗歌及诗论的基础上,形成自己独具魅力的诗论体系。俄罗斯成为吕进的精神故乡,他的诗美世界中闪耀着俄罗斯文化的智慧与光芒。

本文原载《诗学》第八辑,巴蜀书社,2016年。

删繁就简三秋树,领异标新二月花
——《吕进文存》序

王小佳

《吕进文存》即将问世,吕进先生请我作序,我有些惶然。先生说:“你虽然是园艺学家,但你也是写诗读诗的,算得是行内人;我们之间的交往虽然次数不算太多,也已经持续二十多年了,彼此比较了解;你又是西南大学校长;你恐怕是最合适的序言撰写人了。”的确好像是这样,我只好“恭敬不如从命”了。

吕进先生1963年毕业于西南师范学院外语系。那个年代的高校流行一种“小动作”,让个别优秀学生“提前毕业”,以便能保证这些学生留在学校,不在毕业时被主管部门分走。吕进先生在读大二的时候就被“提前毕业”,1960年4月起担任见习助教一年半。后来他和同年级的徐世群(曾任四川省副省长)一起,又回到学生班,在下一个年级毕业。所以他的工龄是从1960年算起的。这样,吕先生在学校已经工作了近半个世纪。

从西南师范学院到西南师范大学,从西南师范大学再到西南大学,吕先生始终勤勤恳恳地坚守在教学、科研的阵地上。他不仅是“经师”,更是“人师”,学生们很喜欢他,尊敬他,他是学生的人生顾问和人格楷模。吕先生的教书育人事迹受到四川省委的肯定,也得到省委书记杨汝岱的高度评价,被评为“四川省劳动模范”、“四川省十大优秀园丁”。他1985年开始担任硕士生导师,1996年开始担任博士生导师,早已是桃李满天下。他的学生不少已经是博导,在诗坛上活跃的诗评家也都不少出自“吕家军”。

除了曾长期担任新诗研究所所长以外,吕进先生在校内兼职不少。他担任学校的校务委员会委员,担任学校的学术委员会和学位委员会负责人之一,已经有二十余年。他负责大学生素质指导委员会,主编文科学报,主持中国诗学研究中心,掌管文史学科的高级职称评审,等等。这样的学术带头人在学校是不多的。他为学校的建设,尤其是文科的学术建设做出了自己的贡献,也因此受到全校师生的敬重。先生七十大寿时,学生们自发地为他塑了一尊苏格拉底式的智者的铜像就是最好的例证。

1986年吕进先生在学校的支持下,领头在外语系汉语教研室的基础上成立了中国新诗研究所。现在国内的新诗研究所很多,但在当时这却是一个"前不见古人"的创举。这是中国新文学诞生以来的第一家以新诗作为研究对象的实体性研究机构。著名诗人臧克家曾多次发表文章肯定新诗研究所。旅美著名诗人彭邦桢也曾在美国发表文章,对新诗研究所的建立表示了欣慰。现在,中国新诗研究所成为学校的名片之一,在海内外诗界产生了广泛影响。

吕进先生的成名作是他的诗学专著《新诗的创作与鉴赏》。出版时间是上个世纪八十年代初,正是需要系统的新诗理论而又缺乏系统的新诗理论的年代。这本书一出版立即受到欢迎。十年间印行三次,总印数超过4万册仍供不应求。好些后来成名的诗人,甚至小说家,都曾是当年《新诗的创作与鉴赏》的读者。"吕进"从此就成为了诗坛熟悉的姓名。我当时在西南农学院念本科,我们一批西农的学生都成为这本书的"粉丝"。我正是在那个时候到西师拜访吕先生,从此开始长达二十多年的友谊的。在我的心目中,不管此后先生又出版了多少鸿篇巨制,这本不算厚的著述永远是新诗爱好者的标志性的教科书。《吕进文存》收入了《新诗的创作与鉴赏》全书,也收入了吕先生的代表作《中国现代诗学》的全书,这就解决了广大读者难于找到这两部著作的困难。此外,文存还从吕进先生的其他九部著作里选收了一些有影响的论文和有研究价值的文献。一些在《文学评论》、《文艺研究》、《诗刊》、《文史哲》、《人民日报》、台湾《文讯》等处近年发表而还没有来得及收入论文集的论文,这次得以收入。例如,《新华文摘》转载的发表于《西南大学学报》的《三大重建:新诗,二次革命与再次复兴》;2004年与铁凝、莫言、刘心武一起访问法国时在巴黎做的《中国情诗》的讲演;等等,这就使得文存具有了相当的学术价值,给读者阅读吕进、研究者研究吕进提供了方便。

要读懂读通吕进的诗学理论,我以为有一个关键,就是要充分把握吕进诗学的"转换性"思想。吕先生非常注意对传统诗学的批判性继承。从《六一诗话》到《人间词话》,他都极其熟悉,也要求研究生阅读。吕先生常讲,中国是一个诗国,诗学有几千年的积累。中国传统诗学与中国现代诗学同为中国诗学,它们之间有许多相通。不熟悉传统诗学,就找不到现代诗学的逻辑起点。但是我们是现代人,所以必须在继承中实现“现代化转换”。吕先生是外语出身的学者,他也非常熟悉西方现代诗学,十分注意对西方现代诗学的借鉴。吕先生在许多文章中说,中国现代诗学和西方现代诗学同为现代诗学,所以它们之间有对话的必要,也有对话的可能。在当今时代,不寻求中西对话与互补,闭门造车是不利于学科发展的。但是我们是中国人,所以必须在借鉴中实现“本土化转换”。只当“搬运工”永远是没有出息的。

对于中国诗坛,吕进是一个不可忽视的存在。在上个世纪的新时期,在传统派和崛起派之间,先生和其他几位知名诗学家组成了以“转换论”为中心的诗歌理论领域的“上园派”,和一大批“新来者”诗人走出了中国新诗的“上园道路”,受到海峡两岸诗学界的关注。吕先生主编的《上园谈诗》是新时期诗学的重要文献。这个“第三”的出现活跃了中国诗坛,带来了新鲜的思考和思想,成为新时期诗歌的重要现象。在新的世纪,吕进先生有两个学术活动特别具有意义。首先,他赞同国内学术界从区域文化的视角加强对现当代文学的研究,并且身体力行,率领重庆一批学者编写了53万字的《20世纪重庆新诗发展史》,开了国内区域新诗史编撰的先河。吕先生主编的这部书受到广泛好评。《中国艺术报》、《文艺报》等权威报刊都发表了多篇评论,香港也发行了这部著作。其次,针对新诗的现状,吕先生又和浙江大学的骆寒超先生一起倡导新诗的“二次革命”,希望建立诗坛的合理标准和秩序,推动新诗的诗歌精神重建、诗体重建和诗歌传播方式重建,推进新诗的再次复兴。三大重建,成了目下中国诗坛的热门话题之一。中国新诗研究所已经主办两届“华文诗学名家国际论坛”就这一理念进行研讨。今年,第三届“华文诗学名家国际论坛”又将在西南大学举行。作为校长,我是很乐观其成的。

作为知名诗评家,吕进先生担任过几届鲁迅文学奖诗歌奖评委,也担任过几届鲁迅文学奖的前身——全国文学奖诗歌奖的评委。1988年艾青在北京主持第三届全国文学奖诗歌奖评委会时,同为评委的冯至先生送了吕先生一个条幅,写的是郑板桥的诗句:“删繁就简三秋树,领异标新二月花”。我觉得这联诗句准确地概括了我们熟悉的吕进先生。他的为人和为学都是“大道至简”的;而在治学上,“领异标新”是他的最大特征,也是他成功的要领。

重庆出版社推出《吕进文存》,这是诗学界的一件喜事,重庆的一件喜事,也是西南大学的一件喜事,敬请吕进先生接受我的热烈祝贺和衷心祝福。

是为序。

吕进和他的《守住梦想》

邵丽霞　钱志富

守住梦想,守住人生的翅膀/守住梦想,守住心上的阳光//不为一朵乌云放弃蓝天/不为一次沉船放弃海洋//荒漠中守住一方绿洲/风暴里守住一片晴朗//守住一句承诺/守住久别的造访/守住一封远方的信/守住爱的目光//守住鲜花的呼唤/守住明天的太阳//纵有严寒,守住梦想的花/也会在冰天雪地里开放/纵有险关,守住梦想的江/也会浩浩荡荡地奔向远方//守住梦想,守住不谢的花季/守住梦想,守住迷人的远航

《守住梦想》这首诗出自著名诗学家吕进之笔。关于吕进先生,学者邹建军曾对他的诗学成就有过这样的评价:“如果说郭沫若、亦门、闻一多、艾青是中国新诗的理论家,那吕进可以毫不逊色地和他们排在一起。”作为唯一一位获得世界诗歌黄金王冠的中国人,吕进无愧于如此高度的评价。并且在诗歌创作方面,诗人臧克家如是说:“吕进先生,从少年时代就发表诗作,以诗人之心论诗,自然知其意义与甘苦。”而这首满怀追梦激情的诗正是记录了吕进先生在诗歌道路上一路走来的斑驳足迹。

诗的首节两句排比,诗人借用“翅膀”“阳光”这两个意象来形容梦想。翅膀带来人生的腾飞,而阳光则让心灵更加明媚。没有人会放弃翅膀,拒绝阳光,但为什么没有那么多的人守住梦想?因为翅膀的生成是那么的苦痛,钻出皮肉的那股剧痛又有谁咬咬牙忍下来了;黑暗的阴霾也总是那么的浓厚,微弱的阳光照耀又有谁执着地坚持下来了。有时候放弃其实并不比坚持容易多少,只是比较方便而已,殊不知坚持其实并不比放弃困难多少,只是懒得改变而已。吕进先生便是那后一种的“懒人”。懒得掂量困难的重量,所以他几十

年如一日地坚持在诗歌领域孜孜不倦地耕耘;懒得停止前行的步伐,所以他谦逊而永不满足地探索着一切美的规律。“在诗学发展上,中国现代诗学应当保持传统诗学的‘通’中求‘变’,同时又不拒绝在艺术的探险精神上向西方诗学有所借鉴”,吕进说道:“这是我一生的梦想”。诗人做到了,他的《新诗的创作与鉴赏》《给新诗爱好者》《吕进诗学隽语》等一本本浓缩了思想精华的著作,还有他带领的“中国新诗研究所”无不为我们筑造了一个诗意盎然的缪斯王国。所以他拥有了丰腴的翅膀,有了明媚的诗歌天堂,他切身体会到了腾飞的喜悦、光明的欢乐。所以才谆谆敦促着后来人:“守住梦想,守住人生的翅膀/守住梦想,守住心上的阳光”。

“不为一朵乌云放弃蓝天/不为一次沉船放弃海洋”,诗人那豪迈、乐观的精神感染着人们,给予人们精神的支柱。就像食指在那首《相信未来》中写道:“当蜘蛛网无情地查封了我的炉台/当灰烬的余烟叹息着贫困的悲哀/我依然固执地铺平失望的灰烬/用美丽的雪花写下:相信未来//当我的紫葡萄化为深秋的露水/当我的鲜花依偎在别人的情怀/我依然固执地用凝霜的枯藤/在凄凉的大地上写下:相信未来”。

诗人食指在第一诗节里用“蜘蛛网”“炉台”“余烟”“灰烬”等几个意象为人们描绘了一个荒芜、穷困、艰难的时代。即使是没有经历过那个时代的人也会在心底涌起苦不堪言的强烈感触,但他却还要“用美丽的雪花写下:相信未来”。“雪花”象征了纯洁、质朴,也传递着清楚、明了的意识,他把不屈于现实的坚定表现得格外真切,这是从艰难生活中升起的信念。诗人又在第二诗节里用“紫葡萄”“深秋的露水”“鲜花”“别人的情怀”“凝霜的枯藤”写出了生命由鲜亮至黯淡,由热情至失意,由饱满至枯竭的经历,激起了人们对人生中一切失意、落寞、不快的联想。但他“在凄凉的大地上写下:相信未来”的人格力量又不得不强烈地震撼着每一个人的心灵。从诗人那压抑和痛苦的吟哦中,我们也真切地感受到了诗人那撼人心魄的信念——渴望和憧憬着光明的未来以及为理想和光明而奋斗。

吕进先生则用“乌云”“沉船”这两个意象营造了沉重、压抑及失败后那种痛苦的氛围。然而诗人容不得面对暂时的苦痛就望而却步,他在乌云背后缔造的蓝天、沉船背后呈现的海洋又无不唤起了人们继续探索的渴求。他本人自然也是守持着这种信念的,他面对工作,从不厌倦,面对困难,也从不退却。

从《新诗的创作与鉴赏》到《中国现代诗学》,从《给新诗爱好者》到《一得诗话》,从《新诗文体学》到《吕进诗论选》,从《对话与重建》到《现代诗歌文体论》,从《外国名诗鉴赏辞典》到《爱我中华诗歌鉴赏》……他对诗歌的执着,对“乌云”“沉船”的豁达铸就了他如诗的蓝天、如歌的海洋,也让他的梦想之花在冰天雪地里开放,他的梦想之江浩浩荡荡地奔向了远方。我由衷地对梦想的坚守者肃然起敬。他们没有为物欲的乌云放弃诗意的蓝天,也没有为现实的沉船放弃诗歌的海洋。

一首好诗的产生,思想是灵魂,然而也离不开韵律的血肉之躯。《守住梦想》整首诗的律动美也体现了吕进先生对诗歌形式的力量的重视。他说:“散文是没有节奏的语言,音乐是没有语言的节奏,诗却是有节奏的语言有语言的节奏。”并多次强调:“诗人并不单纯是为了告诉读者一种什么体验而写诗,他还在乎用怎样的特殊的方式去表达这种体验。”无法否认,诗是以形式为主题的文体,离开形式,诗便会立即消失,就像一缕无躯的灵魂,居无定所。

尽管中华古典诗词曲赋曾经有过许多令人骄傲的绚烂与辉煌,然而中国新诗在诞生近百年后的今天,却遭遇了前所未有的尴尬。而对此吕进先生有自己独特的看法,他直言不讳地指出,近百年的新诗危机,从诗体看,也主要是自由诗的危机。既然是诗,自由诗也当有诗的规范。他从理论的角度提出了两大问题,第一是外节奏问题,他认为“外节奏才是诗的专属,诗的定位手段”。第二大问题是篇幅问题,他提出“就美学本质而言,诗总是对短小篇幅更钟情”,“意蕴的由简而繁,篇幅的自繁而简。这是自由诗站稳脚跟、繁荣发展的通途”。

在《守住梦想》这首诗里,偶句严格押韵。诗人将每一诗节都安排为对偶的形式,以“守住”一词开头的相同句式又形成了排比的气势。重复强调更让其铿锵的音响在整首诗中回荡,既强化了感情内涵,又形成了鲜明的节奏重音,使整首诗读起来朗朗上口。

周国平说过:“一个人不论伟大还是平凡,只要他顺应自己的天性,找到了自己真正喜欢做的事,并且一心把自己喜欢做的事做得尽善尽美,他在这世界上就有了牢不可破的家园。”吕进先生就是如此,他提出了诗歌的“三大重建”———诗歌精神重建、诗体重建、诗歌传播方式重建。从他诗学发展的三个阶段来看,他始终坚持在“诗内谈诗”。他从诗的一生,意志是那般的坚定,取得的成就享誉中外，但又不被名誉所累。"重他人之所轻，轻他人之所重"正是他人格的真实写照。吕进前辈守住了梦想，他拥有了不谢的花季，也体验到了迷人的远航……

邵丽霞：宁波大学2012级本科生。本文原载《名作欣赏》，2013年第26期。

人生的箴言
——读吕进先生的《守住梦想》

向笔群

有人曾经说,我们这一代人梦想缺失,价值观失落。我们从哪里来,我们要到哪里去,是值得我们这一代人经常思考的社会问题。在物欲横流的时代,我们这一代人还有没有自己的终极价值取向?也常常有人在不断地拷问。最近我读了著名诗歌评论家吕进先生的抒情哲理诗歌《守住梦想》,使我的蒙尘心灵受到了一次洗涤,让我产生了深深的感悟。

"守住梦想,守住人生的翅膀。"诗歌中的这两句,看似平凡语言,却给我们提出了真挚的人生箴言。在这里,我固执地认为,梦想就是人生的理想和追求。一个人没有自己的理想和追求,就等于行尸走肉,和其他的动物没有什么区别。吕进先生的这两句诗,回答了这个问题。"人生的翅膀"作为一个象征意义的比喻,是一个人的奋斗目标。我们可以设想,一个没有了自己的目标,连自己的"人生的翅膀"都被折断了的人,那将是一种怎样的人生状态呵!

"守住梦想,守住心上的阳光。"诗人给我们这一代人提出了真诚的劝慰。梦想作为一种人生的终极目标,阳光作为"温暖"或者说是作为人基本社会良知的代名词,有诗歌美学的不确定性。我们还可以将它理解为自己的精神家园。当我们在生活面前,受到了委屈或者不幸的时候,我们不必失望,只要我们的心里还有阳光,即使只有一缕阳光,我们就还要守住我们自己最后的追求和信仰,我们才会在各种困难和挫折面前站得住脚,我们才会驶向生活的彼岸。不管什么时候,我们都要看到未来,相信未来。想到希望,我们就会放弃一切的沉沦之想。听诗人告诉我们他的处事态度:"不为一朵乌云放弃蓝天/不为一次沉船放弃海洋。"这是诗人的人生经验,也是给我们生命的启示。乌云是生活中的某些阴影,沉船应该看成是人生的挫折,阴影和挫折是人生的自然现象,只要我们有生活的勇气,我们就会战胜一切痛苦甚至任何灾难。普希金的名言“假如生活欺骗了你/不要忧郁/也不要愤慨/不顺心的时候暂且容忍/相信吧,快乐的日子一定会到来”也莫过于这一层意思吧。你能相信乌云永远遮蔽天空吗?你能相信因为沉了船就没有人去航海吗?诗人的这两句诗,我曾经在心灵上百次地追问。吕进先生给我们揭示的人生哲理,给我们曾经漠然的心灵打了一支强心针,让我们懂得:苦难和挫折只能吓倒生活中的懦夫。对那些坚强的人来说,仅仅是一种生命的考验。

诗人的人生态度是乐观的,他对人生的诠释是豁达的。一个人来到人世间,就应该找到一块属于自己的领地,成功与否就看你自己的人生态度,看你自己的奋斗。一个人要坚守自己精神的家园或者自己的终极目标,也许要付出沉重的代价,关键是我们如何用自己的意志去接受考验:“荒漠中守住一方绿洲/风暴里守住一片晴朗。”诗人给我们提出了他的希望。“荒漠”“风暴”作为生活中乃至社会中某种黑暗的象征,在这首诗歌里可以说是一语双关的,表达了一种生存状态的暗示。“绿洲”和“晴朗”这两个诗歌意象,羽化了我们生活中的美好事物,或者理想和信念,也表现出了一个诗人的社会责任感,也许这就是此首诗歌的“诗眼”所在。

“守住梦想,守住不谢的花季/守住梦想,守住迷人的远航。”诗人为我们提出了人生的忠告,给我们指出了生命的方向。无论是“守住一句承诺”,还是“守住久别的造访”,抑或是“守住爱的阳光”……这些美丽的诗句,给我们的生命画上了一种存在意义的光环,给了我们无限向上的精神,照亮了我们的生命之路。

《守住梦想》虽然不太长,诗歌的字里行间一再表达了诗人对人生价值的追问。

向笔群:中国新诗研究所2005级校友,现为贵州铜仁学院教授。本文选自“重庆作家网”。

第五辑

诗教回眸

新诗教育视野中的吕进

姚家育

作为新时期新诗批评家,吕进(1939—)为中国现代诗学所做的贡献,已获学界肯定。吕进从事新诗教育和研究迄今近40年,著作丰富,且有新诗创作经历,有诗集《吕进短诗选》行世。2017年9月,吕进荣获“百年新诗贡献奖——评论贡献奖”。吕进筹建的西南大学中国新诗研究所,迄今也有31年,为学术机构的管理和学术研究积累了经验,具有可复制性和推广价值。作为大学学人,吕进是新时期以来专门依托学术机构开展新诗教育与研究的第一人,惜乎他的新诗教育未曾得到学界重视,因此笔者不避浅薄,就吕进新诗教育范式和吕进与20世纪新诗教育传统进行初步的探讨,以期抛砖引玉就教于方家。

一、“新诗教育家”概念的提出:从新诗与大学教育谈起

1917年2月1日,胡适的“尝试”之作《白话诗八首》正式面世,发表于《新青年》杂志第2卷第6号,“鸿胪初唱第一声”的胡适被誉为新诗开山祖师爷。1918年1月5日,胡适、刘半农、沈尹默等三人的9首白话诗发表于《新青年》杂志第4卷第1号,这是白话诗诗人第一次集体亮相,文学史家逐渐取得共识,视之为新诗诞生的标志。1920年3月,胡适的白话诗集《尝试集》出版。早期新诗诗人中,有的集诗人、文学理论家、文艺批评家和文学翻译家于一身,比如胡适、刘半农、周作人、徐志摩、闻一多等,而且他们在大学担任教职,这给新诗以良好影响——新诗与大学教育有不解之缘。限于论题范围,本文中的新诗教育,指大学新诗教育。

但新诗走进大学课堂,并非想象的那么顺利。据陈平原考证,1921年10月北大国文系之《中国文学系课程指导书》已将“新诗歌之研究”列入课程计划,

但真正得以落实是在1931年，其时“新文艺试作”课程终于浮出水面。同年9月23日，北京大学拟定“布告”，“新文艺试作”课程的指导教师尘埃落定，周作人、俞平伯、徐志摩、冯文炳等人在列。1935—1937年，废名经由乃师周作人举荐，担任“现代文艺”课程教学，课堂上讲授新诗，以胡适的《尝试集》始，以郭沫若的《沫若诗集》终，在新诗的解读中阐释他对新诗自由诗的看法。抗战结束后，废名重返北大讲台续讲新诗，解读了卞之琳、林庚、冯至以及他本人的作品。废名的新诗教育时间较长，内容丰富，观点新锐，影响较大。

但是，按照时间先后，第一个在大学课堂上讲授新诗的当属朱自清。1928年，清华大学中文系主任杨振声提出“创造我们这个时代的新文学”的办系方针，翌年春朱自清登台开讲“中国新文学研究”课程，一直讲授到1933年下学期。朱自清的讲义《中国新文学研究纲要》有较强的学术性，分“总论”和“各论”两部分，前者三，后者五，共八章，其中“诗”列为“各论”之首，可见朱自清在课堂上讲授了新诗。而且朱自清将臧克家1933年自印出版的诗集《烙印》增入讲稿，在王瑶看来，“这门课程实际上既有文学史的性质，也有当代文学批评的性质”[①]。1930年秋，在胡适的授意下，沈从文在上海中国公学讲授新诗，以新诗发展为经，以解读作品为纬，对汪静之、徐志摩、闻一多、朱湘等人的新诗做了阐释，课程讲义后来以《新文学研究——新诗发展》为题收入《沈从文全集》第16卷。1927—1928年，闻一多在南京第四中山大学（后改名为国立中央大学）发现并培养了诗人陈梦家和方玮德。1930年，臧克家投考国立青岛大学，获得闻一多的赏识而被破格录取。1933年，闻一多为臧克家的诗集《烙印》作序。1943年，闻一多在云南昆明西南联大的课堂上，分析解读了田间的新诗，称田间是“时代的鼓手”。翌年4月，闻一多担任西南联大新诗社的指导教师。闻一多虽然没有系统讲授新诗，但他始终站在新诗现场，不遗余力扶植和培养年轻诗人。总之，20世纪20—40年代，新诗已经进入大学课堂，成为讲授的对象。新诗教育的作用是显而易见的：加强新诗批评与理论建设，参与新诗的经典化进程，夯实新诗的读者基础，提高新诗创作水平。从新文学进入大学课堂的时间来看，朱自清当属新诗教育第一人。

20世纪80年代，新诗教育因了改革开放而“春风又绿江南岸”。1986年6

① 王瑶：《念朱自清先生》，载郭良夫编《完美的人格：朱自清的治学和为人》，北京：清华大学出版社，2002年，第33页。

月18日,西南师范大学中国新诗研究所(以下简称中国新诗研究所)成立,吕进任所长,它是百年新诗史上国内第一家从事新诗教育和学术研究的实体机构。此后北京大学、首都师范大学等高校先后成立新诗教育研究机构,延续和发展了20世纪上半叶新诗教育的传统。

百年新诗和大学教育紧紧相连。当年大学课堂上讲授新诗的先驱者如朱自清、废名、沈从文等并没有淡出历史视野,新时期以来在新诗教育领域取得突出成绩的学者如吕进、谢冕、孙玉石、洪子诚、吴思敬等已桃李满天下,这里要特别提及已故的陆耀东先生,他为新时期以来新诗教育和现代诗学学术人才的培养做出了较大的贡献。新诗教育,应该给先驱者以名誉,给传承者以地位,给后来人以激励。既然在书法、音乐、美术等领域把从事教育和研究工作并取得突出成绩的学者,称之为书法教育家、音乐教育家、美术教育家,在新诗教育领域,为什么不能有新诗教育家?

那么,何谓新诗教育家?

通过以上对新诗与大学教育的简单梳理,我认为,所谓新诗教育家,是指在高等院校或科研机构从事新诗教育、理论研究与批评的学者,在学术人才或驻校诗人培养上有突出贡献,创作上知艰辛有诗作,新诗批评具有当下性和纵深感,对繁荣新诗创作和推进现代诗学研究具有较大的影响。

二、从课堂到讲坛:吕进的新诗教育范式

吕进自述"我此生最重要的科研成果不是著作,而是中国新诗研究所"。[①] 这句话颇堪玩味。作为国内知名的诗学学者,如果没有科研成果,如何站得住脚?恰恰是科研成果和著作,吕进成为知名的学者;也因为中国新诗研究所,吕进的诗学思想不仅在课堂上得以讲授,而且在各种学术讲坛上与同仁广泛交流,吕进是新时期以来把新诗教育和现代诗学研究融为一体的学人。吕进和中国新诗研究所,形成了新诗教育与诗学研究的三维同心圆结构,并由内而外辐射。这个结构的圆心是吕进;第一个圆是作为新诗教育"孵化器"的中国新诗研究所;第二个圆是毕业于中国新诗研究所而活跃于现代诗学界的"吕门弟子";第三个圆是依托中国新诗研究所而举办的国内、国际各类现代诗学研

① 吕进:《守住梦想——我的学术道路》,《东方论坛》,2008年第6期。

讨会。因此从课堂到讲坛，构成了吕进新诗教育的范式。

（一）吕进诗学说略

吕进是专注于新诗基础理论研究的学者，以文体研究见长。纵向看，吕进诗学的发展经历了三个阶段。一是1980年代中后期以《新诗文体学》的出版为标志，吕进诗学的学术范式基本成型，吕进诗学的文体理论带有浓厚的现实关怀，并非远距离观照，论文《论诗的文体可能》是新诗文体理论研究的重要突破。二是1990年代中期以《中国现代诗学》的出版为标志，吕进建构了以抒情诗为主体的现代诗学理论体系，其中《诗学：中国与西方》颇能体现吕进诗学的视野和方法，吕进在关于抒情诗的审美视点、艺术媒介和诗人的修养及人格建设等方面创见较多。吕进的《中国现代诗学》是他开展新诗教育培养现代诗学学术人才的课堂讲义，聚焦于新诗之为诗的审美学。吕进的《中国现代诗学》是继朱光潜的《诗论》以来自成体系的理论著作。三是21世纪初吕进提出“新诗二次革命”论思想，对21世纪新诗发展做出战略性前瞻。总之，对话与重建，通中求变，变中守常，是吕进诗学的灵魂，也是他开展新诗教育的基石。

（二）吕进新诗教育的“孵化器”：中国新诗研究所

熊辉认为，中国新诗研究所的建立，是百年新诗史上的大事。中国新诗研究所，是国内第一家独立建制的新诗研究学术机构，也是第一家培养现代诗学博士、硕士研究生的教育机构，它是大学新诗教育的“孵化器”。吕进作为中国新诗研究所的第一任所长，1985年开始招收硕士研究生，1996年招收博士研究生，此外陈本益、蒋登科、向天渊、熊辉等先后招收博士、硕士研究生。据统计，“到2015年，新诗研究所共计招收培养了480人次的博士研究生和硕士研究生”①，有些成为国内知名学者和博士生导师，承担了国家社科基金课题和其他省、部级科研项目，是学术界现代诗学研究不可忽视的力量。

在中国新诗研究所成立之前，吕进在西南师范大学外语系主讲《中国现代文学作品选读》等课程。1986—1990年，吕进担任中国新诗文体学硕士生导师，为研究生开出“新诗概论”、“新诗文体学”等课程。吕进对学位课程的定位是明确的，认为“学位课程的教学重心在于培养研究生的治学能力”，“树立良

① 熊辉：《百年新诗史上的大事：中国新诗研究所的建立》，《中外诗歌研究》，2017年第2期。

好学风是培养研究生治学能力的灵魂”①。沿着这种思路,吕进在1990—1994年的研究生教学中,加大了改革力度,比如“提高研究生的学术研究能力”,“活跃第二课堂,为研究生创造实践与成功的机会”等②。通过近10年的探索,吕进的研究生课程教学和新诗教育思想渐趋成熟。

“中国现代诗学”是吕进开设的学位课程之一,是新诗文体学研究方向的核心课程。在1997级硕士研究生教学中,吕进主要采用启发式教学,课堂上组织了三次大讨论:诗的视点、诗的媒介、诗的种类,课程考试采用闭卷和读书笔记相结合的方式。这里不妨以新诗文体学方向的课程设置与教学为例(1997—1999年),看看吕进的新诗教育是如何通过课程教学落到实处的:

课程名称	课程性质	授课教师	教师职称	考核方式	备注
新诗文体学	专业课	吕进	教授	闭卷考试	
中国现代诗学	专业课	吕进	教授	闭卷考试兼评阅读书笔记	
独立研究	专业课	吕进	教授	学位论文开题报告	
古典诗歌传统与中国新诗	专业课	李怡	教授	课程论文	与中文系研究生共享
新诗鉴赏	专业基础课	毛翰	副教授	作品赏析	
中国传统文化与中国现代文学	专业课	王泉根	教授	课程论文	
20世纪中国戏剧文学	选修课	胡润森	教授	读书报告	与中文系研究生共享
中西诗歌比较研究	专业课	陈本益	教授	课程论文	
20世纪西方文论与哲学	专业课	陈本益	教授	闭卷考试	
现代诗论导读	专业基础课	蒋登科	教授	课程论文	
20世纪前半叶现代主义诗歌	专业课	王毅	教授	课程论文	
文艺心理学	专业基础课	刘兆吉	教授	读书报告	在刘老师家上课

① 吕进:《论研究生学位课程的教学重心》,《学位与研究生教育》,1990年第4期。
② 吕进:《硕士生学位课程的教学改革》,《学位与研究生教育》,1994年第3期。

从实际授课来看，吕进的新诗教育与人才培养有一定的特色：教授阵容强大，专业课深入，基础课拓宽，考核方式多样，尤其是八十高龄的著名教育家、美学家、心理学家刘兆吉教授受吕进的请托为研究生开课，殊为难得：他以西南联大的闻一多、穆旦为例讲授诗人人格心理；以鲁迅旧诗为例讲授诗歌创作心理；以《诗经》为例讲授中华诗教。总之，吕进设计和实施的研究生课程培养体系，在知识结构、学术能力与人格教育等方面是较为完备的，体现了教书与育人、智性与德性的统一。

(三)吕进新诗教育与学术的互动

如果说课堂教学使吕进的诗学思想得以阐发和传播，那么依托中国新诗研究所，通过国内外广泛的学术交流，实现了新诗教育与学术的互动。这种互动体现在两个方面：一是中国新诗研究所在读的硕士生、博士生参与学术会议的部分事务性工作，既能得到锻炼，又能认识更多的学术前辈；二是吕进利用这种学术会议，邀请知名学者在中国新诗研究所做学术报告或讲座，给学生“开小灶”，长见识，阔视野。因此，课堂之外的学术讲坛，是吕进新诗教育的延伸。

1986年10月，吕进主持中国新诗研究所新时期诗歌研讨会，首次向国内诗学界发出自己的声音，阐述诗学主张，国家级权威诗歌刊物《诗刊》为此进行了专题报道，“来自全国各地的七十余位诗评家和诗人于10月6日至8日在重庆聚会，参加西南师大中国新诗研究所主办的中国新时期诗歌研讨会”[①]。这次研讨会的意义是，创新、求实、多元构成了中国新诗研究所的学术品格，也是吕进开展新诗教育的价值取向，此后中国新诗研究所成为“上园诗派”的理论阵地，吕进成为“上园诗派”理论代言人，中国新诗研究所及活跃于诗学界的“吕门弟子”成为现代诗学研究不可忽视的力量。

与此同时，依托中国新诗研究所，吕进加强了与国内诗学界以及海外华文诗学界建立学术研讨的常态机制。1993年举办了“华文诗歌国际学术研讨会”，当时100多位专家从国内外各地云集重庆，与会畅所欲言。从2004年开始，每两年举办一次“华文诗学名家国际论坛”，到2017年10月30日为止已成功举办了六届，吕进的新诗教育思想和诗学理论，得到诗学界不少知名学者的肯定。

①田菱：《新时期诗歌研讨会在重庆举行》，《诗刊》，1986年第12期。

三、吕进与20世纪新诗教育传统

前文所述，新诗进入大学课堂，经由朱自清、废名、沈从文等学者的讲授和研究，逐渐形成了新诗教育的传统。新时期以来，吕进依托中国新诗研究所，较好地继承和发展了这一传统。

（一）严格把关学位论文质量，推进学科建设

20世纪30年代，清华大学中文系朱自清指导学生余冠英撰写以《论新诗》为题的毕业论文。这和朱自清是新诗诗人有关，也和朱自清从事新文学教学的经历有关。朱自清不但指导学生余冠英撰写了毕业论文，而且在《〈中国新文学大系·诗集〉导言》中采用了余冠英的观点，认为新诗草创初期“写景诗特别发达”[①]。1929—1930年清华大学中文系本科课程中，朱自清担任选修课第一年“国文”、第二年“诗”的教学，担任选修科目“中国新文学研究（下学期）”、“歌谣（上学期）”的教学[②]，可见余冠英的毕业论文是朱自清“中国新文学研究”的教学成果。余冠英的毕业论文后来以《新诗的前后两期》为题，发表于1932年2月29日《文学月刊》第二卷第三期。1935年，北大国文系学生徐芳在胡适的指导下完成毕业论文《中国新诗史》，并留校任助教。可见，20世纪30年代，朱自清和胡适开启了指导学生写作新诗研究论文的先河，此后成为20世纪新诗教育培养学术人才的传统之一。

吕进作为研究生导师，继承并发扬了这一传统。在中国新诗研究所的学位课程体系中，吕进为硕士生开设了一门课程叫“独立研究”，旨在培养和提高研究生独立科研的能力。笔者在拙文《墨水和油水——中国新诗研究所学习生活的琐忆》中已有陈述[③]，此不赘焉。据笔者亲历，吕进在指导1997级硕士研究生李应志的学位论文中，用心甚切，要求很严，李应志的学位论文《象征言说的本体意义》获得了主持答辩的知名学者孙绍振教授的好评，此文后来荣获重庆市优秀硕士研究生学位论文一等奖。吕进这种以学位论文为抓手，推进学位点学科建设，是行之有效的做法，为新诗教育学术人才培养积累了经验。

①杨匡汉，刘福春：《中国现代诗论（上编）》，广州：花城出版社，1985年，第241页。

②沈卫威：《现代大学的新文学空间——以二三十年代大学中文系的师资与课程为视点》，《文艺争鸣》，2007年第11期。

③参见姚家育：《墨水和油水——中国新诗研究所学习生活的琐忆》，《中外诗歌研究》，2006年第3期。

(二)开展新诗批评,发现和扶持新人

诗人傅天琳是重庆诗坛的“大姐大”,也是新时期“新来者”诗人中的实力派,她是鲁迅文学奖的获得者之一。1970年代末,蔡其矫从北京民间诗歌刊物《今天》里发现了福建诗人舒婷;与此同时,吕进发现了尚未出道悄然无名的重庆诗人傅天琳。1980年11月,吕进撰文《果园交响诗——青年诗人傅天琳剪影》,翌年发表于《文汇》月刊第4期。此文后来被《新华文摘》转载,标志着诗人傅天琳从重庆走向全国。1982—1985年吕进先后撰写了《会唱歌的苹果树——读傅天琳的〈绿色的音符〉》、《绿色的音符——傅天琳的处女作》、《傅天琳:从果园到大海》等评论文章,率先对傅天琳新诗的艺术创新进行了探讨。2016年,《傅天琳诗集》出版,吕进欣然属文《苦难人生的果实》,刊于同年4月21日的《重庆晚报》。吕进与诗人傅天琳长达40年的交谊,谱写了中国新诗史上新诗教育家、批评家和诗人的一段佳话。这种佳话,我们可以追溯到闻一多对诗人臧克家、陈梦家的发现与提携,或许这是20世纪新诗教育中闻一多的遗风余韵吧。

重庆诗人“近水楼台先得月”,是中国新诗研究所的常客。诗人李钢、梁平、梁上泉、王川平、穆仁(杨本泉)、培贵、余薇野、杨矿、张渝、万龙生、余见、胡万俊、邱正伦、娜夜、李元胜、唐诗、金铃子、雨馨、钟代华、谭朝春、冬婴、冉冉等,都和西南大学(原西南师范大学)中国新诗研究所有不解之缘。吕进认为“新诗研究所是重庆诗歌界共同打造出来的名片”[①],此话虽属自谦,但也平实通达。重庆现代诗学学术的繁荣,新诗创作的活跃,这种双轮驱动是全国其他地方不多见的。可以说,因有中国新诗研究所的领跑,重庆创造了新诗教育家与诗人、诗学理论界和创作界较好的文化生态。

(三)开设学术讲座和副刊专栏,传播新诗知识

梁宗岱的名篇《象征主义》在定稿刊载之前是一篇演讲稿,“本文大意,曾在北京大学国文学会演讲。当时只随意发挥。事后追写,增减出入处,在所不免”。[②]1937年4月22日,朱光潜在清华大学例行学术讲演会上做了题为《诗与散文》的学术报告,朱自清将朱光潜演讲的提纲记入日记。朱光潜的这次学术

①吕进:《岁月留痕》,重庆:西南师范大学出版社,2013年,第135页。

②梁宗岱:《梁宗岱文集(Ⅱ)》,北京:中央编译出版社,2003年,第59页。

演讲是他在北京大学国文系的课堂讲义，后来收入《诗论》第五章[①]。可见学术演讲不但是现代诗学知识的生产范式，也是新诗教育和传播的方式。

《关于写诗和读诗》是何其芳的著名论文。本文原是一篇演讲稿，文章的副标题“一九五三年十一月一日在北京图书馆主办的讲演会上的讲演”说得清清楚楚。吕进承继和发展了1950年代何其芳普及新诗教育的传统，吕进的著作《给新诗爱好者》和何其芳著作《诗歌欣赏》的副题“献给爱好诗歌并希望提高鉴赏力的同志们”何其相似，两者都是普及新诗教育的著作。不同的是，何其芳侧重诗歌的基本知识，吕进侧重新诗的审美趣味。《给新诗爱好者》中的《论诗美》一文，吕进曾以“诗美的奥秘”为题给西南师范大学学生做过讲座，今郎酒集团副总裁李明政撰有文章谈及此事，李明政是当年西南师范大学“五月诗社”社长。而据《北碚岁月——历史文化凝眸》一书的图片显示，吕进的诗学讲座最早是1980年重庆北碚的“国庆文学讲座”，由此推知，吕进开展新诗教育由来已久。1999年，吕进在台湾师范大学做《文化转型与中国新诗》的学术演讲；2004年3月20日，吕进在法国巴黎孔子厅做《中国情诗》的讲演；2014年，吕进在韩国首尔孔子学院做《新汉学时代与中国新诗》的演讲。凡此等等，不尽一一，既向海外传播了中国文化和中国诗歌，又在海峡两岸和港、澳推动了新诗教育与交流。

吕进在《重庆晚报·副刊》所开设的“吕进专栏”，也可以看作是新诗教育课堂讲坛之外的延伸。对这一专栏的意义，策划人胡万俊有独到的理解：“‘吕进专栏’以‘岁月留痕’为主题，用回忆形式，谈‘诗’，谈‘诗人’，谈‘诗与人’，谈古今诗坛佳话，谈中外文化交流……‘吕进专栏’一经刊发，境内外报刊、网站纷纷转载，既扩大了影响力，也在更广范围及更大程度上，为‘诗’和‘诗人’正了名”[②]。“为诗和诗人正名”是“吕进专栏”的灵魂，也是吕进在课堂和讲坛之外开展新诗教育的初衷。

“诗家语”是吕进诗学的核心概念之一，最早出现在《给新诗爱好者》中，而此书出版于1984年。2012年5月12日晚，吕进在澳门大学中文系做《论“诗家

①姚家育：《朱光潜现代诗学理论的建构与20世纪30年代文学教育实践》，《内江师范学院学报》，2015年第5期。

② 胡万俊：《“吕进专栏”与“文化自信”》，载吕进《岁月留痕》，重庆：西南师范大学出版社，2013年，第4页。

语"》的讲演，演讲稿后来发表在《文艺研究》2014年第5期。饶有意思的是，这篇演讲稿的浓缩版《漫说诗家语》发表于2013年12月4日的《重庆晚报·副刊》，大约1500字。从新诗教育的普及看，《重庆晚报》的《漫说诗家语》更贴近普通读者，更易于接受。《诗的公共性》、《诗歌的大众与小众》、《现代诗技巧的"有"与"无"》、《新诗的"变"与"常"》等"千字文"，这些文章或发表在《重庆晚报》，或发表在《人民日报》，都不妨视为吕进普及新诗教育、传播新诗美学的作品。

（四）编选新诗选本，丰富新诗教学与研究资料

新诗诞生以来，各种形式的选本比较丰富。新诗选本作用大略有三：一则参与新诗的经典化进程；二则普及新诗教育，提高读者欣赏水平；三则为新诗教学与研究提供资料。西南大学中国新诗研究所成立以来，吕进主编有《新诗三百首》、《新中国50年诗选》和《中国新时期"新来者"诗选》等，前两种属于新诗基础读物，最后一种选本不但提出了"新来者"这个诗学概念，而且列举了支撑这个诗学概念的诗人及其代表作。

《中国新时期"新来者"诗选》于2014年8月由西南师范大学出版社出版，前有《论中国新时期诗歌与"新来者"》代以自序，后有《向"新来者"致意》作为后记，均为吕进所撰，主体部分是精选99位诗人的作品，每人1~5首不等。前者发表于《文艺研究》2010年第3期，后者成稿于2013年10月13日，可见"新来者"诗学概念的提出在2010年。这个选本的意义有四：首先，改写新时期新诗叙述的历史，对既往的盲视有纠偏作用；其次，为经典正名，重塑经典；再次，为新诗教育和研究者提供基础文献；最后，为民族诗歌优秀传统的现代化和域外诗歌经验的本土化提供参照。因此，《中国新时期"新来者"诗选》是一种具有诗史观念和诗论价值的选本。朱自清在《中国新文学大系·诗集》的《导言》中，把早期新诗分为自由诗派、格律诗派和象征诗派等三个流派，吕进把新时期诗歌分为三个群落，即"归来者、朦胧诗人、'新来者'"①，这种划分，不难看出两者的历史关联，吕进对朱自清尊重新诗历史事实的新诗教育思想有继承和发展。

① 吕进：《论中国新时期诗歌与"新来者"》，载吕进编选《中国新时期"新来者"诗选》，重庆：西南师范大学出版社，2014年，第2页。

四、结语

新诗进入大学课堂,已是不争的事实,但如何对新诗说话,依然众说纷纭乃至迷茫。新诗教育在成熟的古典诗歌教育范式中,显得单薄。新诗如果只在诗人和批评家之间打转,没有新诗教育的普及和提高,新诗美学不能为多数读者所接受,那么新诗的社会基础难以夯实。从这个层面讲,新诗教育的先行者如废名、沈从文、朱自清、闻一多等付出了努力,这些努力都是不能淡忘的。新时期以来从事新诗教育与研究的前辈学人,引领时代风尚,他们在繁荣新诗创作、活跃理论批评、培养学术人才上,做出了贡献,赢得学界的尊敬。如果说谢冕继承了胡适、废名等北京大学新诗批评的先锋精神,那么,吕进继承和发展了闻一多、朱光潜、何其芳等人的现代诗学理论体系。新诗教育既注重学术人才的培养,又通过学术讲演和开设报刊专栏,提升听众、读者的审美趣味,使新诗融入社会,融入读者。倘若参照前文对新诗教育家的界定,可以说,吕进是新时期以来优秀的新诗教育家之一,这是他迟来的荣誉,也是他应得的荣誉。

吕进与中国新诗研究

颜同林

画好中国当代著名诗评家吕进的像很难，难就难在他是一个迷人的丰富存在。首先不妨来看旁人眼中的吕进。曾经听过他讲座的学生在九十年代初如此回忆道："记忆中的吕老师四十岁上下，清瘦的高个子，四方脸，一副大眼镜架在鼻梁上。来上课时，常拎个塞满讲义、卡片的小提包，翩翩地走，普通极了。然而当他登上讲台开始授课时，全身就闪射出了思想和智慧的光。台上，老师声情并茂，口若悬河，旁征博引，妙语连珠"。传媒、记者眼中的吕进则是"瘦高个，长方脸，秀琅镜，好一副书生气。侃起大山，更是手之舞之，足之蹈之"。臧克家视吕进为"忘年之交"，认为他"对各种现象分析研究，是其所是，非其所非，态度比较科学而公允。对某种新的思潮，对某个流派的作品，不是说好全好，说坏全坏，能说出个为什么好，缺陷又何在"。以上简要的摘录，或描其外貌，或记其言行，或述其文品，相信读者对吕进先生"为'诗'消得人憔悴"有一个初步印象。下面，我们便带着这个印象，再一次走近迷人的吕进吧。

诗人本色：一生是诗　一身是诗

"心中别有欢喜事，向上应无快活人"是吕进的口头禅，也是他诗化人生的支点。吕进大半辈子同阳光与雨露同行，平常之心与奋斗之志齐举，与他的通达个性和浸淫于诗海是分不开的。吕进先生在成都读小学时，便改"晋"为"进"，信笔涂鸦，与缪斯结缘，一副踌躇满志的样子。胸前佩戴红领巾，目光却盯住《少年报》、《红领巾》等少儿杂志，铺开他最初的诗人之梦。那是上个世纪五十年代的事，那时电话是不敢问津的奢侈品，投稿全靠邮件往返。幸运的是当时投稿，只需在信封右上方剪去一角，便可免邮票，而且邮件投递速度快得出奇,本市邮件一般是朝发夕至。此外,街头还设有投递急件的黄顶邮筒——不需另外加费。编辑部回信时总是称他为“吕进小友”,诗文见诸报端后,稿费每次一两毛钱。几十年弹指一挥,当年的绝大多数作品再也找不到了,但重要的是在回忆中找回了一个失去的世界,好奇的眼光中装满了人生趣味与成就感,耳畔响起另一种叩门声,仿佛整个世界“轰”的一声,向他打开了一个童话般的魔瓶。

五十年代,还是中学生的吕进,在成都市与同学们义务筑路,由于笔杆子了得,奉调到筑路指挥部编印油印小报《劳动课堂》。正值暑假,酷日难当。一日,乐颠颠地两头跑来跑去的他,用“民歌体”赋诗一首。诗曰:“太阳,太阳/你别猖狂/一锄把你挖下来/烘干我的湿衣裳”。事过数十年,吕进在评《星星》及其《中国·星星四十年诗选》时仍对此事记忆犹新,因为成都团市委的人,将他这首“民歌”连同其他几首,都送到《星星》诗刊发表了出来。后来吕进在“文革”中还担心这些诗篇像流沙河的《草木篇》一样成为“准牛鬼蛇神”的证据而患着心病呢!

从戴红领巾到别上大学校徽,从等待雨露灌溉的花草到把壶浇水的园丁,吕进的诗意人生之路渐渐海阔天空起来。说到这里,不可避免地要说到重庆北碚这座美丽的小城与西南师大这座闻名遐迩的大学校园。吕进在这里度过了他难忘的大学时代,也借此宝地执掌教鞭四十年,杏坛论道、诗风化雨,可谓既得风气之先,又著一时之盛。“小城故事多,充满喜和乐;若是你到小城来,收获特别多。”确实,重庆北碚既是重庆的后花园,又是一座文学“故事多”的美丽小城,文学资源底蕴丰厚无比,抗战期间,骚人云集、名著迭生、遗址林立;新时期又欣逢重庆新诗的第二次高潮……可谓既得天时地利,又辅之以人和之便。

历史的机遇把一缕缕初阳度到了吕进笔耕不辍的书案上,从70年代后期始,吕进挟带着诗的激情与经验,席卷着时代的旋风,兴趣开始挪移、重心开始倾斜。从新诗创作到新诗研究,吕进开始另一种寻梦。他融合诗人论诗与理论家论诗之长,既将诗保留为诗,化入诗的内部去谈诗,又不忘将诗化为学术研究对象,进行智性的演绎与分析。自开始在《诗刊》、《当代文坛》等刊物上登高一呼以来,一发而不可收,在全国各类报纸杂志刊登了大量的诗话、诗评、诗论,在诗学界产生了广泛的影响,并历史性地捧出其成名作《新诗的创作与鉴赏》。成功的背后,吕进却“拒绝”了春节。记得那是82年春节,爆竹声声除旧岁,亿万人民都沉浸在喜气洋洋的新年怀抱中时,吕进却把自己“囚”在狭小的斗室中,时而奋笔疾书,时而吟诵不已,通宵达旦、心无旁骛地修改此书。仿佛房门一关,便是一个独立、自足的世界。记得传为美谈的是妻子李师母端着热气腾腾的饭菜推门进来时,从书案上抬起头的吕进大惑不解:“不是刚吃过么,怎么又端来了?”惹得妻子哭笑不得,又气又怜地说:“几小时都过去了,这是午饭!”专心漫游于诗的王国,时间也被吕进填成了匆匆的“如梦令”。

从《新诗的创作与鉴赏》到《对话与重建》

要想在千军万马齐闯独木桥的诗歌界声名鹊起,并加以持续保持、扩大,无疑是一场场硬仗,需要过硬的看家本领。吕进自知其中的甘苦与真谛,从80年代初期的处女作《新诗的创作与鉴赏》,到本世纪初的《对话与重建》、《现代诗歌文体论》,吕进二十多年来走在一条不断生长的学术道路上。其间他出版专著十余部,主编各种诗学论著、辞典、诗选等大型文集十余种。作品与诗论结合、著述与编撰结合、立论与驳诘结合,一起构筑了中国新诗史上具有独特个性与色彩的理论大厦。对于其体系,有许多论者从学理层面都有所论述,这里不再赘言,我们只简单地以管窥豹。

《新诗的创作与鉴赏》是新时期最先一批以及现存的少数硕果之一。二十多年来,该书先后印行三版,发行四万多册。随后,吕进在融会贯通新诗作品和中外诗学精髓的基础上,独创性地捕捉到了现代诗学两个果核,即诗歌的视点特征和语言方式。在逐渐对诗的本质、内容与形式,诗的灵感、构思,诗的修辞,诗的品种,诗的鉴赏等方面立体展开后,在代表作《中国现代诗学》一书中,以此为核心全面搭建起中国现代诗学大厦的框架。譬如对传统的“抒情”说、“精炼”说的突破,譬如就诗的灵感、修辞方式、诗的分类、诗的风格等美学本质的新说及独创性论述,都给人沉甸甸的耳目一新之感。至于新世纪初的《对话与重建》,则主要是直面诗坛软肋,旨归于正面建树立论,在从对话走向重建过程中,强调立论的个人性与深远意义。其中如对二十世纪下半叶的中国新诗研究的爬梳与清理,譬如诗体重建、诗歌精神重建与诗歌传播方式重建等课题的提出,譬如对臧克家、余光中等诗人诗体美学的阐述,譬如对女性诗歌三种文本的辨析、对新诗拯衰起弊的呼唤,全都是重心在立论,着力于对当下诗坛发展走向传递出自己强有力的信息。而在迈出的这三大步中,吕进或出版相关专著或主编大型诗选,担当了大厦的门窗、墙体,自觉地以整体性力量刷新了自己,拉开了与时人的距离。

而在二十多年的春去秋来中,吕进付出了难以估量的心血。熟悉吕进生活习惯的人都知道,“惜时如金”是恰当的形容,没有周末和节假日,每天凌晨五点起床工作,数十年如一日。仅举一二个小例为证。有一年初夏,他患增生性咽炎,很长一段时间发音非常困难。诗人梁上泉听说这一情况后,为他在重庆市区找了一位名医,动员他去治病。可他一听到治病住院要花近半个月的时间,马上谢绝了医生,初诊后便拔腿返回校园继续工作。去年,他和妻子去美国看望即将出世的孙儿,但孙子出生后还没满月,他就一个人先跑回来了。他无法放下新诗研究所的工作,更放不下他一生挚爱的新诗研究事业。

自己的声音:中国新诗研究格局中的上园之路

吕进是上园派的代表人物,他一手创办的新诗研究所——上园派基地,天然地与他合二为一。

八十年代中期的中国诗坛,当诗歌理论界的“传统派”与“崛起派”争论得不可开交之际,另一个诗歌理论群体正在悄然形成,史称“上园诗派”。这个理论群体的代表人物吕进、阿红、朱先树、袁忠岳、叶橹、杨光治等诗评家,频繁地相聚于北京上园饭店,提出“传统诗学的现代化转换和西方诗学的本土转换”的诗学见解。在“上园派”的旗帜下,吕进冲锋陷阵,代表上园诗派发出了自己独特的声音。而在面对诗坛发言时,他并不孤独,他的背后聚合着中国新诗研究所集体的力量。其中,著名诗人与知名学者朝夕相处、荣辱与共,诗坛元老与海外专家陆续加盟、出谋划策,自是国内唯一之品牌。借助于这块研究基地,内聚诗心人气、外近华人诗学,单就吕进而言,他在美国、菲律宾、韩国、泰国、新加坡等国家屡次发表、翻译诗论,双向介绍海内外的诗学与学者。吕进从小城走向中国,再走向世界大舞台,引起了海内外诗界的瞩目并得到认可。他在国外或聘为副会长、顾问研究员,或获得各种国际奖项,在国内则多次举办全国性、国际性大型会议。

星移斗转，岁月枯荣。与此同时，吕进以博士、硕士研究生导师与国内访问学者导师之尊，培养了大批新诗研究人才，壮大了自己的声音，充实了“上园派”队伍。可谓“桃李满天下”。作为导师，吕进指导研究生也有他的独到之处：授人以鱼，不如授人以渔。我们还是来看一些剪辑的镜头与零星的故事吧。

镜头一：一位研究生把一篇五千多字的笔记交先生审阅后，从先生手里接过来一看，竟留下了密密麻麻、横批竖改的三千多字批语，令该生颇为感慨、受益匪浅。

镜头二：一次，吕进教授主持研究生复试，平常谈笑风生的他这一回从一开始就端坐讲台，一言不发，所有提问都是写张字条让助手代劳。慕名投考的考生心中一凉：糟糕，吕老师连话都不屑与我讲。事后，录取的考生得知，那阵吕老师正患咽炎，根本无法说话，他可是带病选才呀！

镜头三：一位诗歌爱好者从没和吕进见过面，但两年多来他们已经通了八九封信，每次先生用他那特有的简练的语言点评青年的每一首诗，并不断地给予鼓励，并从中遴选出三首诗，发表在《中外诗歌交流与研究》上。

镜头四：所办学术季刊《中外诗歌研究》，从组稿到编辑都有学生的身影；国内一些学术刊物的约稿或组织版面，吕进推着学生频频露面；联系前辈老诗人也是顾问教授的臧克家，由臧老私人出资设立“臧克家奖学金”，奖励品学兼优的毕业生。

故事一：吕进1985年开始招收弟子，来自江南水乡浙江的柳杨有幸成了吕进的开门弟子。“三年前，我来到这陌生的城市，和黄昏一起叩响先生的门，也一步步走向先生敞开的心；他给我腾出了床铺，亲手做了碗麻辣面条递到我手上——从此以后，那四川辣子就热乎乎地弥漫我全身，再也不会消散了。”毕业后，曾在英国伦敦大学攻读博士学位的柳杨在回忆与导师第一次见面的情景时这样写道 。

故事二：湖南著名诗人于沙的珍藏本里剪贴着“稿费退回”的故事，故事的来龙去脉是这样的：时代文艺出版社于1995年夏出版《于沙诗选》，由吕进作序。吕进百忙之中应诗人之请，审读原稿、查阅资料，写出了五千余字的长序《东鳞西爪说于沙——读〈于沙诗选〉》，文章既长且精，评论中肯，具有真知灼见，让于沙既大喜过望，又对论者付出的艰苦劳动于心不安。诗集出版后，诗人想给吕进寄点酒钱，一示谢意，一是宽慰自己，哪想到寄去的几百元钱，没出半月如数退回，先生退汇时在“汇款人简短附言”栏注明“大著系自费出版，稿费不能收。”

这些镜头与故事，或谈教书之道，或论做学问，或涉及为人处世；或针对入室弟子，或为编外弟子，或为诗坛名家，深深浅浅、方方面面地勾勒出一个严谨博学、宽以待人、胸怀坦荡、淡泊名利的名师形象。正像一个名刊记者专稿中所说，一桩桩感人的事迹，衬着吕进一摞摞丰硕的成果，如同一颗颗灿烂的珠玑，情系新诗事业，放射出诗的光芒、散发出诗的清香。

‖ 春天仍在期待 ‖

北碚小城差不多全天候地呵护着春天女神，一年四季鸟语花香、翠色欲滴。吕进仍行色匆匆，像一只蜜蜂，尽管早已荣誉无数、著作等身。不说那社会各种兼职或学术头衔，也不说那国内颁发的各种不同级别的著作奖项，单从国外得奖与海外讲学经历来看，便给人琳琅满目之感。前者如世界诗歌研究会授予的第7届世界诗歌黄金王冠，便让人肃然起敬。作为获此殊荣的中国第一人，吕进戴上“黄金王冠”更是具有永恒的象征意义。那是世界诗歌研究会于1993年为表彰吕进为华文诗论做出杰出建树，为世界华文诗歌交流做出了卓越贡献而颁赠给他的。“黄金王冠”为24K金制作，通体黄金，一个圆圆的帽箍儿，正面耸立着一枚花，花叶花朵上镶着许多翡翠，王者之尊一览无余。吕进先后应邀到日本九州大学、俄罗斯莫斯科大学、美国俄勒冈大学、韩国延世大学讲学或访学；多次应邀赴日本、美国、法国等国家和台湾、香港、澳门等地区，或为参会宣读论文，或专程前往做学术报告，足迹与名声一道跨越了国界。

但是，面对无数荣誉，吕进从不沾沾自喜。因为荣誉属于过去时，吕进依然选择酿蜜的现在时：虽已年过花甲，但仍留给世界一个忙碌的身影；一年四季脚尖似乎仍在跳舞，仍在快节奏地旋转——因为吕进有诗为证：“守住梦想，守住人生的翅膀/ 守住梦想，守住心上的阳光”；也因为，春天仍然在期待……

本文原载《今日重庆》，2004年第4期。

诗歌教学应从诗的审美性出发

——吕进教授访谈录

吕进　李冰封

李冰封：吕老师，您好。您是我国著名的新诗评论家。作为西南师范大学现当代文学学位点带头人，您在文学尤其是在新诗研究领域作出了自己独到的贡献。今天，我受《语文教学与研究》杂志的委托，非常荣幸能有机会采访您。想请您谈一下中学语文课本中有关中国新诗的问题，好吗？

吕进：好，我非常乐意。

李：根据新大纲编写的中学语文教材大幅度地增加了诗歌的比例，尤其是新诗的选入，可以说是全新的现象。像何其芳、穆旦、闻一多、海子、舒婷等的诗以前从未出现于课本中。您对教材这一改革有什么看法呢？

吕：总的看来，这是一个令人欣喜的现象。长期以来，无论是在中学语文课本的编写还是在语文教学过程中，诗歌尤其是新诗一直是个较为薄弱的环节。语文教学总是存在着这样一个误区即以非诗文体的讲授为主。即使在讲授诗歌时也总偏重于诗的教育功能，而忽略了它最根本的审美性。针对这方面的不足，新教材的改革显然是非常必要的。新诗的选入，大大加强了语文教学的审美性，扩大了中学生的阅读视野。五四以来，新诗主要经历了三次大的变革期：五四时期、抗战时期、新时期。五四时期以郭沫若为代表，诗在艺术上第一次与旧诗相去甚远；抗战时期以艾青为代表，自由体诗在艺术上达到了一个新的高度；新时期有两个代表，一是以艾青为代表的“归来”诗人群，一是以舒婷为代表的“朦胧诗”派。这里可以见出艾青超过半个世纪的影响。艾青的诗被选入中学语文课本无疑是有很大意义的。新诗有过两次革命。第一次是对古典的反叛，可以称之为“破格”；第二次则是在考虑对传统继承及与西方联系的基础上对自身的再爆破,可以称之为“破格”到“创格”。闻一多就是二次革命的带头人。新诗在艺术成就上远远落后于非诗文体,除了受20世纪抒情文学向叙事文学转变这一大背景影响之外,更多的原因还在于忽视诗歌形式美学的建设。许多人对新诗的误读都集中到形式建设上,如废名、郭沫若、俞平伯等都有不少忽视新诗形式重要性的言论,闻一多的诗学理论虽然不多,但是他对新诗的艺术形式作出了划时期贡献,诗集《死水》就充分表达了从“破格”到“创格”的诗学观念。40年代曾出现两个重要的诗歌流派,但当时并没受到充分的重视,那就是七月诗派和九叶诗派。两个诗派都是那个特殊年代的产儿,也都是对诗的个性及诗美追求、探索的产物。诗有两种写法,一是向外转,写社会、写历史,写到极端,仍是人的生命的抒写;一是向内转,写人的心灵、写人的精神世界,写到极端仍是与社会、历史相关联。二者只是切入点的不同。九叶诗派就是属于后一种。穆旦又是九叶诗派中成就最高的诗人。他既接受了现代主义,又具有强烈的民族意识。《赞美》一诗充分体现了他的现代主义品格、厚重的历史感和强烈的生命意识。朦胧诗派在诗歌精神上并没有新的突破,仍是以国家、社会、人民为主题,理想主义色彩十分浓重,但是在艺术手法上引进了西方的一些东西,如象征、隐喻、变形等,这对于中国现代主义诗歌的探索无疑也是具有积极意义的。“第三代诗人”的诗学观念完全是另类的,他们反诗歌、反传统、反文化、反崇高,它与“后现代派诗”代表了新诗发展的某种动向。优秀作品虽然不多,但具有文学史的意义。

李:听了您对中国新诗发展历程的梳理,我们可以见出新诗选入课本中的必然性及必要性。但是作为语文课本中的新诗与作为诗歌评论的新诗还是应该有所不同的吧。

吕:你说得对,诗歌教学与诗歌评论是不能等同的。教学要比评论多一个视角,那就是以审美教育为主,还要兼顾其教育功能。鉴于这方面的考虑,中学语文课本对新诗的选入必定是有所取舍的,比如舒婷的《致橡树》应该说是她的代表作,她以女性独特的情绪体验来感受外部世界,体现了独立的人格和人生理想。但是高中语文课本选入的是她的另一首作品《祖国啊,我亲爱的祖国》。这也是一首不错的诗,但侧重点与前面的那首是不同的。后者更具忧患意识及历史使命感,体现了一种深厚的爱国之情。这对中学生而言无疑有巨大的教育和感化作用。另外,像艾青的《我爱这土地》也是一首极为优秀的诗作。不仅形式表现上是极为自由的,而且内在凝聚的激情——对祖国、对人民的爱,对民族苦难、对人民疾苦的忧愤也是十分感人的。但是以往的诗歌教学总是恰恰相反,过分强调诗的教化功能,忽视甚至从来不注重审美性。旧课本中新诗的选择显然是十分狭窄的,难以让中学生接触到新诗的精品,更难以塑造美的灵魂。

李:这也就是说,我们应该注重到诗的特殊性,它是以审美性为主的文体,注重对生命的沉潜和人生的感悟。因此,诗歌教学作为语文教学的重要而特殊的组成部分,是值得认真学习的。但是现在存在着这样一种情况,许多人包括中学语文教师都倡导语文的实用性,因而十分关注记叙文、议论文、说明文、应用文等各种非诗文体,同时却以一种实用的、世俗的眼光打量诗歌这种非功利的、心灵化的文学样式。您是如何理解这种冲突的呢?

吕:我认为不仅仅是诗歌教学,而是整个中学语文教学所要解决的根本问题都是审美问题。过分强调实用性是一个误区。因为文学就是"人学",是写人的,也是为人而写的。文学最根本的仍是深入到人的心灵,给人以启发或引导。培养和提高人的审美能力显然是文学首要的任务。就拿苏联的语文教育来说。我曾看过苏联的十年一贯制的第1—10册的语文课本,他们编选教材的标准是十分严格的。他们十分重视教材的审美性,那些不具有审美性或审美性很少的作品是根本不允许进入课本的。选入苏联语文课本中的诗都是普希金、莱蒙托夫等大家的诗,当代诗若能进入那已是无上的光荣。在我国曾有这样一种争议:大学还应不应开设写作课?持反对意见的人认为中学时代已经具备了一定的写作知识,到了大学时代应注重学生鉴赏、创造美的能力,不应再停留到技巧的传授上。事实上,在我国中学教育阶段,写作就没有被真正理解。写作作为一种艺术教育几乎变为了技术教育,显得十分干涩、偏枯。所以我还是提倡语文教育一定要重视审美性。

李:我记得您曾经说过,"诗是转型期社会中,人们的一种自救与自娱,是在物欲、实用、冷漠日盛的情势下对人性的呼唤,对人间纯情的期盼",这可以见出您对审美性的重视吧!

吕:对。我希望我们年轻一代的中学生在转型期社会中能少受一点金钱及物欲的冲击,我也希望诗美能够影响中学生的心灵,帮助他们有精神上的追求和形而上的渴望。

李:许多中学语文教师在讲授新诗时都有一个感觉,过多讲述会使诗支离破碎,不讲又怕学生不领悟,您能对老师提一些建议吗?

吕:语文教师最根本的是要懂得用现代诗学理论充实自己。古诗是与新诗不同的。讲授古诗时可以从字词意义、诗人介绍方面讲,而且古诗理论是以意境说为中心的诗话形式,大家都很熟悉,同时参考书也比较多。所以,在讲授新诗时要注意以下几个方面:一、不能逐字逐句翻译。诗的本质是无言的沉默,心中的诗到纸上的诗是诗与艺术媒介搏斗的结果。要使纸上的诗再度变为学生心中的诗。二、重点介绍新诗创作与鉴赏的理论知识,让学生根据自己的阅读经验、人生及感情经历来获取对诗的理解。如讲授《我爱这土地》,可以介绍一下抒情诗及其特点,再让学生反复朗读,自己把握即可。三、介绍新诗发展史。因为每个阶段都有四要素,即诗人队伍、诗学观念、作品、诗歌流向。要讲清楚诗歌所属阶段。四、不要用散文语言讲。非诗文体是以内容为中心的,可以转述,可以翻译。但诗是以形式为基础的,既不可以转述也不可翻译,用散文语言讲,会破坏诗的意蕴。

李:那么中学生在鉴赏时应该注意什么呢?

吕:鉴赏新诗与鉴赏古诗是有区别的。读古诗需要历史、文学史知识,读新诗更需要心灵的共鸣与感应。中学生要实现这样一个鉴赏进程:诗人心中之诗—纸上之诗—读者心中之诗,才能真正把握新诗内涵。也就是"诗人以一致之思,读者各以其情而自得"。

李:不知道您有没有注意到这样一种现象:中学生当中,爱歌的大大超过爱诗的。诗歌自古是一体的,如今却有这么一种反差,您是如何看待的?

吕:这是一个值得思考的问题。诗与歌是紧密相连的,我们一般称那些比较有深度和意义的歌词为歌诗。我国涌现出了一大批优秀诗人,像乔羽、张藜、晓光等。歌的繁荣给诗这样一个启示:新诗可以与歌结合。歌诗的兴起与它的瞬间性、明白晓畅、亲和力、内含的人生及生活蕴味是分不开的。这也值得新诗借鉴。当然也存在一些品位不高的歌曲,这是不足取的。有许多人对新诗前途抱有悲观的看法。这是大可不必的。90年代后的新诗不再有轰动效应,看似极为平淡,但这也是正常的。这意味着文学走向自身应有的位置。诗的确与社会有联系,但某种程度的疏离又恰恰提高了诗的品位。我们应以平静的心态对待。我们还应看到,新诗在文化层次高的地方依然是倍受宠爱的,像全国各高校。而且诗有两个世界,一是公开发行的刊物,一是民间诗歌的活跃,后者的生命力也很顽强。相信新诗是有光明前途的,因为诗是青年人的艺术嘛。这里的一个重要问题,就是诗歌传播媒介与传播方式的更新。

李:您从审美方面对诗歌教学提出了许多精辟的建议。相信一定会对中学语文教育有很大的启发。谢谢您能在百忙之中接受我的采访。

吕:不客气。

本文原载《语文教学与研究》,2003年第4期。

编后记

《人淡如菊》就要出版了，我倍感欣慰。在此，特向负责编辑此书的吕杭、唐倩女士表示真诚的感谢。

岁月在流逝，唯有文字可以记录和记叙过往与当下，也唯有文字可以让记忆永远鲜活。这本散文集编选起来颇费功夫，我们不仅从中看到了众多作者的华美文采及炽热情感，更是见识了丰富而立体的吕进形象。

感谢每位作者的倾心付出，您的文字让我触摸到了人情与人性的温度。由于汇编工作繁琐，部分作品创作时间较早；也由于人事纷繁变化，尽管我们试图与每位作者或家属取得联系，但依然有几位无法接洽，在出版前难以获得他们的授权。故切盼见到此书的作者，能理解我们的工作，并速与我们联系，我们将奉寄样书一册。同时，由于本书系自筹经费出版，无法给入选作者支付稿酬，万望理解。

秋天的凉风从树叶间吹过，再过几日，我们就会迎来吕进先生的八十华诞。在此，仅用质朴的语言表达我们最诚挚的祝福：吕老师，生日快乐！

熊辉

2018年9月